KB248032

뇌의 역습,
인간은 왜 지구 파괴를
멈추지 못하는가

뇌의 역습,
인간은 왜 지구 파괴를 멈추지 못하는가

세바스티앙 볼레 지음 | 전광철 옮김

뇌과학이 밝히는 기후위기 가속의 메커니즘

COOPERATIVE

착한책가게

차 례

자신과 맞서 살아남아야 할
운명에 처한 우리 인류

우리는 풍요와 건강, 무절제한 소비를 누리며 사는 마지막 세대일지도 모른다. 30년 후의 세상은 지금과는 전혀 다른 모습일 것이다. 해마다 기온이 상승하고, 바다 수위가 높아지고, 수천 헥타르의 땅이 사막으로 변하고, 수많은 사람이 고향을 떠나 이주할 수밖에 없는 처지에 내몰린다. 이 모든 것에 대한 책임은 우리에게 있다.

인류는 역사상 처음으로 자기 자신에 맞서 살아남는 것이 가장 큰 과제인 운명에 처했다. 포식자나 굶주림, 질병이 아니라 바로 우리 자신을 넘어서는 일 말이다. 하지만 우리는 준비가 되어 있지 않다. 이 엄청난 도전 앞에서 인류는 전혀 갈피를 잡지 못하고 있다. 아주 정밀한 도구를 이용하여 그리 머지않아 찾아올 미래에 대해 알게 되었음에도 왜 우리는 여전히 무감각할까? 재난이 눈앞에 있는데도 왜 여전히 과거와 같은 방식으로 행동하는 걸까? 우리 안의 무엇이 이러한 기능 장애를 일으키는 걸까?

이 질문에 답하기 위해 나는 인간성을 이루는 가장 내밀하면서도 접근이 까다로운 부분을 들여다봤다. 두개골 깊숙이 어두운 곳에 숨어 있지만 우리를 지배하는 그것, 바로 우리의 뇌다.

뇌를 연구하면서 알게 된 사실에 나는 놀라움을 금치 못했다. 우주에서 가장 복잡한 기관으로 소개되며 TV 프로그램과 서점가에서 찬사를 받는 이 뇌는, 실제로는 크나큰 결함이 있는 기관이었다. 다시 말해 뇌는 파괴와 지배에 이끌리고, 자신의 이익만을 추구하며, 수십 년 앞을 내다보지 못하는 기관이었다. 우리는 과소비, 과잉 생산, 과잉 개발, 과잉 공급, 과잉 부채, 과열 경기에 휩싸여 있는데, 이는 우리 뇌의 일부가 자동으로 우리를 그런 방향으로 몰아가기 때문이다. 우리는 지금까지 이 기관에 제동을 걸지 못하고 있다.

그래도 모든 게 끝장난 건 아니다. 뇌의 또 다른 부분은 다른 방식으로 사고할 수 있는 능력을 지녔기 때문이다. 하지만 그 능력은 아주 미약해서 자신의 목소리를 내기 어렵다. 이 침묵하는 소수가 힘을 발휘하기 위해서는 먼저 보이지 않는 곳에서 작동하는 뇌라는 기관의 위력을 알아야 한다. 나는 이 책에서 우리를 파멸로 이끄는 심층 신경 회로의 작동 원리에 대해 자세히 밝히고자 한다. 나처럼 다른 운명을 원하는 모든 사람이 자신이 누구와 맞서고 있는지 알 수 있도록 말이다. 적을 알아야 승리할 수 있다는 격언이 있긴 하지만 지금 더욱 시급한 일은 자기 자신을 아는 것이다.

사랑하는 것을 잃는다는 것

내가 열일곱 살 때 부모님은 프랑스 유 섬l'île d'Yeu에 있는 작은 집을 구입했다. 방데 해안에서 10km쯤 떨어진 그곳은 조용하고 자연이 잘 보존된 작은 섬으로, 어업과 관광업, 수공예와 건축업을 중심으로 지역 경제를 이루고 있었다. 같은 양식으로 지어진 집들이 들어서 있었는데, 벽을 석회로 마감하고 창문은 파란색, 노란색 또는 빨간색으로 칠한 작은 단층집들이었다. 해안의 한쪽에는 높은 절벽이 황량하게 대서양을 바라보고 있었다. 반대쪽 경사면으로 내려가면 모래사장이 본토 쪽으로 길게 펼쳐져 있었고, 온화한 지중해성 기후인지라 맑은 날에는 본토의 해안선이 보였다.

나와 우리 형제자매는 자녀가 생기자 아이들을 이곳에 데려왔다. 평화로운 자연환경 속에서 여름과 봄 휴가를 보냈고, 대도시의 바쁜 일상에서 벗어나 편안한 휴식을 취할 수 있었다. 해마다 참나무, 소나무, 미모사, 그리고 바위로 둘러싸인 고운 모래사장이 펼쳐진 작은 만에서 게와 새우를 잡아 풍성한 식사를 하곤 했다.

해변 가까이에는 작은 어선들이 파란색과 흰색으로 찰랑이는 잔물결 위에서 뒤뚱거리며 떠 있었다. 항구에는 경매장에 내놓을 어획물을 싣고 온 트롤 어선 수십 척이 정박해 있었다. 어부들은 참치, 대구, 정어리 등을 팔아 작은 부를 조금씩 쌓아갔다. 이러한 풍경은 아마도 오랫동안 변함없이 이어져 왔을 것이다. 다행스럽게도 전반적인 생활 여건의 개선, 교육과 의료 서비스의 향상, 관광산업의 큰 발전이라는 변화는 있었지만 말이다.

그런데 10년 전쯤부터 뚜렷한 변화의 조짐이 나타났다. 가장 먼저 눈에 띈 것은 해변이 사라진 것이었다. 모래 언덕에서 바다로 경사진 모래밭에는 가늘고 뾰족한 오야oyat라는 풀이 자라고 있었는데, 3년도 채 지나지 않아 사라져버렸다. 밀물 때는 물이 모래 언덕의 기슭까지 밀고 들어왔다. 해변 북서쪽의 돌출부에는 아름다운 별장이 있었는데 이곳도 땅이 무너지기 시작했다. 주인은 집을 팔고 싶어 했지만 때는 이미 늦었다. 누구라도 그 땅의 남은 시간이 얼마 되지 않는다는 것을 금세 알아차렸고, 실패할 것이 뻔한 부동산에 돈을 투자하려고 하지 않았다.

그와 동시에 작은 어선들이 이곳을 떠났고 항구는 활기를 잃어갔다. 때마다 부두에 늘어서 있던 스무 척 정도의 트롤 어선은 겨우 두세 척만 남았다. 분명 무슨 일인가 벌어지고 있었다. 대체 무슨 일이었을까?

나는 업무상 교류하던 기후학자들에게서 오늘날에는 대부분의 사람이 알게 된 사실을 들을 기회가 있었다. 산업 활동에 따른 온실가스 배출로 전 세계의 기온이 상승하고 있으며, 이는 해수면 상승과 해양 산성화로 이어진다. 이 현상은 과도한 어업과 함께 어류 개체군에 심각한 피해를 주고 있으며, 어업은 점차 양식업으로 대체되고 있다.

우리가 해마다 머무르던 집은 이제 해수면이 겨우 몇 센티미터 아래까지 올라왔다. 21세기 말까지 지구 해수면은 80센티미터에서 최대 6미터 사이에서 상승할 것으로 추정된다. 이는 현재 1.5도 이내

로 제한하려고 노력 중인 온난화 정도에 따라 달라진다. 하지만 우리
는 이 목표를 달성할 수 없다는 것을 알고 있다. 다시 말해, 우리 후손
은 이제 지금과는 완전히 다른 상황에 처할 것이다. 내 부모님이 그랬
던 것처럼, 내 마음에 드는 곳에 터를 잡고 자녀에게 물려주고자 하는
사고방식은 더 이상 유효하지 않다. 우리 아이들도 꽤 많은 시간을 이
섬에서 보냈고, 내가 그랬던 것처럼 이곳에 애착을 갖게 되었다. 하지
만 그들의 자녀들은 아마 그렇게 할 수 없을 것이다. 이것이 이제부터
우리가 아이들에게 가르쳐야 할 교훈이다.

　사랑하는 곳을 잃는다는 것은 애석한 일이지만, 이곳은 그저 별장
일 뿐이다. 주 거주지가 범람할 위험에 빠진 지역에 사는 수많은 사람
들은 상황이 훨씬 더 심각하다. 예를 들어, 네덜란드에서는 수백만 명
이 이번 세기 말쯤에는 자신의 집을 떠나야 할지도 모른다. 국토 대부
분이 해수면보다 낮기 때문이다. 동남아시아, 런던, 뉴욕, 루이지애나
도 마찬가지일 것이다.

　지금까지 이야기한 유 섬의 상황은 훨씬 더 광범위한 지역에서 맞
닥뜨릴 현실의 극히 작은 일부일 뿐이다. 우리는 이제 자신은 물론 미
래 세대의 삶을 계획할 수 있던 세상에서 미래를 상상조차 할 수 없는
새로운 세상의 현실로 넘어왔다. 해수면 상승은 많은 현상 중 하나다.
우리는 세상을 파괴하고 있다. 여러분이 이 글을 읽는 바로 이 순간에
도 9분마다 생물종이 하나씩 지구상에서 사라지고 있다.[1] 지구 곳곳
에서 상당한 규모로 벌어지고 있는 사막화는 앞으로 이주로 인한 엄
청난 압력을 축적하는 그야말로 시한폭탄과도 같다. 나는 지금 새로

운 사실을 이야기하는 것이 아니다. 우리 모두가 이미 알고 있는 사실
일 뿐이다. 그리고 이것이야말로 문제의 핵심이다.

1장

뇌의
블랙박스를
열다

우리가 모든 것을
빚지고 있는 뇌

오늘날 지구상에는 80억 명의 인구가 살고 있다. 이 수치만으로도 거대해 보이지만, 그 증가 속도는 놀라울 만큼 빠르다. 불과 200년 전만 해도 지구상의 인구는 10억 명 남짓이었다. 지난 50년 동안 인구 증가는 역사상 가장 큰 폭으로 이루어졌다. 매년 약 9천만 명이 인류의 대열에 합류하고 있다.[2] 먼 행성에서 외계인이 우리를 관찰한다면 호모 사피엔스라는 종은 눈부시게 성공했다고 생각할 것이다. 인류는 번식하고 성장하고 있다. 우리는 원자, 전자, 컴퓨터, 내연기관, 유전공학의 원리를 터득하고 이용하고 있다. 100년 전에는 상상도 할 수 없던 온갖 의학 기술 덕분에 사람들을 죽음에서 구할 수 있게 되었다. 그리고 수십억 명의 사람이 서로 연결되는 것이 가능해졌다. 과거에는 마법처럼 느낄 만한 일이다.

이러한 성공은 추상화하고 계획할 수 있는 능력을 지닌 특별한 기관의 발달 덕분에 가능했다. 기계를 만들고, 말과 글로 의사소통하며, 복잡한 프로젝트를 집단으로 수행할 수 있게 하는 기관, 바로 우리의 뇌다. 뇌는 약 1,000억 개의 뉴런과 이들을 둘러싸고 영양을 공급하며 보호하는 훨씬 더 많은 수의 신경교세포로 이루어져 있다. 뇌는 의식을 생성하며, 스스로를 성찰하고 삶에 의미를 부여하는 능력을 갖추고 있다. 이는 지구 역사상 가장 놀라운 기술이 빚어낸 경이로운 산물이다. 이 기술은 수십만 년에 걸쳐 진화해왔으며, 변화하는 환경이 가하는 모든 도전에 대응하도록 세심하게 조율된 유전자에 의해 뒷받침되었다. 우리는 이 뇌에 모든 것을 빚지고 있다. 뇌는 우리의 생존 보증서이며, 자신보다 훨씬 강력한 포식자를 물리쳤다. 또한 태곳적부터 면역체계를 공격하며 때로 인류를 멸종위기로 몰아넣기도 했던 강력한 적인 미생물도 이겨냈다.

하지만 우리 뇌에는 어두운 면도 있다. 수백만 년 동안 포식자의 위협에서 살아남게 해준 파괴력을 지닌 본성이 이제는 그 자신과 80억 동료들을 죽음으로 몰아넣는 위협이 되고 있다. 뇌가 성공하면 할수록 그 자신은 종말에 더 가까워진다. 오래전, 뇌는 악마와 계약을 맺었다. 이 계약은 첫 번째로는 힘과 지배, 자연에 대한 통제를 약속했지만, 그다음으로는 파멸과 파괴를 약속했다. 지금까지는 계약의 첫 번째 부분이 이행되었다. 이제는 두 번째로 빚을 갚을 차례다.

초과가 불러오는
비극

해마다 미디어와 기후 연구기관은 날짜 하나를 발표한다. 그해에 지구가 생성할 수 있는 양보다 인류가 더 많은 자원을 소비했다고 추정되는 날이다. 이 날짜는 기후학자, 경제학자, 농학자, 임업 공학자, 광물 및 천연자원 전문가 등 다양한 분야의 전문가들이 인간이 지구에서 자원을 추출하는 양과 이 자원이 재생산되는 속도를 분석해 산정한다.

예를 들어, 아마존에서 광합성을 통해 재생산되거나 해양의 어류 개체군이 번식하는 양 등을 집계에 포함하여 현존하는 생물의 총량이 계산된다. 이를 통해 지구가 재생산할 수 있는 모든 자원을 인간이 다 써버리는 시점을 산출한다. 이날을 '지구 생태용량 초과의 날 Earth Overshoot Day'이라고 부른다. 경제가 지속하기 위해서는 이 날짜가 12월 31일이어야 하며, 그 이전이면 안 된다. 즉, 그해 마지막 날에 회계 결산이 맞아떨어진다면 큰 문제 없이 자원은 소비되는 속도와 같은 속도로 재생될 수 있다.

나는 이 '초과' 개념을 프랑스앵떼르 라디오 방송에서 마티유 비다르와 함께 프로그램을 준비할 때 처음 접했다. 당시 방송국에 갓 입사한 악셀 빌라르라는 젊은 기자가 지구 자원의 고갈에 대한 코너를 준비했는데, 그해 자원 초과의 날이 8월 21일이었다.[3] 불과 2년 전만 해도 초과의 날은 9월 25일이었다. 20년 전으로 더 거슬러 올라가 1987년에는 12월 19일이었다. 당시만 해도 인류는 결산을 맞추는데 며칠 정도만 부족했다. 그 후로 우리는 해마다 과도하게 빚을 지게 되었고, 이제는 초과의 날이 거의 한 해의 중반으로 앞당겨졌다. 이것이 의미하는 바는 분명하다. 후반부 5개월 동안 우리는 재생 불가능한 예비 자원을 끌어다 쓰고 있는 것이다. 자원이 완전히 고갈되면 어떻게 될까?

인구학 전문가들은 이와 같은 현상에 '한계 수용력'이라는 이름을 붙였다. 생태계의 한계 수용력은 생태계가 감당할 수 있는 최대 개체 수를 뜻한다. 인구가 증가해서 이 수치를 초과하면 자원이 고갈되고 개체들이 죽게 된다. 그 결과 인구가 감소하여 낮은 수준으로 안정화되거나 붕괴가 일어난다.[4] 이 설명을 접했을 때 나는 젊은 연구원 시절 우연히 겪었던 일 하나가 떠올랐다. 그때 실행했던 한 실험에서 붕괴 상황을 관찰했던 것이다.

박테리아 실험

당시 나는 스물다섯 살이었고, 파스퇴르 연구소에서 신경과학 박사 학위 논문을 준비하고 있었다. 내 연구 중에는 대장균 _Escherichia coli_ 을 배양하여 다양한 DNA를 생산하는 것이 있었다. 이 DNA는 뇌 신경세포의 기능과 관련한 실험에 사용될 예정이었다.

나는 몇 마이크로그램의 대장균을 당분이 풍부한 액체가 든 시험관에 넣고, 그 시험관을 37°C로 유지되는 방 안에 설치된 회전 장치에 고정했다. 이렇게 하면 미생물 성장에 적합한 온도에서 액체가 계속 섞이게 된다. 시험관 속 액체는 12시간이 지나면 수천억 개로 불어난 대장균이 부유하면서 탁하게 변한다. 이 단세포 생물은 20분마다 한 번씩 분열하여 개체수가 매우 빠르게 증가한다. 단 먹이가 있을 때만 그렇다. 그러니 시험관 안의 먹이가 고갈되기 전에 꺼내야 한다.

다른 박사 과정 학생들처럼 나도 가끔 아침 늦게 일어나 여유롭게 아침을 먹고 11시쯤 실험실에 도착하곤 했다. 어느 날, 시험관의 박테리아를 꺼내기 위해 따뜻한 방의 문을 열자마자 뭔가 잘못되었음을 느꼈다. 시험관의 내용물이 희뿌옇게 변해 완전히 불투명했으며, 뚜껑을 열자 역겨운 냄새가 코를 찔렀다. 그 액체를 배양접시에 부으려고 하자, 달팽이 점액과 녹은 치즈가 섞인 것처럼 끈적끈적한 실이 늘어져 내렸다. 박테리아가 모두 죽어 있었던 것이다.

무슨 일이 일어났는지 금방 깨달았다. 12시간이 지났을 때 박테리아 수는 5,000억 개에 이르렀을 것이다. 이는 시험관이라는 작은 공간에서 생존 가능한 밀도의 한계였다. 그때쯤에 나는 부엌에서 커피를 타서 식탁에 앉아 마시고 있었다. 그 후 집을 나와 사무실로 향했을 때 박테리아 수는 두 배인 1조로 불어났을 것이다. 이 20분 동안 박테리아에겐 시험관이 하나 더 필요했다. 하지만 그동안 박테리아는 이 척박한 한 개의 시험관 환경에서 남아있는 얼마 안 되는 당 분자에 들러붙어 개체수를 두 배로 늘리려고 필사적으로 애쓰고 있었다. 대량 사망은 내가 지하철을 타는 동안 시작되었다. 파스퇴르 연구소에 도착했을 때 남은 것은 희뿌연 액체뿐이었고, 수천억 개의 유기체로 가득 찬 죽은 세균의 세계였다. 그들은 자원을 모두 소진하고 부패한 마그마로 변해 있었다.

주요 의사 결정권자와 경제학자들이 박테리아 배양 실습을 한다면 제한된 환경에서 자원을 과도하게 이용하는 것이 무엇을 의미하는지 깨닫게 될 것이다. 자원을 과도하게 이용할 경우 어떤 결과를 낳을지 경고하는 사례는 자연에서 얼마든지 찾아볼 수 있다. 진드기의 일종인 이리응애*Typhlodromus pyri*를 예로 들어보자. 포도밭 등의 과수원에 서식하는 이 작은 절지동물은 주로 또 다른 진드기인 사과응애 *Panonychus ulmi*[5]를 먹이로 삼는다. 이리응애 진드기 개체군이 팽창하면 사과응애를 대량으로 잡아먹으며 기하급수적으로 개체수를 늘린다. 그러나 먹잇감인 사과응애 개체군이 급속히 줄어들면 포식자인 이리응애 역시 먹을 것이 없어 죽게 된다. 냉혹하지만 단순한 논리다. 진드기는 의문을 품지 않는다. 먹을 기회가 생기면 먹을 뿐 미래는 생각하지 않는다. 만약 먹지 않으면 옆의 진드기가 먹어 치울 것이며, 자기 몫을 먹지 못한 채 먼저 죽고 말 것이다.

사라진 아카드 인

인간은 두뇌가 발달하여 미래를 예측하는 능력이 있다고 생각할 수 있다. 하지만 문제는 어느 정도의 시간 범위에서 예측할 수 있느냐이다. 문명사에서 또 다른 예를 들어보자. 기원전 약 2,400년 전 메소포타미아에 있던 아카드 제국의 경제는 관개시설과 곡물 재배 덕분에 눈부시게 발전했다. 이는 날로 증가하는 인구의 필요를 충족하는 데 필수였다. 인구가 증가하자 제국의 공학자들은 토지 이용을 더욱 확대했다. 수 킬로미터에 이르는 수로를 파서 산에서 물을 끌어와 곡물을 더 많이 재배할 수 있게 했다. 그러나 안타깝게도 이 시스템은 곧 한계에 부딪혔다. 관개에 사용되는 물에 포함된 염분이 문제였다.[6] 수세기에 걸쳐 경작지에 점점 더 많은 양의 소금이 축적되었는데, 오늘날에도 그 흔적을 관찰할 수 있다.

고고학자들은 아카드 인이 높은 염도를 견딜 수 있는 곡물 품종으로 전환할 수밖에 없었다는 사실을 밝혀냈다. 환경을 착취하다 보니 부작용이 생겼고, 공학자들은 더 발전된 기술로 이를 극복해갔다. 하지만 이전 기술의 부작용을 상쇄할 수 있는 더 나은 기술을 항상 찾으리라는 법은 없다. 마침내 아카드 인은 곡물의 생리적 한계에 부딪혔다. 수십 년에 걸쳐 한계치까지 혹사당한 땅은 메말라버렸고, 지도자를 비롯해 뭇사람들의 창의력에 힘입어 번영을 누렸던 인구는 감소하기 시작했다. 그리고 마침내 시험관 속 박테리아처럼 문명은 사라졌다. 박테리아와는 시간 척도가 달랐을 뿐이다. 혹시라도 먼 행성의 외계인이 이 모습을 관찰했다면 이들을 시험관에서 죽어가는 박테리아처럼 보았을 것이다.

환경을 과도하게 착취하여 사라진 문명 중 이스터 섬만큼 한계 수용력 초과의 원리를 잘 보여주는 사례도 없다. 가장 가까운 대륙과도 3,500킬로미터 남짓 떨어진 태평양 한가운데에 있는 이스터 섬에는 12세기경 약 1만 5천 명이 살고 있었다. 인류학자 재레드 다이아몬드는 《문명의 붕괴》(김영사, 2005)[7]에서 섬 주민들이 어떻게 스스로 제 무덤을 팠는지 설명한다.

이스터 섬 해안에 이곳 주민들이 세운 문명은 번성했다. 목재산업, 선박 제작, 그리고 이 사라진 민족의 상징이 된 유명한 모아이 석상을 기반으로 한 문명이었다. 주요 자원인 목재는 당연히 한정되어 있었지만 개의치 않았다. 이용 가능한 나무를 모두 베어낸 후 인구는 감소하기 시작해, 18세기에는 고작 2,000명밖에 남지 않았다. 파스퇴르 연구소의 실험실에 있던 시험관과 약 4,500년 전 메소포타미아의 거대 실험실 사이에 존재했던 이스터 섬 문명은 그 크기가 중간 정도의 시험관으로 볼 수 있다.

우리가 사용할 수 있는 가장 큰 자원은 다름 아닌 지구다. 2018년 2월, 영국 리즈 대학교에서 지구의 여러 지역에서 자원을 초과 사용하는 상황을 조사하는 대규모 연구가 진행되었다. 연구 결과, 대부분의 산업국가는 물 사용, 인, 질소, 토지 이용 변화, 생태발자국, 물질

소비 및 이산화탄소 배출[8]이라는 7가지 주요 기준 가운데 최소 5가지 이상에서 자원을 초과 사용하는 상황인 것으로 드러났다. 이들 국가는 시민들에게 물, 식량, 난방, 질병 예방과 같은 필수적인 혜택뿐만 아니라 고속 교통, 편리한 가전제품, 무제한 전화 서비스와 같이 생존에 필수적이지 않은 '서비스'도 제공한다. 이 연구는 생존에 필수적인 필요를 충족하기 위한 자원 활용과 편의 추구를 위한 자원의 초과 사용을 구분하지 못하는 우리의 무능력을 지적한다. 반면에 일부 개발도상국들은 자원 초과 사용 상태에 있지만 생존에 필수적인 필요를 충족하지 못하고 있다.

천연자원의 고갈은 과도한 개발의 결과 중 하나이지만, 그것이 유일한 문제는 아니다. 또 다른 큰 문제는 기후변화다. 기후변화 또한 꼭 필요한 것뿐만 아니라 수많은 사람이 누리는 편안함, 육류 소비, 발달된 교통수단, 여가 활동, 갖가지 가전제품의 욕구를 충족할 수 있게 해준 기술적 성공에 우리가 지불하는 대가다. 19세기 산업혁명 이후 인류는 화석연료인 석탄과 석유를 사용해왔고, 이는 사회와 경제의 모든 분야에 널리 퍼졌다. 오랜 세월 동안 숲이 화석화되어 지층 아래에 수십조 톤의 탄소를 가두고 있었다. 우리는 이 양의 일부를 태워 대량의 탄소를 대기 중으로 급격히 방출했다. 문제는 탄소 배출 증가 속도가 인구 증가 속도보다 훨씬 빠르다는 점이다. 1인당 배출량이 계속 늘고 있기 때문이다.

우리는 이것이 불러올 결과를 잘 알고 있지만 이를 막지 못하고 있다. 1992년 리우 회의, 1997년 교토 회의, 2009년 코펜하겐 회의,

2015년 파리 회의 등 세계 기후 정상회의 이후에도 탄소 배출량은 계속 증가했다. 오늘날 주요 배출원은 산업, 교통, 농업, 전력 생산의 네 부문으로, 1950년 이후 배출량이 8배나 증가했다.[9] 2017년에는 온실가스 배출량이 약 2% 증가했으며, 이는 파리 협정의 목표와는 정면으로 배치된다.[10] 2100년까지 지구 평균 온도는 3도 내지 4도까지 상승할 것으로 예상된다. 프랑스 국립과학연구센터, 뉴욕 대학교와 캘리포니아 대학교[11], 기타 주요 연구기관의 관측과 추정에 따르면 해수면은 수 미터 상승할 것으로 예측된다. 2018년부터는 북극권에서 34°C의 기온이 측정되기도 했다.[12]

이 모든 경우 유럽, 북미, 동남아시아의 수백 킬로미터에 이르는 해안선이 침수되어 대규모 이주, 부동산 분쟁, 인구 이동이 일어날 것이다. 중국인 약 8,500만 명, 베트남인 3,200만 명, 인도인 2,800만 명, 일본인 2,100만 명, 미국인 1,700만 명, 네덜란드 인구의 3분의 2[13]가 그 영향을 받을 것으로 예상된다. 아프리카는 인구 증가율이 세계에서 가장 높으며 기후변화의 영향도 가장 심각하게 나타난다. 수천 제곱킬로미터의 농지가 점점 더 심각한 가뭄으로 큰 피해를 입고 있으며, 이로 인해 이주민들이 유럽으로 향하고 있다. 향후 40년 동안 최대 10억 명에 이르는 기후 난민이 발생할 수 있다는 우려 섞인 예측도 있다.[14]

우리는 종종 인간 활동으로 말미암아 생태계가 황폐화되고 해양 산성화, 남획, 삼림 벌채로 수천 종의 동물이 사라진다고 말한다. 하지만 가장 큰 피해를 입는 것은 바로 우리 종이다. 오늘날 기후변화로 인한 자연재해 때문에 생기는 비용은 지난 20년 동안 이미 3조 달러에 달하며, 이는 이전 기간에 비해 250% 증가한 수치다.[15] 이것은 우리를 향한 경고다. 인류가 지구상에 현재의 모습으로 존재한 것은 불과 수십만 년밖에 되지 않는다. 우리는 순간적인 존재일 수 있다. 상어와 해면동물 같은 종은 수억 년의 역사를 지녔다. 하지만 인공지능과 로켓, 환상적인 교향곡을 가진 인간은 어쩌면 고도의 문명을 이룬 지 불과 수천 년 만에 사라질 수도 있다.

우리는 알지만 행동하지 않는다

우리는 앞으로 닥칠 일들에 대해 잘 알면서도 그것을 막으려고 진지하게 행동하지 않고 있다. 우리의 지성은 무력하고, 우리가 통제할 수 없는 더 깊고 무의식적인 과정에 지배당하는 것처럼 보인다. 우리는 아무런 반응도 하지 않은 채 스스로를 묻을 준비를 하고 있을 뿐이다. 우리는 우주 한가운데에 외롭게 있으며, 발을 디딜 또 다른 지구는 없다. 따라서 천연자원과 기후를 보존하는 것은 생존이 걸린 문제다. 그렇기에 사람들이 커피 브랜드 광고와 축구 리그 같은 것들에만 시선을 돌려 열중하는 것은 이해하기 힘들다. 사활이 걸린 문제라는 걸 잘 알면서도 그에 대해 외면하려고 한다.

이런 인지 부조화는 비극적인 면이 있다. 자신도 모르는 사이에 뇌의 농간에 휘둘리고 있는 것이다. 아주 끔찍한 농간이다. 이 책에서 다룰 주된 주제가 바로 이 뇌의 농간이다. 우리가 조만간 멸종된 종의 대열에 합류하지 않으려면 우리의 사고방식에 근본적인 결함이 있음을 깨달아야 한다.

오늘날 생존을 위협하는 환경의 급격한 변화에 직면한 우리는 마치 추락을 알리는 경고등이 요란하게 울리는 상황에서 "2분 남았으니 아직 커피 한잔할 시간이 있다"고 말하는 비행기 조종사와 같다. 이제 더 이상 인간의 정신이 일관되고, 운명을 스스로 통제하며, 이성의 힘으로 최선의 미래를 열어갈 수 있다는 환상은 버려야 한다. 우리 뇌는 사실 시한폭탄과도 같다. 상반된 힘으로 움직이면서 그 힘을 조화시키지 못한다. 누군가는 이 이야기를 비상식적인 것으로 생각할 수도 있다. 이 책의 목적은 이것이 결코 비상식이 아니라는 점을 보여주는 데 있다. 오히려 아주 오랜 진화 과정에서 형성된 신경계의 본질을 반영한 과학적 설명이다.

자연은 생각하거나 예측하지 않는다. 자연은, 다른 것보다 더 효율적으로 행동함으로써 일시적으로 성공하는 뇌를 만들어낼 뿐이다. 그리고 가장 효율적인 것이 결국 스스로 무덤을 파게 된다면, 그곳에서 그를 구해낼 존재는 없을 것이다.

우리 뇌의
다섯 가지 숨은 동기

인간의 뇌는 단기 생존과 관련된 몇 가지 기본적이고 필수적인 목표를 추구하도록 프로그램되어 있다. 그것은 바로 먹기, 번식하기, 권력을 획득하기, 최소한의 노력으로 이를 달성하기, 그리고 주변 환경에 대한 정보를 최대한 수집하기다. 이 다섯 가지 주요 목표는 약 5억 년 전 선캄브리아기 바다에서 처음 등장한 동물부터 수천 명의 직원을 거느리고 스마트폰으로 주가를 관리하는 기업 대표에 이르기까지, 우리보다 앞서 살아온 동물들의 험난한 진화 과정을 거쳐 온 모든 뇌의 주요 동기였다. 이 행동을 지배하는 메커니즘은 단순하면서도 견고하며, 오랜 세월 동안 본질적인 특성을 유지해왔다.

원시 바다에 서식했던 가장 오래된 어류 중 하나인 칠성장어를 예로 들어보자. 칠성장어는 턱이 없는 척추동물로, 커다란 장어처럼 생겼으며, 공포영화에나 나올 법한 얼굴을 하고 있다. 수십 개의 이빨이

동심원 모양으로 박혀 있는 관 모양의 입은 보는 이들의 등골을 오싹하게 한다.

현재까지 발견된 가장 오래된 칠성장어 화석은 3억 년 전의 것으로, 오늘날의 칠성장어와 거의 비슷하다. 이 동물은 생명체의 태동기에 공룡보다 먼저 출현했고, 아마도 인류가 지구에서 사라진 후에도 오랫동안 살아남을 것이다. 칠성장어의 뇌는 아주 작아서 엄지손가락 첫 마디보다도 작으며, 대부분 선조체striatum라는 신경 구조를 중심으로 이루어져 있다(포유류에서 이와 비슷한 구조가 줄무늬 모양을 띠기 때문에 선조체라는 이름이 붙었다).[16]

칠성장어가 해양 미생물이 풍부한 곳을 찾거나 피를 빨아먹을 더 큰 동물을 찾아 나설 때, 그 움직임은 척주 안에 있는 신경 중계부를 통해 조정되는데, 이는 선조체의 통제를 받는다. 사냥에 성공하면 선조체는 도파민 분자를 분비하는데, 이 분자는 두 가지 효과를 낸다. 첫째, 쾌감을 느끼게 하고, 둘째, 사냥에 성공했던 신경 제어 회로를 강화한다. 이는 칠성장어의 생존에 매우 중요하다. 생존을 보장해준 신경 제어 회로가 강화되면 다음 사냥을 할 때 다시 활용되어 생존 확률이 높아지기 때문이다. 이것이 바로 전형적인 학습 메커니즘이다. 즉, 선조체는 칠성장어에게 다음과 같이 말하는 셈이다. "사냥에 성공하면 도파민 주사 한 방을 보상으로 줄게. 그러면 칠성장어로서의 행복을 느끼게 될 거야."

이 강화 시스템은 매우 효과적이어서 모든 척추동물 종에 전해졌다. 선조체의 뉴런은 생존을 위한 모든 행동에 반응하여 도파민과 쾌감을 전달하며, 이는 어류, 파충류, 조류, 포유류 및 유대류의 행동을 이끄는 원동력이다.

아주 오랜 시간 동안

지구상의 생명체들은 이 시스템을 소중히 지켜왔다. 약 1억 4천만 년 후에 최초의 육상 포유류가 출현했을 때, 그들은 생존을 위한 이 '여권'을 지니고 있었다. 올리고세 시대에 덤불 속을 돌아다니던 수니오돈Sunyodon을 예로 들어보자. 작은 다람쥐의 일종인 이 동물의 뇌는 아마도 쥐의 뇌와 비슷했을 것이다. 수니오돈의 뇌는 약 1mm 두께의 피질cortex로 덮여 있었는데, 피질은 여러 층의 뉴런으로 이루어져 있고 가지가 매우 복잡하게 얽힌 연결망을 통해 정보를 처리한다.

오늘날 쥐에서 볼 수 있는 이 피질을 현미경으로 관찰해보면 작은 원통형 기둥들이 나란히 배열되어 있으며, 각각은 마이크로프로세서와 같은 역할을 한다. 이 기둥들은 서로 무리를 지어 특정 영역들을 이루는데, 어떤 영역은 시각 정보를 처리하고 또 다른 영역은 후각이나 촉각, 청각 정보를 처리한다. 뇌의 윗부분을 길게 차지하며 움직임을 제어하는 영역도 있다. 이 해부학적 구조 덕분에 작은 설치류는 주변 환경을 관찰하고, 놀라울 정도의 예민한 후각으로 냄새를 감지하고, 미로에서 길을 찾고, 먹이를 찾을 수 있는 장소를 기억하고, 시각과 후각으로 동족을 식별하고, 공격 징후를 감지하고, 심지어 동료들과 협력하여 집단 작업을 수행할 수 있다. 예를 들면 먹이를 교환하거

나 물에 젖은 몸을 서로 말려주는 것과 같은 행동들이다.[17, 18, 19]

포유류 종은 모두 피질이 있다. 피질 크기는 지능과 밀접한 관련이 있으며, 특히 해당 종이 구성하는 사회 조직과 관련이 깊다. 영국의 심리학자 로빈 던바는 마모셋, 마카크, 카푸친, 침팬지, 고릴라, 오랑우탄 등 다양한 영장류의 피질 표면적을 측정했다.[20, 21, 22] 그 결과 피질이 더 발달한 영장류일수록 더 큰 공동체를 이루며 산다는 사실을 발견했다. 이러한 척도에서 볼 때 인간은 진화의 가장 마지막 단계에 있으며, 두개골 안에 점점 압축되어 우리가 알고 있는 특유의 주름진 모양이 될 정도로 피질이 발달한 덕분에 가장 큰 사회 조직을 이루게 되었다.

인간의 뇌가 효과적으로 유지할 수 있는 최적의 사회적 관계의 수는 약 150명이다. 씨족 체제를 유지하는 사회와 현대의 소셜 네트워크 모두에서 이 수치를 찾아볼 수 있다. 페이스북상에 3,000명의 친구가 있을 수 있지만 실제로 친분이 있는 사람은 150명이 넘지 않을 것이다. 한 예로, 인류학자들이 5개 대륙에서 수천 명의 사람들을 대상으로 설문조사를 진행하여 지인의 범위를 파악했다. 여기서 '지인'은 일 년에 한 번 이상 만나거나 소식을 주고받는 사람으로, 소셜 네트워크의 가상 인맥과는 구분된다. 수집된 데이터를 분석한 결과 평균 153명의 지인이 있는 것으로 나타났다. 그리고 최근 링크드인과 같은 전문 소셜 네트워크에서 수행한 연구에 따르면 이러한 네트워크를 통해 일자리를 찾는 데 가장 이상적인 연락처 수는 157명[23]인 것으로 나타났다.

인간의 뇌는 사람들과 상호작용을 하려는 경향 외에 도구 제작에도 매우 특화되어 있는데, 이는 대뇌피질의 특정 영역이 담당하는 능력이다.[24] 뇌의 앞부분에는 미래의 행동을 상상할 수 있는 계획 영역이 있으며, 측면 영역은 언어를 담당하여 자신의 의도를 다른 사람과 공유하고 집단행동을 조직할 수 있게 해준다. 마지막으로, 대뇌피질의 신경망은 심리학자들이 '마음 이론'이라고 부르는 것, 즉 다른 사람이 무엇을 생각하는지, 그들의 의도가 무엇인지, 그리고 어떤 감정을 느끼는지 파악하는 능력에 관여한다.

이렇듯 말하고, 다른 사람의 생각을 상상하고, 함께 도구를 만드는 능력은 매우 고도화된 기술 발전을 뒷받침하는 기둥이다. 무한한 잠재력을 지닌 이 과정을 통해 인간은 세상을 지배하게 되었지만, 최근에는 그 세상을 위험에 빠뜨리는 단계에 이르렀다.

선조체와 도파민

척추동물 특히 포유류의 피질은 자연이 빚어낸 위대한 발명품이다. 말 그대로 수십 명의 개체가 무리를 이루어 협력함으로써 생존 가능성을 높일 수 있게 해준 필살기였다. 침팬지나 인간(또한 까마귀와 같은 일부 조류) 같은 일부 종에서는 행동을 실행하기 전에 머릿속에서 계획을 세울 수 있게 함으로써 환경에 개입하는 능력을 크게 향상시켰다. 그러나 피질은 무기에 불과하며, 모든 무기가 그러하듯 그 무기를 어떻게 사용할지, 어떤 목표를 달성할지는 주인의 손에 달렸다. 그 주인이 바로 선조체다. 이미 칠성장어의 뇌에 존재했던 이 뇌의 심층부는 수백만 세대에 걸쳐 어류, 양서류, 파충류, 포유류에게 전해져 내려왔다. 선조체 없이는 생존할 수 없기 때문에 이것은 제거할 수도 없다.

그 작동 원리를 밝히기 위해 다시 쥐의 뇌로 돌아가 보자. 뇌의 바깥쪽 부분은 피질(cortex는 라틴어로 '나무껍질'이라는 뜻)로 이루어져 있고, 더 안쪽에는 오랜 진화 과정에서 파충류와 어류 시대부터 이어져 온 오래된 뇌 구조들이 자리 잡고 있다. 이 오래된 뇌에는 아몬드 모양의 뇌 부위가 있는데, 이는 '편도체'로서 두려움, 슬픔, 분노와 같은 감정을 담당한다. 아치형으로 되어 있는 부위도 있는데, 이는 배고픔, 체온, 성적 욕구 등을 조절하는 시상하부다. 이 모든 것의 중심에 쥐의 모든 행동에 동기를 부여하는 선조체가 있다. 이 구조는 칠성장어에게도 동일하다. 어떤 행동이 먹이를 찾거나, 섹스 파트너를 구하거나, 사회적 지위를 확보하거나, 새로운 영역을 탐험하는 데 성공하여 생존이나 유전자 전달의 기회를 높이면 선조체는 도파민을 분비하고 해당 행동은 강화된다.

도파민 분비 메커니즘을 잠시 살펴보자. 선조체 아래쪽을 보면, 원초적인 반사작용과 호흡 같은 일부 생리 기능을 조절하는 척수와 맞닿은 곳에 작은 주머니 모양의 신경세포 집단이 있다. '복측피개영역 Ventral tegmental area'이라 불리는 이 깊숙한 영역이 바로 도파민이 만들어지는 공장이다. 이 영역에 있는 뉴런들은 성공적인 행동이 일어날 때 선조체 쪽으로 가지를 뻗어 이곳에서 도파민을 방출하여 '보상'한다.

그렇다면 선조체가 우리의 모든 행동에 강한 영향력을 행사한다는 점을 어떻게 뉴런의 연결 구조를 통해 설명할 수 있을까? 일반적으로 뉴런은 신체의 다른 세포들과 매우 다른 세포다. 피부 세포나 간 세포는 두께가 몇 마이크로미터로 다소 촘촘하게 모여 형태를 구성하지만, 뉴런은 성장 과정에서 완전히 다른 형태로 변모하여 실 모양으로 돌기를 길게 뻗는다. 우리 다리의 움직임을 조절하는 뉴런의 경우는 길이가 수십 센티미터에 이르기도 한다.

뉴런은 유전정보가 저장된 DNA가 들어있는 핵을 지닌 둥근 몸체와 두 가지 형태의 돌기로 구성된다. 하나는 가지 모양으로 뻗어 있는 '수상돌기'로, 다른 뉴런에서 오는 신경신호를 받아들인다. 다른 하나는 두꺼운 전선 모양으로 길게 뻗은 '축삭돌기'로, 뇌의 다른 영역으로 멀리 뻗어 나간다. 긴 축삭돌기 덕분에 복측피개영역의 뉴런은 뇌의 다른 세 가지 심층 영역인 측좌핵, 꼬리핵, 조가비핵과 연결되며, 이 세 구조가 합쳐져 선조체를 이룬다.(아래 그림 참조)

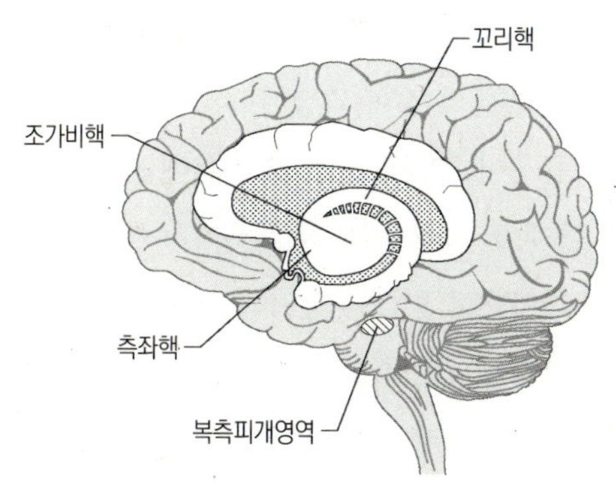

선조체를 보여주는 뇌의 단면도. 꼬리핵, 조가비핵, 측좌핵으로 이루어져 있다. 뇌간 더 깊숙한 곳에는 네 번째 영역인 복측피개영역이 있는데, 이곳에서 앞의 세 영역에 도파민을 공급한다.

이 네 영역은 주로 도파민을 통해 소통하며, 뇌에서 많은 것을 결정한다. 사실상 이들은 직접적이든 간접적이든 거의 모든 권력을 쥐고 있다. 복측피개영역과 선조체라는 의사결정 기관은 긴 축삭돌기 덕분에 대뇌피질의 거의 모든 영역에 신경을 전달할 수 있다. 그리고 대뇌피질은 이성, 계획, 조직화, 추상적 사고, 기억을 담당한다.

우리 뇌의 결함

인간의 뇌는 쥐의 뇌와 비교했을 때 진화 양상에서 몇 가지 놀라운 차이를 보인다. 인간 뇌의 기본 구조와 모듈은 쥐의 뇌와 동일하지만 두 가지 주요한 변화가 있었다. 첫째, 인간의 뇌는 '수직화'되었다. 인간은 두 발로 걷는 포유류이기 때문에 목뼈가 두개골을 지탱하고 있으며, 목뼈에 있는 구멍을 통해 뇌와 신체를 연결하는 필수 전달 수단인 정맥과 동맥, 뇌와 척수를 연결하는 신경세포가 통과한다.

약 150만 년 전 인류의 진화 과정에서[25] 이 구멍의 지름이 넓어지면서 뇌에 혈액 공급이 원활해졌고, 그 덕분에 뇌는 눈부시게 성장할 수 있었다. 그 결과 두 번째 큰 변화로 우리는 현재 약 1,400㎤의 커다란 뇌를 갖게 되었으며, 이 뇌는 1천억 개의 뉴런과 수백조 개의 시냅스로 연결을 이루었다. 인간의 뇌는 강한 혈류를 공급받는 기관으로, 바깥쪽(피질)이 다른 동물에 비해 압도적으로 크다. 만약 이 대뇌피질을 펼쳐놓는다면 그 면적은 60인치 평면 스크린과 비슷할 것이다. 그것이 압축되어 두개골 안에 주름진 채로 들어있는 것이다.

쥐와 마찬가지로, 도파민 뉴런은 우리 대뇌피질의 여러 부분을 관장하며 그 규칙을 지배한다. 따라서 대뇌피질이 포유류, 특히 진화한 영장류인 인간을 성공으로 이끈 결정적인 무기로서 무적의 힘을 발휘한다 해도, 선조체가 여전히 통제권을 쥐고 있다.

선조체는 1천만 년 전과 동일한 목표를 추구하고 있다. 바로 가능한 한 적은 에너지를 소비하면서 먹이를 찾고, 섹스 파트너를 확보하며, 사회적 지위를 얻고, 생존을 위한 영역과 정보를 획득하는 것이다. 단 한 가지 변한 것이 있다면 인간의 대뇌피질이 지난 1백만 년 동안 비약적으로 발달하여 쥐의 대뇌피질보다 훨씬 더 강력해졌다는 점이다. 음식, 정보, 물질적 재화의 생산 등 어떤 분야에서든 정교한 기술을 개발함으로써 대뇌피질은 오늘날 선조체가 원하는 거의 모든 것을 때로는 큰 노력 없이도 제공할 수 있게 되었다. 문제는 선조체의 맹목적인 성격에 있다. 선조체는 결코 스스로를 제한하려 하지 않는다. 그렇게 만들어지지 않았기 때문이다. 선조체에는 스스로를 제한한다는 개념이 내재되어 있지 않으며, 애초 설계도에도 명시되어 있지 않다.

그 이유와 과정에 대해서는 다음 장에서 본격적으로 살펴보기로 하자. 다만 한 가지 기억해야 할 점은, 선조체는 얻을 수 있는 것은 무엇이든 다 취한다는 점이다. 그리고 이는 우리 뇌의 매우 큰 결함이다.

2장

우리 뇌의
5가지
원초적 욕구

게걸스러운 대식가

1960년 이후 서유럽이나 미국에서 태어난 대다수 사람에게는 지금 하려는 이야기가 크게 와닿지 않을 것이다. 그들에게는 낯선 감각이나 경험이기 때문이다. 바로 배고픔에 관한 이야기다. 나는 배고픔을 평생 딱 한 번, 그것도 잠깐 경험한 적이 있다. 사촌 두 명과 함께 캐나다로 2주간 트레킹을 갔을 때였다. 당시에 계산을 잘못해서 충분히 준비하지 못한 탓에 식량이 금세 바닥나버렸다. 그래서 3~4일 동안 비닐봉지에 묻은 설탕까지 싹싹 털어먹으며 버텨야만 했다. 그러면서 우리는 음식에 대한 절대적 욕구라는 신체의 별스러운 기능에 대해 여실히 경험할 수 있었다.

이 궁핍한 여정 끝에 우리는 마침내 북미식 건물로 조성된 작은 마을에 다다랐다. 마을을 가로지르는 도로가 줄을 그은 듯 곧게 뻗어 있었고 그 주변으로 주택 몇 채와 저렴한 호텔이 들어서 있었다. 호텔에 걸린 간판이 눈에 확 들어왔다.

"아침식사 무제한"

주머니에는 하룻밤 숙박비와 아침 먹을 돈만 겨우 남아있었다. 우리가 도착했을 때에는 식사 제공 시간이 끝났기 때문에 배를 채우기 위해서는 다음날 아침까지 기다려야 했다. 다음날 침대에서 일어나자, 팬케이크와 시리얼, 우유, 메이플 시럽 병으로 가득한 식탁이 눈앞에 펼쳐졌다.

몇 년 후, 나는 구석기 시대 사냥꾼들은 덩치 큰 사냥감을 잡으면 며칠을 끊임없이 먹었다는 글을 읽었다. 그들은 사체 주위에 둘러앉아 고기가 상하기 전에 가능한 한 짧은 시간에 최대한 많은 양을 배에 채우려 애썼다. 아마도 세계 대도시 고층빌딩에 거주하는 호모 사피엔스의 폭식 행위는 이러한 본능이 이어진 여파일 것이다. 짧은 시간에 많은 칼로리를 저장하는 능력은 수백만 년 동안 우리 조상들의 생존을 보장해준 무기였을 것이다. 당시에는 다음 기회에는 비슷한 정도의 먹이를 쉽게 다시 구할 수 있으리라는 보장이 전혀 없었기 때문이다.

선조체가 이끄는 욕망 시스템

배고프지 않은 상태가 되어서도 음식을 계속 먹는 행동은 우리의 뇌가 어떻게 작동하는지 잘 보여준다. 앞 장에서 여러분은 생존을 보장하는 행동을 할 때마다 쾌감을 유발하는 보상회로가 어떻게 작동하는지, 그리고 그 회로의 핵심 요소 중 하나가 선조체라는 사실을 알게 되었다. 배고픔을 느끼는 것만으로 자동적으로 음식을 먹게 되는 것이 아니라는 말이다. 배고픔은 몸의 생리적 균형이 깨졌음을 알리는 신호일 뿐이다.

먹고 싶은 욕구가 생기고, 이 욕구가 끊임없이 생각을 음식으로, 손을 입으로 향하도록 행동을 이끌려면 신경과학자들이 유인(誘因)이라 부르는 것이 필요하다. 선조체가 바로 이러한 유인을 만들어내는 뇌 영역이다. 선조체는 마치 집요한 현장 감독처럼 우리를 행동으로 몰아붙이며, 채찍보다 당근을 더 잘 사용한다. 대뇌피질이 '생존 프로그램(먹기, 짝짓기, 탐색, 정복, 지배)'을 수행하면 도파민과 쾌락을 얻게 된다. 이 시스템은 꽤나 잘 작동한다. 이런 유인이 없으면 우리는 어떻게 될까? 아침에 일어나 일하러 가서 생계를 꾸릴 마음이 들까? 밥을 먹기 위해, 삶을 함께할 동반자를 찾기 위해, 아이들을 키우기 위해, 새로운 것을 배우거나 우리 자신이나 타인에게 높이 평가받을 만한 일을 이루기 위해 과연 무언가를 시도할 힘을 낼 수 있을까?

이론적인 질문처럼 보일 수 있지만 이것은 실생활에서 매우 현실적인 문제다. 최근 연구에서 과학자들은 이러한 유인을 생성하는 선조체의 도파민 뉴런을 제거하면 어떤 일이 일어나는지 관찰했다. 연구진은 유전공학을 이용해 생쥐의 도파민 뉴런을 의도적으로 비활성화했다. 그 결과 쥐들은 먹이를 찾거나 먹이를 찾을 수 있는 새로운 장소를 탐색하는 것을 멈췄다. 그리고 몇 주 만에 죽음을 맞이했다.[26, 27] 이유는 단순했다. 배가 고파서 괴로워도 그들에게는 더 이상 욕구가 없었다. 살고자 하는 의욕이 사라진 것이다.

선조체가 망가지면?

누군가는 그 쥐들이 실제로 무엇을 느꼈는지, 주관적인 배고픔이나 삶에 대한 의욕이 있었는지에 대해서는 우리가 알지 못한다고 이의를 제기할 수 있다. 그러나 머리를 다치거나 일산화탄소 중독으로 선조체가 손상된 사람에게도 동일한 효과가 나타난다. 이러한 손상은 매우 특이한 상황을 초래한다. 환자는 무엇이 됐든 욕망할 수 있는 능력을 상실한다. 신경학자들은 이를 두고 "정신적 자기 활성화 상실 perte d'autoactivation psychique"[28]이라 부른다. 이를 겪는 환자 대부분은 같이 있던 사람이 자리를 떠나 혼자 있게 되면 같은 자세와 상태 그대로 있는 경우가 많으며, 스스로 행동을 취하지 못한다.

예를 들어, 한 남자에게 잔디를 깎으라고 말하고, 잔디밭 한가운데에 잔디 깎는 기계 손잡이를 쥐어 준 채 세워 두었다고 하자. 한 시간 뒤에 봐도 그 남자는 여전히 같은 자세로, 아무것도 시작하지 않은 채로 있다. 괜찮냐고 물으면 아주 자연스럽게 괜찮다고 대답한다. 그리고 일을 시작하라고 지시하면 아무 저항 없이 그대로 실행한다. 그는 스스로 행동을 시작하는 능력을 잃은 것이다. 이제는 외부에서 그를 활성화시켜야 한다.[29]

정신적 자기 활성화 능력을 상실한 일부 환자들은 24시간 동안 아무것도 먹지 않고 누군가 식사를 제공해주기를 참을성 있게 기다린다. 그러다 식사가 주어지면 아주 맛있게 먹는다.[30] 배고픔은 느끼지만 결핍감과 행동 사이의 연결이 사라진 것이다. 욕구는 선조체와 함께 사라졌다.

그러니 도파민과 선조체에 대해 오해하지는 말자. 선조체는 생명 그 자체다. 선조체가 없었다면 오늘날 우리는 존재하지 못했을 것이다. 그럴 수밖에 없는 것이, 자연선택이 오직 이런 방식으로 작동하는 선조체를 지닌 개체만을 살아남게 했기 때문이다. 그 이유는 쉽게 이해할 수 있다. 먼 조상 중 일부가 (종의 진화 과정에서 불가피하게 발생하는 유전자 변이와 유전자 재조합으로 인해) 선조체 결함을 가지고 태어났다면 오래 살아남지 못했을 것이다. 오직 뇌 속에서 이런 자극이 활성화되는 자들만이 살아남았다. 그 자극은 이렇게 말했을 것이다.

"가서 먹을 수 있는 만큼 먹어라. 이 세상 음식은 공짜가 아니니. 가서 짝짓기할 수 있는 만큼 짝짓기해라. 자손이 많을수록 네 유전자를 후대에 전할 가능성이 높아지니. 가서 다른 이들보다 더 중요한 존재가 돼라. 그래야 물질적 자원과 섹스 파트너를 보장받을 지위를 확보할 수 있으니. 가서 주변 세계에 대한 정보를 가능한 한 많이 흡수하라. 그래야 살아남을 가능성이 커지니. 그리고 다른 이들보다 더 많이 그렇게 하라. 그렇지 않으면 네 유전자가 경쟁자들의 유전자에 밀려 사라질 테니. 그러니 절대로 절제하지 말고, 어떤 이유로도 스스로 제한하지 마라."

이런 설명이 극단적으로 보일 수 있지만, 오히려 우리 신경세포의 작동 방식을 정확히 반영한 것일 뿐이다. 이를 제대로 이해하는 것은 우리 종이 지금 막다른 길에 들어섰다는 심각성을 제대로 인식하는 데 필수다.

우리는 점점 더 많은 기술을 습득하여 우리의 욕구를 충족한다. 하지만 그러한 기술을 적용하면서 절제는 하지 못한다. 그 기술이 식량 생산과 관련된 것이든, 사회적 지위를 상징하는 자동차에 관한 것이든, 인터넷상의 성적 콘텐츠, 소셜 네트워크에서의 사회적 지위, 정보 중독과 관련된 것이든 상관없이 말이다. 이 모든 것은 성장 경제의 연료가 된다. 그리고 이 경제는 성장이라는 근본 원칙을 포기할 이유가 전혀 없다. 왜냐하면 바로 그 원칙이 우리 종을 성공으로 이끌었기 때문이다.

무엇이 문제일까?

우리 뇌 구조는 배아 발생 기간에 뇌가 발달하도록 되어 있고 이후 평생 그 기능을 유지하는 수천 개의 유전자에 의해 조절된다. 지구상에 존재했던 모든 세대를 거치는 동안 유전적 변이는 지속적으로 발생한다. 이러한 변이는 돌연변이, 또는 생식 과정에서 부모에게서 받은 염색체 조각이 단순히 재조합된 결과다. 당연히 이러한 변이는 더 강력하고 공격적인 선조체(더 많이 먹고 번식하도록 더 많은 압력을 가하는)를 가진 후손을 낳을 수도 있고, 더 온건한 선조체를 가진 후손을 낳을 수도 있다. 오늘날 사회에서 개인의 성공을 이루는 요소에 대해서는 각자 생각이 다를 수 있다. 하지만 인류 역사가 시작될 때까지 포유류가 진화해 온 1억 년 동안 더 많이 요구하는 선조체를 만드는 유전자의 소유자가 더 잘 살아남았기 때문에 세대를 이어 유전될 가능성이 훨씬 더 높았다.

그들은 가장 작은 음식 한 조각까지도 놓치지 않았고, 동료들보다 더 큰 권력을 바탕으로 더 나은 생존 수단과 더 많은 섹스 파트너를 확보했다. 그들은 더 많이 번식하고 유전자를 더 잘 전달했다. 그 결과 오늘날 우리 모두는 매우 효율적인 보상 시스템을 갖추게 되었다. 이러한 회로를 갖지 못한 사람들은 오래전에 사라졌다.

수백만 년 동안, 우리 뇌 깊은 곳의 도파민 신경세포를 기반으로 한 이 시스템은 모든 동물 종이 먹이, 번식, 권력, 정보를 효율적으로 찾아내 생존할 수 있도록 해왔다. 이 과정에서 생명의 역사도 지구도 피해를 입지는 않았다. 그런데 인류는 갑자기 다른 프로그램을 가동하기 시작했다. 수백만 년의 진화를 거친 끝에 인간의 대뇌피질은 자연과의 관계를 근본적으로 바꿀 수 있는 기술 발명품들을 만들어내기 시작했다.

기형적인 자연 공장

이 프로그램은 17세기 르네 데카르트가 인간이 자연의 주인이자 지배자가 되어야 한다고 주장하면서 처음 제시했으며, 200년 후 기술 혁명 속에서 구체화되었다. 20세기 중반, 인류의 생활 방식은 새로운 농법의 등장으로 크게 변화했다. 농기계와 화학비료의 결합으로 1헥타르당 약 7톤의 곡물을 생산할 수 있는 집약농업이 등장했다. 이는 신석기 시대 초기 농부들이 같은 면적에서 수확한 양이 불과 몇 퀸틀*에 불과했던 것과 대비된다. 또한 선진국의 농식품 산업은 새롭고 다양한 제품을 쏟아내며 목축의 본질을 완전히 바꿔놓았다. 과거에는 방목 위주였지만, 이제는 대규모 농장에서 생산된 곡물 사료를 가축에게 먹이는 공장식 사육 단계로 들어섰다. 그 결과는 놀랍다.

현재 전 세계에서는 연간 6,800만 톤의 쇠고기(연간 약 3억 마리 규모로 초당 2톤의 쇠고기 생산), 1억 1,000만 톤의 돼지고기(연간 8억 마리, 초당 3.5톤), 1억 1,500만 톤의 닭고기(연간 860억 마리, 초당 3.5톤)가 생산되며, 이 수치는 2025년까지 24% 증가할 것으로 예상된다.[31] 우리 눈앞에 펼쳐진 광경은 그야말로 광적이다. 연간 3억 톤의 고기를 집어삼키고, 그 소비량이 20년마다 두 배로 늘어나는 것이 인류의 현실이다. 그리고 최근 몇 년 사이에 이런 광기는 더욱 가속화되고 있다.

동시에 생명체의 법칙을 밝히는 생명공학은 돼지, 닭, 소 품종을 '개량'하여 같은 비용으로 더 많은 고기를 생산하고, 수백만 톤의 즉석 스테이크로 슈퍼마켓 진열대를 채운다. 2002년에는 '털 없는 닭'이 처음으로 등장했다. 이를 통해 가금류 생산 속도를 높이고 병아리가 부화한 후 소비자의 식탁에 오르기까지의 시간을 단축할 수 있게 되었다.[32] 그 이전에는 연구기관이 '이중 근육double muscle'[33] 유전자를 가진 유명한 벨기에 블루 소 품종을 개발했는데, 이 소들은 근육이 비

---

* 1퀸틀은 약 50.8kg -옮긴이

정상적으로 비대해진 탓에 혀가 지나치게 커지는 문제, 호흡기와 심장 문제, 뼈와 연골 성장 장애 등 다양한 건강 문제를 겪는다. 얼마 전에는 한국 연구진에 의해 탄생한 '헐크' 돼지들이 주목받았다.[34] 이 돼지들은 TV 시리즈의 유명한 녹색 괴물 이름을 딴 것으로, 미국산 호르몬 돼지보다 무게가 1.5배나 더 나가는 진정한 보디빌딩 돼지들이다.

이 악순환이 환경에 미치는 영향은 수치로 측정된다. 소고기 1kg을 생산하는 데 지구상에서 15,000리터의 물이 소모되며[35], 대기 중으로 약 20kg의 이산화탄소가 배출된다는 사실은 잘 알려져 있다.[36] 이는 자동차로 300km를 주행할 때 발생하는 온실가스 배출량과 같다.[37] 그러나 우리의 식탐은 한계가 없으며, 무엇보다도 이러한 수치를 안다고 해서 음식 섭취량을 줄이기는커녕 생각을 바꾸게 할 수도 없을 것 같다. 가장 안타까운 점은, 사실 우리는 이 모든 것이 정말로 필요하지 않다는 것이다. 우리의 식량 수요는 적어도 지구상 대부분의 국가에서는 충족되어 있다. 우리는 과잉 생산과 과잉 소비를 하고 있으며, 과체중 상태라고 말할 수 있다.

인간의 비만

2016년 세계보건기구는 오늘날 영양결핍으로 인한 사망자보다 과잉섭취로 인한 사망자가 더 많다는 보고서를 발표했다.[38] 오늘날 18세 이상의 인구 중 19억 명 이상이 과체중이다. 이중 6억 5천만 명 이상이 비만이며, 이는 전 세계 인구의 약 13%에 해당한다. 이 수치는 40년 만에 3배로 증가한 것으로, 2030년에는 인류의 38%가 과체중, 20%가 비만이 될 것으로 예상된다.[39]

이러한 현상은 개발도상국을 포함한 전 세계 모든 지역으로 퍼지고 있다. 하지만 가장 큰 타격을 입는 것은 고도로 산업화된 국가들이다. 32개국 400만 명을 대상으로 실시된 국제 연구에 따르면, 비만은 흡연에 이어 유럽에서 두 번째로 높은 사망 원인이다.[40] 미국에서는 비만율이 인구의 33%를 넘어섰으며, 과체중인 사람이 이제 다수를 차

1970년부터 2030년까지의 비만율 변화

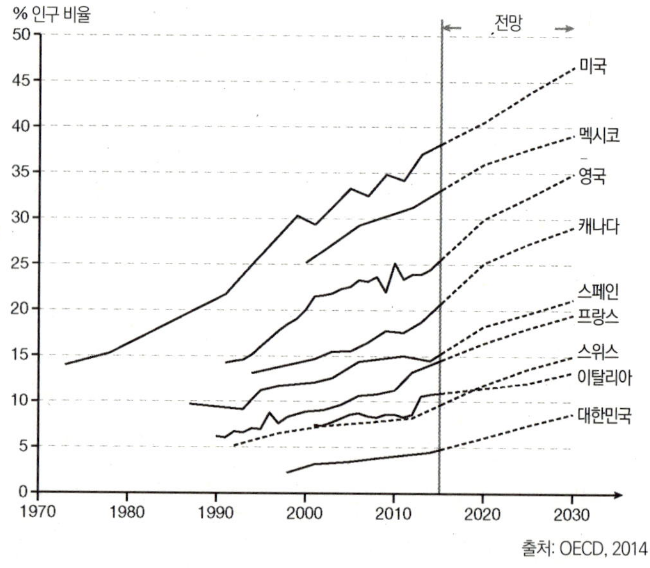

모든 선진국에서 비만 인구의 비율(세로축)이 매우 빠르게 증가하고 있다.

지해 미국인의 65% 이상이 이에 해당한다.[41] 프랑스는 비만율이 15%를 넘어섰다.

비만은 인명 손실과 의료비 면에서 막대한 대가를 치르게 한다. 비만은 심혈관 질환, 당뇨병, 유방암, 난소암, 전립선암, 간암, 췌장암, 신장암, 대장암 등을 통해 생명을 앗아간다. 매년 약 300만 명이 비만으로 사망하는 것으로 추정되며, 이로 말미암아 미국에서만 연간 2천억 달러가 넘는 비용이 발생한다.[42, 43]

이 엄혹한 수치 앞에서 자연스럽게 한 가지 의문이 든다. 우리는 과식이 동맥을 막고 신진대사를 엉망으로 만들며 결국 일찍 죽음에 이르게 한다는 사실을 알면서도 왜 단호히 절제하기로 결심하지 않는 걸까? 물론 앞서 살펴보았듯이 선조체는 우리가 계속해서 더 많이 먹게끔 부추기도록 프로그램되어 있다. 하지만 어떻게 보면 이런 설명은 질문을 바꾸게 할 뿐이다. 애초에 왜 그렇게 프로그램된 걸까? 자연은 정말 그렇게 어리석고 한 치 앞도 못 보는 존재인가? 이렇게 엄청난 낭비를 불러올 것을 예측하지 못했을까?

우리는 어느 시점까지는 우리를 만족시켰을 음식의 풍요에 맞서 그것을 거부하기 위해 보잘것없는 노력으로 고군분투하고 있는 듯하다. 패스트푸드 산업만큼이나 다이어트 산업이 번창하는 곤혹스러운 상황을 두고 하는 말이다. 현재, 창시자와 운영자의 브랜드가 등록된 것을 제외하고도 적어도 90가지의 체중 감량 다이어트가 있다. 이 다이어트들은 동물성 단백질에 기반한 이누이트 식단부터 생선을 강조하는 오키나와 식단, 지역에서 자란 음식만 먹는 로컬푸드 식단, 생과

일만 먹는 프루테리언 식단 등 다양하다. 열 명 중 아홉 명 이상의 여성이 평생 한 번 이상 다이어트를 해봤거나 할 예정이며, 이 산업의 매출액은 문제가 가장 심각한 미국에서만 연간 500억 달러에 이른다.

그러나 많은 과학적 연구가 증명하듯, 이는 별 효과가 없다. 대부분의 경우[44] 칼로리 섭취를 제한하고 체중을 줄이기 위한 노력은 지나치게 큰 부담으로 느껴지며, 결국 요요 현상이 뒤따른다. 다이어트를 마친 뒤 오히려 체중이 더 많이 증가하는 것이다. 우리 대뇌피질이 내린 좋은 결심은, 말 그대로 선조체의 끊임없는 충동 앞에서는 상대가 되지 않는다. 우리의 뇌는 욕구가 충족되었을 때조차도 더 많은 것을 원하도록 만들어져 있다.

우리는 망했다, 너무 많이 먹고 있다

우리가 이토록 음식의 풍요 앞에서 무력한 이유는 그러한 상황을 맞이할 준비가 전혀 되어 있지 않기 때문이다. 인류는 지구에 머문 대부분의 시간 동안 식량 자원이 부족한 자연환경에서 살아왔다. 구석기 시대 조상들 주변에는 감자튀김과 햄버거가 넘쳐나지 않았다. 하루 종일 뿌리와 열매를 찾아다니며 사냥감을 쫓았지만 성공은 보장되지 않았다. 사냥감을 잡았을 때는 한 조각도 남기지 않고 먹어야 했다. 생존이 걸려 있었기 때문이다.

더 많이 먹는 자가 종종 다른 이들보다 우위를 점했다. 더 오래 더 잘 살아남았고 더 많은 자손을 남겼다. 그의 유전자는 더 널리 퍼져

나갔다. 더 많이 먹도록 부추기는 선조체를 지닌 경쟁자가 나타나면, 그 경쟁자가 우위를 점했다. 이런 식으로 폭식하는 행동은 더욱 강화되어 우리 유전자에 깊이 새겨졌다. 이것이 오늘날 우리가 배가 부른데도 더 먹도록 부추기는 유전자를 지니게 된 이유다.

이 상황은 인류가 다른 동식물 종과 균형을 이루며 살아가고, 자원에 대한 접근이 제한되어 있던 시절에는 별문제가 없었다. 그러나 남아돌 만큼 막대한 양의 식량을 생산할 수 있게 되자, 이 '게걸스러운 유전자'는 최악의 적이 되었다. 오늘날 이 유전자는 비만과 관련된 치명적인 질병을 유발하여 우리를 죽이고, 알츠하이머와 뇌졸중(비만이 크게 촉진하는 질환으로, 각각 연간 150만 명과 600만 명의 사망을 초래함[45, 46])을 비롯한 다양한 합병증을 낳는다. 또한 환경에도 파괴적인 영향을 미친다. 식품, 특히 동물성 식품의 과잉 생산은 온실효과와 지구 온난화에 큰 영향을 끼치는 막대한 탄소발자국을 남긴다.

여기서 신경과학의 최신 연구 결과를 바탕으로 한 학문적 논의를 잠시 접어두고, 내 개인의 경험으로 돌아가 보자. 캐나다 동부의 한 도로변 호텔에 머물게 되었을 때, 나는 눈앞에 쌓여 있는 메이플 시럽을 곁들인 팬케이크를 걸신들린 듯 허겁지겁 먹어 치웠다. 산속에서 사흘 동안 굶주렸던 나는 믿기 힘들 정도로 많은 양의 토스트와 시리얼을 먹어 치웠고 결국 토할 지경이 되었다. 한 시간 후에는 배탈이 난 듯 침대에 웅크린 채 꼼짝도 할 수 없었다. 우리 일행은 전혀 계획에 없던 이 여관에서 하루를 쉬어야 했다. 아마도 폭식 유전자가 우리

먼 조상들에게도 비슷한 무기력증을 강요했을 것이다.

우리가 오래전부터 배고프지 않아도 먹고, 절제할 줄 모른 채 끝없이 더 원하도록 프로그램되어 있다면, 이러한 행동을 결정하는 회로는 뇌의 어디에 있을까? 이를 알아내려면 선조체 깊숙이 들어가, 그 기능이 밝혀진 최초의 실험들로 거슬러 올라가야 한다.

세상의 진정한 지배자 : 보상회로

1954년, 두 명의 신경생리학자 제임스 올즈와 피터 밀너는 과학계에 큰 족적을 남긴 발견을 했다. 당시 젊은 미국인 제임스 올즈는 캐나다 몬트리올에 있는 맥길 대학교에서 캐나다 연구자 피터 밀너의 지도 아래 박사 논문을 준비 중이었다. 그는 실험 과정에서 한 동물이 특정 장소를 다른 장소보다 선호하는 경향이 있는 것에 관심을 갖게 되었다.

중독된 '스타하노프' 쥐

올즈는 실험용 쥐들의 뇌에 전극을 이식하고 그들이 케이지의 특정 모퉁이에 접근하면 전기 자극을 주었다. 그는 논리적으로 전기 자극이 고통스럽거나 불쾌한 것으로 인식되어 쥐가 전기 자극이 전달되는 곳에서 멀어질 것이라 예상했다. 그리고 대부분의 실험 쥐에서 실제로 이러한 현상을 관찰했다. 그런데 일부 쥐들에게서 예상치 못한 행동을 발견했다. 이 쥐들은 뇌에 자극을 받은 장소에서 도망치지 않고 반대로 그곳으로 이동했다. 마치 자극이 즐거움을 주는 것처럼 몇 번이고 되풀이해서 돌아왔다.

올즈는 전극이 뇌 속 어느 위치에 있는지 자세히 살펴본 결과, 자신이 약간의 조작 실수를 저질렀고 전극의 금속 끝이 '중격 영역Septal area'이라는 곳을 관통하고 있다는 사실을 발견했다. 뇌의 이 영역은 선조체의 일부인 측좌핵이 자리하고 있으며, 도파민이 가장 많이 분비되는 부위다.

이에 올즈는 쥐가 스스로 전기 자극을 받는 시점을 선택할 수 있도록 정교한 실험장치를 고안했다. 쥐가 원할 때 누를 수 있는 작은 페달에 회로를 연결해, 페달을 밟을 때마다 쥐의 중격 영역에 전기 자극이 가해지도록 한 것이다. 그는 곧 강박 행동이 나타나는 것을 관찰했다. 쥐들은 끊임없이 페달 근처로 돌아가 점점 더 자주 페달을 밟았고, 그 빈도가 마침내 광적인 수준에 이르렀다. 대부분은 시간당 200회 페달을 밟았고, 일부는 24시간 내내 분당 100회까지 작동하며 자극에 완전히 중독되었다.[47]

제임스 올즈와 피터 밀너는 후에 '보상회로'라고 불리게 될 것을 막 발견한 참이었다. 과학적으로 이 용어는 뇌 기저부의 복측피개영역과 그에 인접한 흑질Substantia nigra, 그리고 척수와 맞닿은 부위에 있는 뇌간에서 유래하는 신경세포 집단을 가리킨다. 이 신경세포들은 흑질에서부터 선조체의 다른 구조들과 전두피질을 거쳐 위로 연결된다.

올즈와 밀너는 실험에서 보상회로의 여러 핵심 연결 부위를 자극했다. 그 부위란 복측피개영역, 이를 측좌핵과 연결하는 중뇌변연계 경로, 측좌핵, 그리고 시상하부나 안와전두피질의 일부였다. 두 연구자는 쥐가 스스로를 자극하는 욕구의 억제 불가능한 특성을 상세히 기술했다. 이 설치류들은 보상 시스템이 작동할 때 느끼는 쾌감을 한번 맛보게 되면, 다른 어떤 것도 원하지 않게 되었다. 심지어 먹거나 마시는 것조차 중단했다.

선조체와 열반

올즈와 밀너의 실험은 이후 인간을 대상으로 한 유사 실험으로 이어졌다. 이 경우, 다른 질병 때문에 두개골을 열어 뇌 수술을 받아야 하는 환자들을 대상으로 진행되었다. 환자들은 이 한시적인 실험에 동의했다. 또 어떤 경우에는 심한 우울증을 치료하기 위해 환자들에게 이러한 자극을 제안하기도 했다. 모든 경우에 인간의 행동은 쥐와 마찬가지였다. 사람들 역시 스스로 제한 없이 자극을 원했고, 환상적이며 말로 표현할 수 없는 감각을 경험한다고 진술했다.[48] 그중 한 명은 30분에서 1시간 동안 지속되는 절정에 오르는 듯한 감각을 느낀다고 했으며, 그로 인해 엄청난 에너지와 황홀감으로 가득 차게 된다고 했다.

보상 시스템을 직접 자극하면, 그 핵심인 선조체를 통해 맛있는 식사를 한 후 느끼는 만족감, 극적이고 끝없이 이어지는 성적 절정, 그리고 온 세상을 지배하는 듯한 감각들이 뒤섞인 상태에 흠뻑 빠지게 된다. 따라서 동물이나 인간이 이런 자극을 기본적 욕구 충족보다 선호하게 되는 것은 놀라운 일이 아니다. 코카인 복용이나, 그보다 덜하지만 니코틴 섭취 역시 우리 신경세포에 동일한 효과를 일으키며, 이 신경 시스템을 활성화한다. 약물은 단순히 이러한 신경세포의 기본적인 작동 원리를 활성화할 수 있는 분자들의 집합일 뿐이다.

올즈와 밀너의 연구는 이후 수십 년에 걸친 쾌락에 관한 신경과학 연구의 출발점이 되었다. 우리 뇌 속에 특정 행동에 반응해 강력한 보상을 주는 신경 시스템이 있다는 발견은 우리 자신의 행동을 부추기는 동기에 대한 이해를 혁신적으로 바꿔놓았다. 오늘날 우리는 강박적 충족 행위가 바로 이 동기부여와 욕구의 연결망이 활성화된 결과이며, 중독과 복용량 증가로 이어지는 일련의 단계로 향한다는 사실을 알고 있다. 우리의 절제력 부족은 바로 이 보상회로의 작동 방식에서 비롯되며, 이는 '이성적인' 뇌 부위보다 훨씬 강력하게 작동한다. 우리를 지배하는 쾌락의 원동력과 그 과잉 추구 경향을 과학자들이 발견한 순간부터 수많은 행동이 전혀 다른 시각으로 관찰되기 시작했다.

섹스와 보상 시스템의
상관관계

보상 시스템을 가장 활성화하는 행동 중 하나는 섹스다. 올즈와 밀너의 중요한 실험을 시작으로, 인간의 선조체는 에로틱한 사진이나 포르노 비디오를 볼 때 강력하게 활성화된다는 사실이 밝혀졌다.[49]

이 실험 후 불과 몇 년 만에 포르노 비디오가 신경과학 연구 자료로 선택되었다. 연구자들은 남성과 여성에게 선정적이거나 노골적인 사진을 보여주면서 자기공명영상MRI 장치로 반응을 관찰하기 시작했다. 그 결과 이러한 자극에 반응하여 선조체가 강하게 활성화된다는 사실이 밝혀졌다. 이 실험은 성행위를 하고 있는 다른 동물에서 이미 관찰된 것을 확인한 것으로, 쥐의 경우 복측 선조체 영역에서 방출되는 도파민의 양을 측정하는 매우 정밀한 측정 기술을 통해 이러한 대규모 방출을 관찰할 수 있었다.

이와는 정반대 방향으로 효과를 관찰하기 위해 올즈와 밀너의 실험을 좀 더 정교하게 변형한 실험들도 나왔다. 쥐를 교미하게 한 후 선조체의 뉴런 활동을 측정하는 대신 과학자들은 미세 전극을 사용하여 쥐의 측좌핵을 직접 활성화함으로써 동물의 성기능을 크게 증가시켰다. 그러자 수컷 쥐들은 피곤한 기색도 없이 세 번 연속으로 사정할 수 있게 되었다.[50] 전기 자극이 없었다면 가능하지 않은 일이었다. 전기 자극이 없는 경우 쥐들의 30%는 한 번 사정 후 멈추고 60%는 두 번 사정하고 멈추었기 때문이다. 교미가 진행됨에 따라 수컷[51]과 암컷[52] 모두에서 도파민 생성이 증가하는 것으로 밝혀졌기 때문에 선조체 안의 '쾌락의 작은 섬 îlot du plaisir'인 측좌핵이 매우 특별한 역할을 하는 것으로 보였다. 암컷의 경우에는 특정 유전자들의 활동이 증가했는데 그들의 역할은 보상회로의 기능을 원활하게 하는 것임이 확인되었다.[53]

최근 몇 년 동안 과학자들은 선조체의 기능이 쾌락만큼이나 욕망을 생성하는 것이라는 사실을 발견했다. 실제로 이 뇌 영역은 인간과 동물에게 쾌락을 얻기 위해 무엇이든 하라고 촉구할 때와 마찬가지로 다가올 쾌락을 기대하는 상황에서 특히 활성화된다. 한 실험에서 에로틱한 사진을 볼 때 측좌핵이 매우 강하게 활성화된 사람들은 그 후 몇 달에서 몇 년 사이에 섹스 파트너 수가 가장 많아지는 것으로 나타났다.[54] 마찬가지로, 식욕을 돋우는 음식을 볼 때 측좌핵이 매우 강하게 반응하는 사람들은 몇 달 후나 몇 년 후에 비만이 될 위험이 더 컸다. 이 모든 사실은 보상 시스템이 무엇보다 자극 시스템임을 보여준다. 마치 감긴 스프링처럼 욕망을 불러일으키고 섹스 파트너를 서로 끌어당기는 내적 충동과도 같다.

이것은 매우 집요한 유혹의 시스템이다. 누군가를 향해 욕망을 느낄 때 우리는 상대방의 마음을 얻기 위해 매우 큰 노력을 기울인다. 고집스러우면서 단호한 선조체가 그렇게 하도록 부추긴다. 도파민 뉴런은 강한 욕망과 지속적인 긴장을 유지하며 며칠 또는 몇 주 동안 지속되다가 마침내 성취감을 느끼게 된다. 그리고 이 시스템이 더 효율적일수록 경쟁에서 승리할 가능성이 높아진다. 가장 많이 원하는 사람이 가장 많이 얻는 것이 자연의 이치다.

이 상황에서 놀라운 점은 가장 강력한 보상 시스템이 대박을 터뜨린다는 것이다. 섹스를 가장 많이 원하는 선조체는 적당한 욕망만 가진 선조체보다 유전자를 더 널리 퍼뜨릴 것이다. 섹스에 집착하는 선조체의 유전자는 매우 빠르게 인구 전체에 퍼진다. 성적인 성향이 덜한 다른 개인이 보유한 유전자는 확산 가능성이 줄어들 것이다. 논리적으로 이 성적 경쟁은 가장 성에 탐닉하게 만드는 보상 시스템을 선택한다.

하지만 일상생활에 영상이 범람하면서 모든 것이 바뀌기 시작했다. 불과 수십 년 만에 TV, 카메라, 인터넷, 스마트폰이 우리 삶에 침투했다. 초고도화된 기술 사회는 섹스에 굶주린 선조체에 작은 기적을 일으켰다. 모든 가정에 하나 이상의 스크린이 설치되어 성적 환상을 충족시키는 온갖 종류의 육체를 영상으로 볼 수 있게 되었다. 그것은 노골적으로 벌거벗은 몸일 수도 있고, 살짝 가리며 호기심을 자극하는 몸일 수도 있고, 성행위를 하고 있는 몸일 수도 있어 성적 취향에 따라 선택하고 반복해서 볼 수 있게 되었다. 그러니 어디서든 섹스를 즐길 수 있다. 이 순간부터 섹스는 더 이상 진화의 경쟁에서 승리한 운 좋은 소수의 전유물이 아니다. 이제 시간만 할애할 수 있다면 누구나 제한 없이 자극적인 이미지로 측좌핵을 맘껏 만족시킬 수 있게 된 것이다.

포르노와 날개를 단 선조체

인터넷 포르노 산업은 웹에서 가장 큰 산업이다. 약 50,000개의 활성 사이트에서 거의 무제한에 가까운 수의 동영상을 방송하고 있으며, 평균 25분마다 새로운 동영상이 업로드되고 있다.[55] 오늘날 인터넷에서 매일 시청되는 동영상의 35%는 포르노이며, 그 매출액은 970억 달러에 달한다. 이중 미국은 연간 170억 달러를 차지하는 가장 큰 생산자이자 소비자다.[56] 인류는 매년 1,360억 개의 포르노 동영상을 시청하고 있으며, 스마트폰 사용자 1인당 연간 평균 348개의 동영상을 시청하고 있다. 이 글을 읽는 1초마다 28,000명이 포르노 동영상을 시청하고 있는 셈이다.[57] 그리고 이것은 아마도 더 큰 현상의 시작에 불과할 것이다.

몇 년 전부터 우리는 포르노를 전례 없이 사실적인 3차원으로 볼 수 있는 새로운 가상현실 기기의 시장으로 진입했다. 가상 현실 헤드셋을 통해 사용자는 매우 사실적인 파트너와 생생하게 상호작용할 수 있다. 이러한 장치 중 일부는 손쉽게 스마트폰에 연결하여 수백 개의 동영상을 3차원으로 몰입감 있게 시청할 수 있게 하며, 인형이나 기압 센서가 장착된 장갑 등 시각 자극과 촉각 지원을 결합하여 신체의 특정 부분을 느끼는 감각을 손에 재현할 수 있게 되었다.[58] 브이로티카VRotica 헤드셋이나 페이스북의 자회사가 개발한 가상현실 헤드셋인 오큘러스 리프트Oculus Rift와 같은 일부 제품은 출시되자마자 불티나게 팔렸다.

2017년 말, 30세 미만 남성 2명 중 1명이 실제 성관계를 가져본 적이 없는 일본에서 열린 일본 최초의 가상현실 포르노 박람회는 입구를 가득 메운 관람객들로 인산인해를 이뤘다. 수많은 방문객이 전시회에 입장하기 위해 길게 줄을 선 장면은 이 디지털 기술을 직접 접하려는 남성들이 초현실적인 가상섹스에 얼마나 큰 매력을 느끼는지 여실히 보여주었다. 이러한 가상 인터페이스가 전 세계적으로 차세대 섹스 소비 방식이 될 것이라는 데는 의심의 여지가 없다.

이 행사 보도에서 우리는 청바지와 운동화 차림의 젊은 독신 일본 간부가 컴퓨터에 연결된 플라스틱 여성 인형과 성적으로 접촉하는 충격적인 장면과 마주하게 된다. 센서가 그 인형의 움직임을 컴퓨터 인터페이스로 전송하면 인터페이스는 이어서 3D 헬멧에 그녀의 이상적인 모습을 투영한다. 올즈와 밀너의 실험이 인간에게 그대로 옮겨온 듯한 느낌이 든다. 성의 대량 소비로 인해 우리는 마치 구석기 시대 사람들이 갑자기 슈퍼마켓과 주요 대도시의 패스트푸드 매장에서 넘쳐나는 풍부한 음식과 마주한 것과 같은 상황에 놓였다.

문제는 더 이상 양이 아니라 멈추는 것이 되었다. 하지만 도파민에 의해 작동하는 우리 뇌의 기본 구조에는 멈춤 기능이 없다. 지난 10년 동안 인터넷 포르노의 붐과 함께 발기부전이 두 배로 증가했다.[59] 이런 상황에서 밀레니엄 세대는 가상섹스의 과도한 소비 탓에 생기는 성기능 장애, 불감증 또는 중독으로 고통받으면서 이 문제를 인식하게 된다.

2016년에 인터넷 포르노 중독에 대한 최초의 뇌 영상 연구가 발표되었다. 이 연구는 많은 시사점을 보여준다. 동영상을 시청하면 복측 선조체(측좌핵이 있는 곳)가 활성화될 뿐만 아니라, 이 선조체의 활동 수준에 따라 웹 포르노에 얼마나 심하게 중독되었는지 그 정도를 예측할 수 있다는 사실이 밝혀졌다. 즉, 행동에 끼치는 영향의 정도, 포르노 사이트 서핑 욕구 조절 불가능, 내성에 따른 시청량 증가 필요성, 사이트에 접속할 수 없을 때의 금단 증상, 성적 자극에 대한 감각 상실, 발기부전, 부부 관계나 일반적인 사회적 관계에 미치는 악영향[60] 등을 추측할 수 있다는 것이다.

우리의 선조체가 스스로를 조절할 수 없는 이유를 아는 것은 우리 사회와 지구가 직면한 심각한 과제를 해결하기 위해 꼭 필요한 근본적인 질문이다. 인터넷 트래픽의 약 35%가 포르노 동영상 시청에 사용된다면, 이는 우리 선조체의 성적 욕구가 매년 이산화탄소 1억 5천만 톤을 대기 중으로 배출할 정도로 지구에 영향을 미친다는 얘기가 된다. 항공 교통으로 인한 온실가스 배출량의 1/5에서 1/3에 해당하는 양이다. 스웨덴 예테보리 대학의 안데르스 안드레와 같은 분석가에 따르면 2030년까지 통신 기술이 전 세계 전력 소비의 절반 이상을 차지할 수 있다고 한다.[61] 우리는 이 일상적인 행동이 앞으로 수년 내에 수백만 가구를 삼킬 해수면 상승의 길을 닦고 있다는 사실을 깨닫지 못한 채, 계속해서 당길 수 있는 레버가 장착된 케이지에 갇힌, 올즈와 밀너의 쥐와 같은 존재다.

남성, 여성이 다른 선조체 작동 원리

이러한 시각은 여성보다는 남성이 지닌 성적 욕망의 현실을 더욱 뚜렷이 보여준다. 실제로 인터넷에 올라오는 포르노 동영상의 75%는 남성이 시청한다. 진화 심리학 전문가들은 이러한 분포를 남성과 여성이 생식 과정에서 수행하는 서로 다른 생물학적 역할의 결과로 본다. 텍사스 대학교 오스틴 캠퍼스의 데이비드 버스와 같은 연구자는 진화 역사에서 섹스 파트너가 가장 많은 남성은 한두 명의 파트너에 국한된 남성보다 더 많은 유전자를 전달했으며, 그 결과 우리는 거의 이러한 과성욕 남성의 자녀일 것이라고 언급했다.[62] 결과적으로, 문화적 변화와 사회 규범이 이러한 경향을 약화시킬 수 있더라도 현대의 남성 역시 과성욕자일 가능성이 매우 높다.

그러나 여성의 경우는 상황이 다르다. 파트너의 수가 증가한다고 해서 자손의 수가 증가하거나 어머니의 DNA 복제 수가 증가하지 않기 때문이다. 따라서 여성의 과성욕에는 큰 이점이 따르지 않는다. 남성과 다르게 여성의 경우 선조체가 성적으로 과도하게 강화되는 생물학적 메커니즘이 없다. 오늘날 여성이 남성보다 인터넷 포르노 영상에 덜 열광하는 것처럼 보이는 사실은 (다른 요인도 있겠지만) 이것으로 설명된다.

여성의 선조체가 남성보다 섹스에 덜 목말라한다면, 그 선조체는 다른 어떤 것에 특히 더 민감할까? 비슷한 추론을 따른다면, 아기에게 끌리는 여성의 심리는 진화에 의해 선택되었을 가능성이 높다. 갓 태어난 아기의 얼굴에 감동하고 아기를 세심하게 돌보고 보호하며 마음을 쓰는 여성은 자신의 유전자를 더 많이 전달할 가능성이 높다.

물론 구석기 시대 여성은 유전자를 물려주는 것을 의도적 목적으로 삼지는 않았다. 당시에는 아무도 그러한 유전자의 존재를 알지 못했기 때문이다. 이 생물학적 원리의 정확한 설명은, 어머니가 자녀에게 매우 보호적인 방식으로 행동하게 만드는 유전자가 덜 보호적인 행동을 하게 하는 유전자보다 장기적으로 더 많이 전달된다고 할 수 있을 것이다. 이러한 유전자를 가진 자녀는 (더 잘 보호되어) 생존 가능성이 높아지고 또한 다음 세대를 낳을 가능성도 높아지기 때문이다. 수십만 년 지속하며 축적된 이 과정은 아기에 대한 어머니의 세심하고 부드러운 보호 행동을 유전자 배열에 견고히 새겨 넣었을 것이다.

남성과 여성의 선조체가 어떻게 기능하는지에 대한 이러한 진화론적 설명은 한마디로 사회적 폭탄과도 같다. 그 파괴력은 상당하다. 왜냐하면 남녀 간의 역할 분담을 정당화하여 바람을 피우는 과성욕자인 남편과 주부라는 부부 관계 모델을 영속화할 수 있기 때문이다. 이것은 용납할 수 없는 일이며, 이 책의 요점은 바로 우리 뇌가 지닌 문제와 오랫동안 그렇게 적응해 온 방식을 지적하는 것이다. 그럼으로

써 우리가 빠진 덫을 제대로 파악하고 의식적으로 노력하여 그로부
터 빠져나올 수 있을 것이다. 반대로 눈을 감아버리는 것은 최악의 실
수가 된다. 안타깝게도 오늘날 세태가 그러한데, 무시와 오만까지도
동반할 수 있는 선조체의 강력한 성적 충동에 휘둘리는 것은 대부분
남성이다.

뇌에 관한 한 연구에 따르면, 여성 뇌의 보상회로는 아기를 바라볼
때 매우 민감하게 작동한다.[63] 사람이 아닌 동물을 대상으로 행한 몇
몇 연구에서 과학자들은 어미 쥐에게 코카인을 투여하는 것과 새끼
쥐 옆에 있는 것 중 하나를 선택할 수 있도록 했다. 코카인은 보상회
로와 선조체를 직접 자극함으로써 일반적 상황에서는 동물에게 거부
할 수 없는 유혹이 된다. 하지만 새끼가 있는 경우에는 상황이 달라졌
다. 코카인보다 새끼 쥐가 선조체를 훨씬 더 강하게 활성화하기 때문
에 어미 쥐는 새끼를 돌보는 쪽을 선택했다.[64] 이 선택은 8일 동안 유
지되었다. 그 후가 되자 어미 쥐는 코카인 쪽으로 향했다. 인간의 경
우, 어머니에게 자녀의 사진을 보여주는 MRI 실험에서 선조체가 매
우 활성화되는 모습을 관찰할 수 있다.

고양이가 인터넷의 스타인 이유

그렇다면 남성이 포르노 동영상에 넋을 잃고 과몰입하는 동안 여성
은 아기 영상을 보며 선조체를 자극하고 있을까? 전혀 아니다. 인터
넷에서 아기 산업은 존재하지 않는다고 해도 과언이 아닌데, 이는 다

행스러운 일이다. 대부분의 부모는 대중의 시선에서 자녀를 보호하는 선택을 한다. 반면에 새끼 고양이 동영상은 무수히 많다.

놀랍게도 새끼 고양이 동영상은 포르노 다음으로 웹에서 가장 많이 조회되는 동영상이다. 약 200만 개가 있으며, 하나당 평균 1만 2천 회 시청되어[65], 총 260억 회에 이르는 조회수를 기록하고 있다. 주제별로 볼 때 가장 높은 평균 조회수를 기록한 것이며, 이중 어떤 영상은 2억 회 넘게 시청되기도 했다. 대표적인 예가 일본 고양이 '마루'인데, 소파 위에서 구르거나 휴지 상자에 코를 끼우는 등 일상을 담은 영상이 인터넷 사용자들에게 큰 인기를 끌고 있다.

새끼 고양이는 아기와 마찬가지로 우리 뇌를 활성화하는 것으로 보인다. 이는 '유형성숙(幼形成熟)'*과 비슷한 특징을 지녔기 때문이다. 유형성숙 얼굴의 특징으로는 큰 눈, 작은 코와 턱, 넓은 이마를 들 수 있다. 이러한 특징은 아기에게 매우 두드러지게 나타나며 나이가 들면서 턱과 코가 발달함에 따라 점점 줄어든다. 얼굴이 유형성숙의 특징을 많이 띨수록 보호 본능을 자극하는데, 이것이 신생아 시기에 매우 연약한 인간 종의 생존에 큰 역할을 했을 것이다. 우리의 시각 시스템은 이러한 자극을 받으면 자동으로 애정을 느끼도록 반응하는 것으로 보인다. 두 개의 큰 눈, 작은 코, 작은 턱, 넓은 이마는 뇌에 즉각적으로 긍정적인 감정을 불러일으키는 시각 자극이다. 이런 자극을 마주하면 우리의 선조체는 도파민을 분비한다. 그래서 하루 종일 유튜

---

* neotenic, 동물이 성적으로 성숙한 성체가 되어서도 어릴 때의 모습을 유지하는 생물학적 현상-옮긴이

브 화면 앞에 앉아 꼼짝도 못하고 작은 털복숭이들을 보며 시간을 보내게 된다.

가장 놀라운 사실은, 수억 명의 사람들이 광섬유, 이중초점 렌즈 또는 위성통신과 같은 발명품을 고양이 수염이나 성기를 보기 위한 목적으로 사용하며 상당한 시간을 보낸다는 것이 아니다. 그보다는 오히려 이러한 행동이 우리 뇌신경 구조에 깊이 뿌리내려 지속적으로 유지된다는 점이다. 그 어떤 것도 우리를 이 궤도에서 벗어나게 할 수 없는 것 같다. 이 원초적 본능은 초당 10~30기가비트(100억~300억 개의 2진법 정보)의 정보를 처리하며, 전 세계적으로 연간 약 100만 톤의 이산화탄소를 배출한다.

치명적인 집착

하지만 우리의 행동은 달라지지 않는다. 많은 사람들이 이제는 알고 있다. 스마트폰과 컴퓨터 등의 디스플레이를 만들기 위해 희토류 같은 자원을 캐내고, 전 세계에서 인터넷 서버를 가동·유지하는 일이 수많은 동물을 멸종으로 몰아가고 수백만 톤의 온실가스를 내뿜어, 결국 많은 사람이 삶의 터전에서 쫓겨날 것이라는 사실을. 그럼에도 우리는 여전히 우선순위를 바꾸지 않는다. 눈앞의 화면에서 벌거벗은 사람들이 섹스하는 장면이나, 앙고라 카펫 위를 뛰어다니는 새끼 고양이를 보는 것을 택한다. 나중에 닥칠 절박한 위기 앞에서도 우리의 운명을 스스로 책임지기보다는 그렇게 하는 쪽을 택한다.

우리가 왜 이처럼 순간적인 쾌락에 갇혀 있는지 아는 것이 이 책이 제기하는 핵심 질문이다. 지금까지 우리는 신경생물학자들이 말하는 '1차 강화물primary reinforcer', 즉 생존과 번식에 직결되기 때문에 뇌가 본능적으로 찾게 되는 자극들에 대해 살펴보았다. 그러나 언젠가는 우리의 그토록 뛰어난 뇌가 왜 그 중심에 도사린 한 줌의 도파민 신경세포에게 조종당하는지 자문해봐야 한다. 그 답의 일부는 1차 강화물이 우리를 사로잡는 즉각적인 매력에서 비롯된다.

지금까지 우리는 음식과 섹스 두 가지를 다루었다. 인류의 대부분은 먹고 번식하는 것을 최우선으로 삼고, 그것이 과도하게 되어 결국 자신을 파괴하거나 지구를 심각하게 훼손한다 해도 멈추지 않는다. 하지만 음식과 섹스는 시작일 뿐이다. 지배와 사회적 지위에 대해 인간 종만큼 그토록 극단적으로 집착하는 동물은 없다. 끊임없이 이어지는 이 사회적 경쟁은 엄청난 에너지를 소모하며 환경에도 막대한 피해를 준다. 지금부터는 바로 이 근본적인 원동력에 대해 살펴보려한다.

피라미드 꼭대기에 도달하기

최초의 호모 사피엔스가 아프리카 북동부를 떠돌며 중동, 아시아, 유럽으로 차례차례 이주하기 직전, 그들은 겨우 수십 명이 한 무리를 이루고 있었다. 그들은 돌도끼와 창을 휘두르며 사냥과 채집으로 생계를 이어갔다. 그들에게는 사자의 송곳니도, 들소의 힘도, 억센 풀을 소화할 수 있는 강한 위장도 없었다. 전체 인구도 많지 않았고 환경에 큰 영향을 미치지도 않았다. 외계인이 우리를 줄곧 관찰했다면, 그들은 분명히 이 미숙한 두 발 보행 종에 별다른 인상을 받지 않았을 것이다.

하지만 인간은 조직화되어 있었다. 무리를 이루어 사냥했고, 두뇌의 의사소통 능력 그리고 계획과 조정 능력 덕분에 커다란 먹잇감을 잡을 수 있었다. 최고의 사냥꾼은 개인적 공로와 기술적 재능뿐 아니라 집단의 행동을 조율하는 능력으로도 보상을 받았다. 영향력 있는 이들은 그 대가로 더 많은 음식과 동료들의 존경, 여성의 관심을 누렸다. 오늘날 우리는 그들이 더 많은 자손을 남겼으며, 개인이 얻은 사회적 지위가 후손 수에 영향을 미쳤다는 사실을 알고 있다. 이들의 우세한 유전자는 더 많이 다음 세대에 전해졌다.[66]

위계의 기원

인간 종에게 보이는 이런 특별한 성향은 사실 더 먼 조상에게 물려받은 것이다. 오늘날에도 침팬지는 그 조상과 거의 같은 방식으로 행동한다. 협력할 줄 알고 수화를 배울 수 있을 만큼 지능이 높은 침팬지 사이에서 우두머리 개체는 상당한 혜택을 누린다. 경쟁자들의 복종, 먹이와 암컷에 대한 특권적 접근[67], 그리고 암컷들이 다른 누구보다 그와 먼저 교미하려 하는 것[68]까지. 높은 지위에 있는 수컷들은 자손을 더 많이 남길 뿐만 아니라 부하들의 행동에도 큰 영향을 미친다. 그래서 부하들은 일상적인 사소한 몸짓까지도 그들을 모방하려는 경향을 보인다.[69] 그들은 오늘날의 스크린 스타, 거대 통신기업의 CEO, 뉴스 채널의 책임자나 패션 잡지의 편집장처럼 시대의 흐름을 이끄는 '트렌드 선도자'다.

일반적으로 영장류 세계는 지배적인 개체에게 우위를 부여한다. 눈 덮인 산속에 사는 일본원숭이 무리에서는 서열이 높은 개체들을 아래 서열 개체들이 떠받든다. 하위 개체들은 상위 개체들의 털을 빗겨주고, 기생충을 떼어내 주며, 자쿠지에서 휴식을 취하는 군주처럼 온

천에 먼저 들어가 쉴 수 있도록 양보한다.[70] 사회 피라미드의 정상에 있는 개체들은 스트레스를 덜 받고 더 나은 대우를 받기에 면역체계도 강하여 감염에 대한 저항력이 더 높다. 영장류 사회에서 지배자가 된다는 건 더할 나위 없이 유리한 일이다!

영장류 사회에서 이러한 위계가 생기는 까닭은 영장류의 사회적 본성에 내재되어 있기 때문이다. 영장류는 얼굴의 특징을 통해 서로를 정확히 인식하는데, 그 덕분에 연합하여 집단 사냥을 할 수 있다. 특히 침팬지의 경우 콜로부스원숭이나 긴꼬리원숭이 같은 다른 원숭이종이나 영양, 사슴과 같은 사냥감을 조직적으로 쫓는다.[71] 이처럼 영장류는 연합을 이루는 존재로서 서로 협력하며, 눈에 띄는 개체와 소극적인 개체, 공격적인 개체와 온순한 개체를 명단처럼 머릿속에 새겨두고 지속해서 관리한다. 무리 안에서 누가 어떤 위치에 있는지, 과거 누구와 어떤 동맹을 맺어왔는지 인식하는 것이 성공의 열쇠다. 그리고 이는 어김없이 위계와 지배 서열을 낳는다.

우두머리에 대한 관심

호모 사피엔스가 대규모로 이주하면서 살아남을 수 있었던 비결은 집단 내에서 누가 누구인지, 누구와 동맹을 맺는 것이 유리한지, 그리고 누구의 비위를 거스르지 말아야 하는지 파악하는 능력이 더 예리해졌기 때문이다. 인류가 진화해오면서 이러한 특성이 더욱 정교해졌는데, 특히 인간이 매우 다양한 얼굴을 갖게 된 흥미로운 과정 덕분에 더욱 발전할 수 있었다.

얼굴의 다양화 과정은 오늘날 빠른 속도로 변이된 DNA 영역에서 관찰되며 아주 다양한 얼굴 특징의 조합을 만들어냈다. 그 결과 오늘날 지구상에 똑같은 얼굴은 하나도 없다.[72] 초기 인류가 위계적 사회를 형성하는 데 얼굴을 구별하는 능력은 매우 중요했다. 그래서 우리 뇌도 특별한 진화를 겪으며 얼굴 인식을 전담하는 영역, 즉 후두엽의 방추형 얼굴영역[73, 74, 75]을 갖게 되었다.

침팬지나 마카크원숭이가 자신의 집단 내에서 높은 지위를 차지하기 위한 싸움이 벌어질 때 보이는 반응을 관찰해보면, 그들은 놀라울 정도로 대결의 결과에 깊은 관심을 보인다. 원숭이들은 지도자의 행동을 매우 주의 깊게 관찰하며, 심지어 사과주스와 같이 큰 즐거움을 주는 대상을 포기하고서라도 높은 지위에 있는 이들의 사진을 보는 데 시간을 쏟는 것으로 나타났다.[76] 따라서 유명인에 대한 관심은 영장류의 두드러진 성향으로, 인류가 출현하기 훨씬 이전부터 나타난 현상이다. 이는 우리의 뇌가 집단 내 서열과 사회적 비교에 관련된 모든 일에 깊은 관심을 보이도록 진화했음을 보여준다.

중요한 것은 '이기는 것'이다

사회적 비교 충동은 실험실에서 게임 상황을 통해서도 연구된다. 예를 들어보자. 참가자들이 계산 문제 같은 두뇌 게임 대결을 벌이도록 한다. 이러한 가상 대결에서는 각 경기가 끝날 때마다 승자가 정해지고, 다른 참가자들의 반응이 면밀히 관찰된다. 무슨 일이 벌어지고 있는지 한순간도 놓치지 않으려고 하는 참가자들의 모습이 관찰되는데, 그들의 뇌 활동을 측정해보면 보상회로, 특히 선조체가 강하게 활성화되는 것을 확인할 수 있다. 심지어 핵심 부위인 측좌핵이 활성화되는데, 이는 올즈와 밀너가 쥐 실험에서 자극했던 바로 그 영역이다.[77] 결론적으로 경쟁에서 누군가 승리하는 모습을 보는 것은 뇌에 긍정적인 자극을 주며 우리의 주의를 더 집중하게 만든다.

선조체의 활성화는 개인이 생존하거나 유전자를 후대로 전할 가능성을 높이는 행동과 관련이 있다. 그렇다면 누군가가 다른 사람을 이기는 모습을 보는 데서 즐거움을 느끼는 것이 생존하는 데 어떤 이점이 있을까? 사실 이는 매우 중요하다. 집단의 지도자를 예리하고 정확하게 식별하는 능력은 진화의 역사에서 생존 조건 중 하나였을 가능성이 높다. 이는 위험을 극복하고 식량을 확보할 수 있는 협력을 형성하기 위함이었다. 이러한 대결에 매혹되는 모습은 개인과 집단의 행동 전반에서 일관되게 나타나며, 오늘날 스포츠 경기 등 경쟁을 소재로 삼는 미디어 산업에서 엄청난 자본을 움직인다.

물론 대결에서 승리를 거두는 것만큼 큰 즐거움을 주는 것도 없다. 그런데 자신이 승리해서 사회적 지위가 올라갈 때와 어떤 사람이 다른 이들을 제압하는 장면을 볼 때 활성화되는 뇌 부위는 정확히 동일하다. 바로 복측 선조체다. 예를 들어 비디오 게임 대회에서 우승한 사람들도 복측 선조체가 활성화된다(비디오 게임은 신경과학 실험에서 선호되는 방법인데, 실제로 윔블던 결승전에서 테니스를 치는 선수를 MRI 장치에 넣는 것은 어렵기 때문이다).[78] 인간은 승리를 갈망하는데, 이는 물질적 수입, 식량, 보살핌, 섹스 파트너에 대한 접근성, 번식 가능성 등에서 많은 혜택이 주어지는 위계의 중심에 설 수 있기 때문이다.

인간에게는 끊임없이 다른 사람과 자신을 비교하는 성향이 있다. 같은 실험에 따르면, 선조체의 활성화는 기계가 아닌 다른 인간을 상대로 승리할 때만 나타난다. 소프트웨어를 상대로 하여 이긴 비디오 게임 참가자는 선조체가 활성화되지 않는 것으로 나타났다. 중요한 것은 순위이고 비교다. 게임에서 이기는 것이 아니라 서열에서 올라가는 것이 중요하다. 최근 연구에서는 우리 뇌 속에 '우위 감지 센서'가 있다는 사실이 밝혀졌다. 이 센서는 우리가 속한 집단 내에서 상대방의 서열을 평가하고 그의 승패 이력을 저장한다. 즉 우리는 끊임없이 다른 사람과 비교하며 자신의 위치를 가늠하는 것이다. 심리학에서는 이를 '사회적 비교'라고 부른다.

사회적 비교는 인간 행동의 강력한 원동력이며, 수십만 년 동안 우리 유전자와 정신 작용에 깊숙이 뿌리내려 왔다. 그 이유는 간단하다. 사회적 비교 성향이 강한 사람들은 늘 긴장 상태에 있고, 결코 만족하지 못하며, 서열의 정점에 서지 못할까 봐 불안해한다. 평생 사회적으로 상승하려는 욕망에 사로잡힐 수도 있다. 하지만 그 결과로 다른 이들보다 더 많은 재화와 권력, 섹스 기회를 누리게 된다. 그리고 수학적으로 말해, 대규모 인구 표본에서 그들의 유전자는 더 많이 선택되어 권력과 사회적 지위라는 매력을 후대에 전하게 된다.

이러한 선택은 인류가 시작되던 무렵부터 이루어진 것으로 보인다.

우리의 가장 먼 조상인 투마이^{Toumaï}는 700만 년 전에 살았던 두 발 보행 영장류로, 키가 약 1m, 몸무게가 40kg 정도였으며, 잡식성이었지만 과일을 선호했다.[79] 수십 명 규모의 무리를 이루고 살았으며, 우두머리 수컷과 그의 가까운 동료 몇 명이 집단을 이끌었다. 이들은 무리의 이동을 결정하고 적대적 집단으로부터 무리를 방어하는 역할을 했다. 이미 이 시기부터 암컷이 수컷보다 체구가 작고 힘이 약한 성적 이형성(異形性)이 나타났다. 300만~400만 년 후, 오스트랄로피테쿠스 루시*와 그 동족은 좀 더 크고 무거워졌고, 일부다처제를 이루었다. 한 남성이 여러 여성과 짝을 맺고 그들을 지키고 보호하며 작은 하렘^{harem}** 무리를 이루었던 것이다.

서열이 높은 개체가 지위에 힘입어 생식 능력이 있는 암컷에게 접근할 수 있는 이러한 무리 구조는 우리가 속한 호모 사피엔스 계통에서도 지속되었을까? 우리 종은 약 30만 년 전에 출현했고, 그 후의 긴 세월 동안 인간은 사냥과 채집을 하며 살아왔다. 오늘날에도 세계 곳곳에 농업과 정착 이전의 수렵채집 생활 방식을 이어가는 사회가 많이 남아있다. 이들 사회를 대상으로 수행된 인류학 연구를 분석한 결과 리치먼드 대학교와 애틀랜타 대학교의 두 연구진은 최근, 다양한 사회적 지위와 집단 내 남성 개체의 후손 수 사이에 통계적 연관성이 있음을 밝혀냈다. 연구진은 신체 능력(힘, 키, 전투력), 지능, 사냥 능력,

---

* 에티오피아 하다르 계곡에서 화석이 발견되어 '최초의 인간'으로 불리며 인류의 조상으로 널리 알려졌다.-옮긴이

** 한 우두머리 남성이 여러 여성과 독점적으로 짝을 이루며 집단을 형성하는 사회적 구조-옮긴이

영향력(관계, 정치, 리더십) 등 사회적 지위의 여러 지표를 기준으로 삼았는데, 그 결과 사회적 지위와 후손 사이의 상관관계가 침팬지보다 약하지만 안정적이고 유의미한 현상으로 나타났다.[80]

이 방대한 인류학 연구들은 현대인의 뇌 구조가 형성되어온 긴 세월 동안 지배하려는 욕구가 번식에 유리한 이점으로 작용했음을 시사한다. 즉, 권력에 가장 관심이 많은 개인이 자신의 유전자를 집단에 더 널리 퍼뜨림으로써 지배욕이 확산하는 경향이 있었다는 것이다. 그 결과는 우리 모두에게 직접적인 영향을 미쳤다. 오늘날 우리 모두는 아마도 높은 사회적 지위를 추구하도록 이끄는 유전자를 물려받았을 것이다.

강간범의 후손

그 뒤로 무슨 일이 일어났을까? 기원전 1만 년경의 농업혁명은 이러한 효과를 강화한 것으로 보인다. 농업의 발명으로 인간은 정착 생활을 시작했고, 토지와 집, 식량, 재산을 소유하게 되었다. 동시에 큰 불평등이 생기며 계층 사회가 형성되었고, 사회적 서열은 이전보다 훨씬 뚜렷하게 나타났다. 이런 환경에서 권력에 대한 욕구가 큰 사람은 자신의 유전자를 훨씬 널리 퍼뜨릴 수 있었다. 또한 점점 더 많은 후손이 이러한 유전자를 물려받아 위계를 중시하는 성향을 지닌 뇌를 갖게 되었다.

이후 신석기 시대 말기에서 역사 시대 초기로 넘어오면서 최초의 정치권력에 속한 영토들이 생겨났고, 이를 강력하고 부유한 지도자들이 다스리게 되었다. 동시에 이들은 어느 누구보다도 널리 자신의 유전자를 퍼뜨릴 수 있는 위치에 있었다. 예를 들어 모로코의 술탄 물라이 이스마일이나 중국 왕조의 황제들은 500명이 넘는 후궁을 두었는데, 이들 모두가 공식 부인은 아니었지만 이들을 통해 황제의 유전자가 수백 명의 후손에게 전해졌다.[81] 여기에 전쟁과 정복이 더해지면서 공식 지위와 부, 군사력이라는 세 요소가 결합하여 그 효과는 폭발적으로 커졌다.

아시아 전역을 대상으로 한 유전학 연구를 통해 과학자들은 몽골의 지도자 칭기즈 칸의 후손 분포를 추적할 수 있었는데, 연구 결과 그는 정복 과정에서 자신의 지위를 이용해 특별히 배정된 여성들에게 수천 건의 강간을 저질렀고, 세계 인구의 약 0.5%에 해당하는 자손을 남긴 것으로 추정된다.[82, 83] 오늘날 지구상 인구 200명 중 한 명은 칭기즈 칸의 직계 후손일 가능성이 있으며, 이는 전 세계적으로 약 3,500만 명에 달한다.

선조체의 음울한 메커니즘은 여기서 멈추지 않는다. 높은 사회적 지위가 번식 면에서 이점이 있는 한, 사회적 지위에 대한 관심은 줄어들지 않을 것이라 볼 수 있다. 다시 말해, 어떤 집단 내에서 유전자가 변이될 경우(DNA 이중나선을 구성하는 뉴클레오티드의 돌연변이나, 생식 과정에서의 염색체 재조합 같은 방식으로 발생), 사회적 지위에 강하게 반응하는 선조체를 만드는 변이가 발생하면, 권력욕이 덜한 변이에 비해 더 많은 자손을 남기게 되어, 자연스럽게 집단 전체에 퍼지게 된다.

사회적 지위와 번식 성공 사이의 연관성은 많은 영장류 종과 수렵 채집 사회의 인간에게도 관찰되었다(앞으로 살펴보겠지만, 이는 결코 부정적 인 의미가 아니며, 현대의 소비·환경파괴 사회에서도 본질적으로 같은 현상이 나타난 다).

이러한 관찰과 부합하게, 신경과학자들은 권력이 성적 쾌감에 민감 한 뇌 영역인 선조체를 강화한다는 사실을 발견했다. 연구자들은 더 나아가 다른 동물에서 지위를 성적 능력으로 변환하는 유전자를 확 인하기도 했다. 대표적인 예가 시클리드과(科)에 속하는 작은 물고기 부르토니Burtoni다. 길이 15cm 정도의 이 화려한 물고기는 중앙아프 리카 강 유역이 원산지이며 보라, 노랑, 청록의 다양한 색상을 띤다. 이들은 매우 공격적인 특성이 있어서 수컷끼리 싸우며 지배 서열을 정하는 데 많은 시간을 들인다. 싸움 중에는 빠른 동작으로 상대의 지 느러미나 입을 물려고 하며, 레슬링 선수처럼 겨루다가 결국 한 쪽이 우위를 점하며 상대를 쫓아낸다. 보통 몇 분간의 대결이 끝나면 두 수 컷 중 한 마리가 물러나고 승자가 그 자리를 차지한다.

부르토니가 싸움에서 이긴 직후 일어나는 일은 특히 장관이다. 몸 색깔이 밝은 노란색이나 파란색으로 바뀌고 이마에는 짙은 줄무늬가 생기며 꼬리지느러미에는 선명한 주황색 점이 나타난다. 그러나 무 엇보다도 중요한 변화는 뇌에서 일어난다. 연구자들은 이러한 변화 를 분자 수준에서 상세히 규명해냈다.[84] 20분도 채 되지 않아 뇌의 시상하부에서 특정 유전자가 활성화되어 성호르몬인 생식선 자극 호르몬의 분비를 촉발한다. 이 호르몬은 이름에서 알 수 있듯 생식선(정소) 기능을 자극한다. 그 결과 이 호르몬을 생성하는 뉴런이 성장하고 그 돌기들이 더 촘촘하고 무성해지는 동시에 정소는 커지고 정자를 더 빠른 속도로 생산한다. 이제 수컷은 자신의 유전자를 최대한 퍼뜨릴 준비가 되었다. 반대로 패배한 수컷에게는 정반대의 현상이 일어난다. 신경내분비 시스템 전체가 수축하고 정소 크기가 줄어든다.

비슷한 현상이 쥐에서도 관찰되었다. 실험에서 과학자들은 수컷 쥐 두 마리를 한 달 동안 같은 케이지에 넣었다. 그 기간에 두 설치류 사이에 점진적으로 지배 관계가 형성되며, 한쪽이 우위를 차지해 지배자가 되고, 다른 쥐는 종속자 역할에 머문다.[85] 이 예비 단계가 끝난 뒤 암컷이 케이지에 투입되고, 3주 후 새끼들이 태어난다. 대부분의 새끼는 예비 단계에서 지배자로 자리 잡은 수컷의 유전자를 갖는다. 많은 경우 두 수컷은 실제로 싸우지는 않았지만, 지배적 위치에 있는 수컷의 생식 능력이 자연스럽게 증가했다.

알파 수컷의 선조체

이러한 효과 때문에, 영향력이 큰 남성이 자녀를 더 많이 두며 자신의 유전자를 퍼뜨릴 것이라 예상할 수 있다. 오늘날에도 그러할까? 답은 '그렇다'이다. 인류학 연구에 따르면, 사회적 지위가 높은 남성은 일반적으로 성관계 횟수와 파트너 수가 사회경제적 지위가 낮은 남성보다 많다. 이 데이터는 현대 서구 사회뿐 아니라 전 세계 여러 지역과 역사 속 다양한 사회를 대상으로 진행된 광범위한 연구에서 도출된 것이다. 일부 연구에서는, 예를 들어 미국에서 남성의 자녀 수가 통계적으로 소득과 상관관계가 있음을 보여준다. 즉 소득이 높은 남성일수록 자녀 수가 많을 가능성이 높다.[86] 여성의 경우, 과학자들은 정반대의 상관관계를 관찰한다. 즉 소득이 높은 여성은 소득이 낮은 여성보다 통계적으로 자녀 수가 적다.

이 같은 사실은 현대의 영국과 스웨덴에서 수행된 연구에서도 확인되었으며, 19세기 모르몬 공동체나, 재정 자료와 출산 기록이 남아있는 16세기 영국의 공동체에서도 관찰된다.[87] 이러한 상황에서 부유한 남성은 세 가지 방식으로 자손 수를 늘린다. 즉, 더 젊고 생식력이 높은 아내를 선택하고, 혼외 관계를 갖거나 다처제 사회에서는 배우자를 더 많이 두며, 자녀에게 더 좋은 생활환경을 제공하는 것이다.

때때로 여성은 소득이 높고 사회적 지위가 안정적인 파트너를 스스로 찾는다. 이는 아프리카, 서유럽, 동유럽, 북미, 남미, 아시아, 오세아니아 등 37개 문화권을 대상으로 한 연구에서 밝혀진 바다.[88] 하지만 많은 경우 남성의 지배력은 폭력, 괴롭힘, 협박, 지배의 형태로 나타난다. 2017년에 폭로된 하비 와인스틴 사건은 통제되지 않은 선조체가 권력과 성의 위험한 조합을 낳는다는 점을 보여주었다. 여성들의 목소리가 힘을 얻으면서 전 세계에서 같은 패턴이 반복됨이 드러났다. 즉, 영향력 있는 남성이 자신의 지위와 권력, 명성을 이용해 성적 호의를 강요하는 경우가 많다는 것이다.

예를 들어 2018년 '프레지던트 클럽Presidents Club Charitable Trust'이 개최한 아동병원 지원을 위한 자선 행사에서, 주요 금융·산업 그룹의 수장들뿐만 아니라 영국 정치인들이, 야한 의상을 입도록 강요당한 접대 여성에 대해 지속적인 성희롱과 신체 접촉, 방에 들어가서 성행위를 하자는 요구를 한 사례가 있었다. 이 고상한 목적의 모임에는 교육부 인사를 비롯해 저명한 정치인들도 참여했다.[89] 권력이 막강하고 제지하기 어려운 남성들이 알파 수컷* 클럽에 모여 있었던 것이다.

도파민으로 부풀어 오른 선조체…. 사회적 지위와 성적 행위가 연결되는 생물학적, 인류학적 현실이 드러나면서 처음으로 이를 접한 사람들은 깊은 충격을 받았으며, 스캔들의 파장은 상상을 초월할 정도였다.

지배를 위해 설계된 뇌

우리는 방금 이 문제의 심각성을 실감했다. 명예에 대한 탐욕, 지배적 지위 구조, 특권을 부여하는 사회적 상황은, 말하자면 이 세상만큼 오래된 불멸의 동력이다. 이 집요한 메커니즘은 오늘날 우리를 질식시킬 만큼 강박적이며, 단순히 성별 간 관계를 왜곡할 뿐 아니라 우리의 생활방식과 환경에도 심각한 피해를 준다. 사회적 비교는 모든 인간의 뇌, 특히 남성의 뇌에 기본적으로 탑재된 소프트웨어로, 우리 인

---

* 동물 사회에서 지배적 위치를 차지하는 수컷을 가리키는 용어-옮긴이

간을 조정한다.

수많은 사람이 매일 일터에서 가장 신경 쓰는 것은 무엇일까? 적정한(가능하면 높은) 급여를 받는 것, 특히 동료보다 더 높은 급여를 받는 것이다. 대부분의 조사 결과에 따르면, 중요한 것은 (생활에 충분한 수준이라면) 절대적인 급여보다는 상대적 급여다.[90] 우리는 남들보다 더 많이 받을 때 만족감을 느끼며, 이 만족감은 웰빙 수준과 심지어 건강에도 영향을 미친다.[91]

물론 사회학자들과 일부 경제학자들은 이것이 자유 경쟁, 개인과 기업들 사이의 경쟁을 중시하는 자유주의 사회 모델의 결과라고 주장할 수 있다. 그래서 이웃보다 더 많이 소유하고 싶어 하는 욕망은 무엇보다 문화적 조건이 만들어낸 심리일 뿐이며, 결코 불변하는 것이 아니어서 부의 분배에 중점을 둔 사회 모델을 선택하기만 해도 사라질 것이라고 말할 수 있다. 일리가 있다. 그러나 자유주의 모델이 그토록 잘 작동하는 이유는, 아마도 그것이 인간의 본능적 성향을 교묘히 자극하기 때문일지도 모른다. 실제로 인간에게는 다른 사람들이 갖지 못한 이점을 갖고 싶어 하게 만드는 강한 힘이 자리 잡고 있다.

올즈와 밀너의 실험 속 쥐들이 그렇듯, 우리는 이웃보다 더 많은 금액을 받았을 때(사회적 비교 기준이 없는 상태에서 받는 많은 금액이 아니라) 선조체에서 도파민을 분비하며 쾌감을 느낀다.[92] 과학자들이 '모노폴리 게임'과 같은 실험을 통해 참가자들에게 금전적 보상을 주면, 뇌의 쾌락 회로는 오직 경쟁자보다 많은 보상을 받을 때만 활성화된다.[93] 이러한 신경학적 메커니즘은 우리의 뇌, 그 가장 깊은 층위의 하드디스크에 새겨져 있다. 이는 이미 800만 년 전 마이오세의 공통 조상에게서 나타나 이후 모든 영장류 계통으로 이어져 내려왔다.

붉은털원숭이의 뇌에는 사회적 비교만을 담당하는 특별한 뉴런이 존재한다는 사실이 밝혀졌다. 몸무게가 10킬로그램 정도인 이 영장류는 인도에서 중국까지 아시아 전역, 심지어 산악 지역에도 서식한다. 붉은털원숭이는 사회성이 뛰어나며 50마리 정도가 무리 지어 생활한다. 만약 두 마리 붉은털원숭이를 맛있는 먹이를 얻을 수 있게 그들이 조작할 수 있는 태블릿이 놓인 탁자 앞에 마주 앉혔다고 하자. 이때 먹이가 불평등한 몫으로 분배되었다면, 더 많은 몫을 받은 원숭이의 선조체 앞부분에 위치한 특정 뉴런들이 활성화되는 것을 볼 수 있을 것이다. 그 부위에서는 매우 높은 농도의 도파민이 분비된다.[94] 반대로 더 적은 몫을 받은 원숭이의 뇌에서는 이런 현상이 나타나지 않고, 대신 실망하거나 낙담한 기색을 보인다.

그러나 가장 중요한 사실은, 선조체의 신경세포 약 1/5을 차지하는 이 뉴런은 사회적 비교에만 반응할 뿐 원숭이가 받은 보상이 지닌 가치 자체에는 전혀 반응하지 않는다는 것이다. 만약 원숭이가 땅콩 두 개를 얻고 상대방은 한 개만 받는다면 그의 선조체 뉴런이 활성화되어 도파민이 분비되며 쾌감을 느끼게 된다. 그러나 한 원숭이가 천 개나 되는 땅콩을 받더라도 옆의 원숭이가 단 한 개라도 더 받는다는 사실을 알게 되면 그의 뉴런은 반응하지 않는다.

인간은 이와 어떻게 다를까? 물론 인간은 문명, 궁전, 성당, 다리,

그리고 로마 가도를 만들어냈다. 그러나 율리우스 카이사르는 이렇게 말하곤 했다. "나는 로마에서 2인자가 되기보다는 내 마을에서 1인자가 되는 쪽을 택하겠다." 사실 우리의 선조체는 마카크원숭이[*] 때와 크게 달라지지 않았다. 비록 우리 뇌의 다른 영역이 진화하여 카이사르와 로마 건축가들의 강력한 피질이 제국을 확장하고, 제단을 세우고, 유럽을 문명화했을지라도 말이다. 인간 행동의 근본 동력은 여전히 야망과 지배욕이었다. 그리고 그것은 인간 뇌 속의 아주 작은 영역에 자리 잡은 신경 물질이 벌이는 일이다.

그러나 인정해야 할 것은, 섹스와 권력을 연료로 삼는 이 동력이 없었다면 어떤 제국도 탄생하지 못했을 것이고, 아마도 어떤 교향곡도 작곡되지 못했을 것이라는 점이다. 남보다 위에 서고자 하는 욕망만으로도 하나의 경이로운 자극제가 되기 때문이다. 우리 시대는 이 본능을 올림픽 정신에 투영해 가장 중요한 가치로 만들었다. 그 모토는 "더 빨리, 더 높이, 더 강하게"이다. 그러나 땅콩 천 개를 가진 마카크원숭이처럼, 올림픽 결승에서 세계 신기록을 세운 선수라 하더라도 단 0.01초 차이로 승리를 빼앗겨 은메달에 머무른다면, 눈물을 삼킬 수밖에 없다. 이것이 바로 뇌 속 뉴런의 본성이다.

최상위권에서 뛰어난 성과를 내는 사람들 이야기는 제쳐두고라도, 우리 사회는 사회적 지위를 드러내는 수많은 지표 위에 세워져 있다. 어린 시절 학교에 신고 가는 신발 브랜드, 부모가 자주 가는 식당, 휴

---

[*] 마카크속(Macaca) 원숭이의 총칭으로 북부 아프리카에서 일본에 이르기까지 가장 광범위하게 분포하는 영장류의 일종이다.-옮긴이

가지, 사는 동네, 직급까지…. 서유럽권에서는 때때로 이러한 지표들의 격차를 거짓 겸손의 베일로 가리기도 하지만, 세계 대부분의 국가에서는 경계가 매우 뚜렷하게 드러나며 때로는 확실한 카스트 형태를 띤다. 부유한 나라의 빈민가에서는 학교를 중퇴한 청소년들이 여전히 나이키 신발이나 루이비통 가방에 집착한다. 이런 것들로 높은 사회적 지위를 어떻게든 흉내 낼 수 있다고 믿기 때문이다.

근육질 선조체

이제 우리는 문제의 핵심에 다다랐다. 우월감을 느끼기 위해 우리는 많은 노력을 기울일 태세가 되어 있으며, 그것이 장기적으로 우리가 살고 있는 세상에 부정적인 영향을 미칠지 여부는 신경 쓰지 않는다. 우리가 오염을 많이 일으키는 대형차를 사거나, 환경에 부담을 주는 휴대폰을 살 때, 20년, 30년, 40년 후에 그것이 미래 세대 삶의 질을 떨어뜨리지는 않을지 고민하지 않는다. 단지 기분이 좋다는 것만 기억할 뿐이다. 우리는 순간적인 행복감을 느끼며 우리 뇌는 다른 사람들보다 우월한 기분을 느끼도록 재구성된다.

실제로 사회적 계층에서 한 단계 올라갈 때마다 유전자가 도파민과 결합하여 쾌감의 효과를 증폭하는 단백질을 생산하기 시작한다. 사실 이 단백질은 도파민이 제 기능을 수행하는 데 꼭 필요하다. 2010년, 뉴욕 컬럼비아 대학교 정신의학과 연구진은 충격적인 사실을 발견했다. 그들은 수천 명의 사람들을 대상으로 학력 수준, 직종, 소득을 고려한 표준화된 설문지를 통해 사회경제적 지위를 측정한 후 뇌를 스캔하여 도파민 수용체 수치를 측정했다. 그 결과, 개인의 사회적 지위가 높을수록 뇌에 도파민 수용체가 더 많아진다는 것을 발견했다. 놀라울 정도로 단순한 결과였다.

가장 영향력 있고 명망 있는 개인들은 중간 계층보다 선조체가 '근육질'처럼 더 발달했으며, 중간 계층 역시 낮은 계층보다 선조체의 도파민 수용체가 풍부했다. 이 관찰은 사회적 지위와 성적 행동 사이에 깊은 연관이 있음을 시사한다. 더 활성화된 선조체를 가진 '높은 지위의 사람dominant'은 그러한 뇌 구조에 의해 조절되어 더 많은 성적 욕구를 충족하는 경향이 있다.[95]

사회적 지위에 대한 욕망에 사로잡히다

이러한 발견들을 보면 자연스럽게 의문이 든다. 어떤 사람들은 선천적으로 선조체가 발달하여 다른 사람들보다 더 높은 사회적 지위를 추구하는 걸까, 아니면 반대로 명망 있는 지위를 얻으면서 선조체가 발달하는 걸까? 해답의 실마리는 선조체 유연성에 있다. 사회적 서열에서 한 단계 올라가거나 내려가면, 이 뇌 구조의 도파민 수용체가 늘어나거나 줄어든다.

물론 윤리적인 이유로 인간을 대상으로 한 실험은 이루어지지 않았다. 어느 누가 사람들을 해고하여 사회적 지위 하락이 도파민 수용체 감소와 연결되는지 확인하고 싶겠는가? 그러나 이러한 상황은 원숭이 등 영장류 집단에서 매우 빈번하게 일어난다. 수컷들 간의 갈등 속에서 승패에 따라 높은 지위의 개체가 서열에서 내려가거나 다른 개체가 올라간다. 그리고 이것은 그들의 뇌에 영향을 준다.

따라서 마카크원숭이가 무리 안에서 지위가 상승하면 선조체가 강화된다.[96] 반대로 패배하면 며칠에서 몇 주 동안 선조체 활동이 약해진다. 뇌의 이 부분은 원숭이의 지위 변화에 적응하여 그의 새로운 지위를 뇌 속에 기록한다. 그의 뉴런은 이제 그가 어떤 새로운 역할을 해야 하는지, 그리고 사회에서 어떤 새로운 위치를 맡아야 하는지를 알려준다. 다음 대결이 있기 전까지.

중요한 승진이나 전문적 성공 덕분에 동료들 사이에서 자신의 영향력이나 지위가 달라졌던 가장 최근의 경험을 떠올려보자. 잠시 동안은 다른 사람이 된 것 같은 기분이 들었을 것이다. 새로운 책임이 주어지고, 사람들의 시선이 달라진 듯 느껴지며, 행동할 수 있는 권한이 확대되었다. 또는 고급 시계나 멋진 자동차, 베르사체 핸드백, 최신 아이폰 등 일반적으로 사회적 지위와 연관된 물건을 구입했을 때 이런 감정을 느꼈을 수도 있다. 경박하다는 느낌을 받을 수야 있겠지만 현실을 인정해야 한다.

2002년 독일 울름 대학교의 신경과학 연구팀은 성인 남성들이 이러한 사회적 지위의 상징물을 마주했을 때 일어나는 뇌 활동을 연구했다. 이 연구에서는 스포츠카를 대상으로 삼았다. 신경과학자들은 남성들이 자동차를 보는 순간 선조체의 복측(하부) 영역이 강하게 활성화되었으며, 이 영역과 연결되는 두 개의 피질 영역인 안와전두피질과 전대상피질이 강하게 활성화되는 것을 확인했다.[97] 다시 말해, 스포츠카가 뇌에 미치는 영향은 사회적 지위가 상승했을 때와 동일했다.

결국 우리가 주변에서 관찰하는 것은 호모 사피엔스에게 사회적 지위에 대한 갈망은 신발, 자동차, 휴대폰과 같은 인공적인 외적 상징물을 획득하거나 최고급 레스토랑에서 식사하거나 큰 인기를 끄는 유명 콘서트에 참석하는 형태로 표현된다는 점이다. 한겨울에 먼 외국에 가서 갈색으로 태운 피부는 동료나 친구들 사이에서 자신의 이미지를 높여준다. 특히 몇 시간 만에 15,000킬로미터를 날아가 지구 반대편에서 햇볕을 쬐었다면 그 효과는 더 크다. 그럴 만한 여유가 없는 많은 사람은 해변에서 비슷한 피부색을 낼 수 있다. 단, 오늘날 알려진 바와 같이 산호초를 파괴하고[98] 해양 먹이사슬의 기초인 식물성 플랑크톤의 성장을 저해하는[99] 자외선 차단제로 피부를 잘 보호해야 한다. 지금 1초마다 약 1리터의 자외선 차단제가 바다로 유입되며, 그중 1/4(연간 5,000톤)이 산호에 흡수되고 있지만 말이다.

결국 오늘날 우리의 과잉 생산과 과잉 소비는 치명적인 만남의 결과이다. 한편에는 사회적 지위를 갈망하는 수많은 인간의 뇌가 있고, 다른 한편에는 모든 사람에게 열 켤레의 신발, 세 대의 컴퓨터, 태블릿과 휴대폰, 그리고 5년마다 한두 대의 '고급 사양' 자동차(후방카메라, 레이더, 블루투스, 터치스크린, 에어컨, GPS, 자동 주차 기능 등을 갖춘)와 수많은 가전제품, 자동 롤러 블라인드가 설치된 거실, 지상파 디지털 방송과 케이블 채널을 제공할 수 있는 산업 기술이 있다. 오늘날 우리가 재앙과도 같은 소비주의에 빠져든 것은 영장류의 뇌와 최첨단 기술, 이 두 가지 요소가 맞아떨어졌기에 가능했다.

이러한 재앙이 지금 우리 바로 앞에 닥쳐온 까닭은 아주 간단하다. 수천 년 동안 인간은 욕망을 억누르며 참아왔다. 사회적 지위를 드러내는 상징은 귀족이라 불리던 계층, 그리고 뒤이어 나타난 상류 부르주아지 같은 소수 특권층에게만 허용되었다. 그러나 20세기에 이르러 산업화된 사회에서는 상황이 변했다. 물질적 풍요로움에 대한 기대가 대중 속으로 퍼져나갔고, 산업 발전 덕분에 생활을 편리하게 해주는 물건뿐 아니라 사치와 명예를 상징하는 물건들까지 대량으로 생산할 수 있게 된 것이다.

존재하려면 소비하라

수많은 하층민의 억눌린 선조체가 사회적 지위 상승을 추구하게 되기까지는 오래 걸리지 않았다. 처음에는 산업가들이 이 욕구를 가장 먼저 체감했다. 산업가들은 (자동차와 가전제품 같은) 상품을 충분히 넓은 소비자층에게 판매해 생산 라인이 정체되는 것을 막고자 했다. 그래서 시민들에게 필요하지도 않은 제품을 사야 한다고 설득해야 했다. 당시 기준으로 말하자면, 6기통 포드 머스탱, 주파수 변환 라디오, 소형 파우더 케이스 등이 꼭 필요하다고 믿도록 해야 했다. 이를 위해 사회적 지위에 대한 욕구를 자극했다.

이 설득 캠페인 이야기는 빌 클린턴의 경제 고문이자 당시 유럽연

합 집행위원회의 경제 자문을 맡았던 경제학자 제러미 리프킨이 자신의 저서 《노동의 종말》(민음사, 2005)에서 자세히 설명한다. 리프킨은 1920년대부터 광고가 어떻게 사회적 비교에 초점을 맞추게 되었는지 밝힌다. 당시 미국의 각 가정은 이미 충분히 쓸 만한 자동차가 있는 데다 속도 제한 때문에 180마력짜리 엔진은 별로 쓸모가 없었다. 하지만 광고는 더 성능 좋고 고급스러운 자동차를 구입하게 만들려고 다음과 같은 문구로 부러움과 사회적 인정 욕구를 자극했다.

"아십니까? 당신의 이웃은 이미 뷰익 8.64 스포츠 로드스터를 소유하고 있습니다."

이 전략은 놀라울 정도로 효과적이었다. 광고 회사들은 뜻하지도 않게 우리의 뇌 깊숙한 곳에 잠재해 있는 원시적인 힘, 즉 경제 전체를 움직일 수 있을 만큼 강력한 태곳적 영장류의 에너지를 해방시켰다. 이 새로운 소비 조장 방식은 마치 마법 같았다. 끊임없이 더 높은 단계를 요구했기 때문이다. 모든 사람이 특정한 고급 제품을 가지고 있으면, 조금이라도 더 높은 사회적 지위를 얻는 길은 오직 그보다 더 나은 제품을 사들이는 것뿐이다. 제너럴 모터스의 부사장이던 찰스 케터링은 1920년대에 이렇게 말했다.[100] "경제 번영의 열쇠는 조직화된 불만을 만들어내는 것이다." 몇 년 뒤 경제학자 존 갤브레이스도 같은 취지의 이야기를 했는데, 그는 경제의 주요 임무가 "자신이 충족시키려는 욕구를 창출하는 것"이라고 보았다.

1929년, 당시 미국 대통령이던 허버트 후버는 전문가들에게 경제 변화에 관한 보고서를 작성하도록 의뢰했다. 리프킨은 《노동의 종말》

에서 이 보고서 일부를 발췌해 소개한다.

> 이 조사는 오래도록 이론으로만 받아들여지던 사실을 분명히 입증한다. 인간의 욕구는 끝이 없으며, 하나의 욕구가 충족되면 곧 또 다른 욕구가 생겨난다는 것이다. 결론적으로 말하자면, 경제 영역은 무한히 확장될 수 있다. 하나의 욕구가 충족되는 순간 곧바로 새로운 욕구가, 그리고 그보다 더 새로운 욕구들이 끊임없이 뒤따를 것이다. […] 광고와 판매 촉진 수단은 생산을 위한 상당한 유인을 조성했다. […] 우리는 경제 활동을 계속 확대할 수 있을 것으로 보인다. […] 우리의 상황은 다행스럽고, 그 추진력은 놀라울 정도다.

의뢰를 받은 전문가들은 놀라울 정도로 예리하게 상황을 분석했다. 그들이 기록한 한 마디 한 마디는 "항상 더 많이"의 역학을 보여주었는데 이는 오늘날 시장경제의 신조가 되었다. 이러한 인식은 거의 한 세기 동안 지속되었다. 그와 함께 지구를 과소비하는 수준이 점차 높아지다가 1980년대 초에 마이너스로 돌아섰다. 그 결과, 2018년 초 섬유산업의 매출이 주춤했던 때와 같은 불경기를 맞닥뜨릴 때면 업계 관계자들은 짧은 특정 기간 염가 판매를 내세우며 소비자들에게 "구매의 긴박감을 조성하고, 제품에 대한 갈망을 높이는"[101] 전략을 구사했다.

블랙 프라이데이처럼 일주일 만에 의류, 신발, 화장품이 580억 달러어치가 팔리는 사건도 생겨났다. 2017년 맥킨지 연구소의 조사에 따르면 오늘날 산업화된 나라의 시민들은 2000년보다 60% 더 많은 옷을 사는 반면, 옷의 보유기간은 절반으로 줄었다.

세계 일부 지역은 사회적 지위에 대한 수많은 사람의 욕구가 한꺼번에 터져 나오기 직전의 시한폭탄과도 같은 상태에 있다. 중국에서는 2005년부터 2015년 사이에 자동차 판매량이 7배 증가했으며[102] 현재 1초에 한 대꼴로 판매되고 있다. 이 문장을 다 읽기도 전에 약 12~15명의 중국인이 자동차 딜러를 찾아가 새로 구입한 SUV나 세단 차량의 키를 받았을 것이다. 베이징 서부에 있는 9,000㎡ 규모의 미니 쿠퍼 대형 매장에서도 같은 현상이 벌어지고 있다.

중국인들에게 자동차는 사회적 지위를 나타내는 중요한 수단이다. 아시아 자동차산업 투자 컨설팅 회사의 대표인 마이클 던은, 중국인들이 자동차를 사회적 지위의 상징으로 여기며, 가능한 한 높은 지위에 오르는 것이 중요한 사회에서 자동차를 통해 사회적 위상을 드러내고자 한다고 분석한다. 그는 이렇게 말한다.

중국에서 자동차는 무엇보다 사회적 지위를 드러내는 수단이다. 기본 모토는 "나를 봐라, 내 새 차를 봐라"다. 소비자가 원하는 것은 차를 타고 호텔, 골프 클럽, 직장 앞을 지나가며 인정받고 주목받는 순간이 주는 짜릿한 흥분이다. [103]

욕망을 조종하는 마케팅

오늘날 과잉 소비의 문턱은 점점 더 낮아지고 있으며, 단지 이웃보다 조금 더 나은 위치에 서기 위해, 적어도 주류 집단에 뒤처지지 않기 위해 우리는 우리가 탄 배를 불태우고 있다. 2018년 메르세데스 브랜드 광고는 다른 사람이 갖지 못한 것을 갖고자 하는 욕구를 정면으로 자극했다. "여러분은 SNS에서 모든 것을 공유하지만 단 한 가지는 공유하지 않을 것입니다. 바로 1월 31일까지 진행되는 자동변속 모델 특별 할인 소식입니다. 이 가격으로 꿈에 그리던 메르세데스를 가질 수 있다는 사실을 알게 된다면, 과연 SNS에 이 정보를 공유할지 지켜보겠습니다."

말하자면, 이 혜택을 누릴 수 있는 사람은 오직 당신뿐이라는 것이다. 다른 자동차 브랜드도 같은 전략을 쓴다. "몇 주 동안 친구의 푸조 308을 탐내고 있는 당신에게 1월 한 달 동안만 이 광고가 조용히 알려드립니다. 서둘러 대리점으로 오셔서 저희의 특별 혜택을 즐기세요." 여기서 중요한 것은 사회적 지위를 과시할 기회를 잡으면서도 '가장 친한 친구'가 같은 행동을 하지 못하게 하거나, 남들보다 뒤처지지 않기 위해 적극적으로 행동하는 것이다. 그 수단이 새로운 자동차, 즉 온실가스 배출의 주요 요인인 산업제품을 구입하는 것이라 해도, 자신을 더 중요하게 느끼고 싶은 순간에는 조금도 개의치 않는다. 포르세와 같은 우리의 작고 단기적인 미래와 관련해서라면, 우리는 인류의 미래 따위는 안중에 없다.

　휴대폰과 스마트폰이 전 세계에 얼마나 빠르게 퍼져나갔는지 잠시 생각해보자. 이러한 변화가 있기 전에도 사람들은 업무 영역에서 효과적으로 소통할 수 있었다. 사회의 스트레스 수준은 아마 지금보다 낮았고, 실업률도 마찬가지였을 것이다. 이런 점에서 스마트폰은 '만들어진 필요'의 대표적인 예다. 하지만 이제 이 필요는 너무나 절실해져서 누구도 이를 포기할 수 없게 되었다. 주변 사람들이 모두 스마트폰 사용에 익숙해진 오늘날, 그것 없이 생활하는 것은 매우 어려운 일이 되었다. 조금 오래되었거나 낡았거나 디자인이 평범한 기기를 갖고 있다는 사실만으로도, 스마트폰이 자신을 표현하고 자신의 가치를 나타내는 상징이 된 사람들에게는 불편함을 안겨준다.

　직장 동료들이 자신의 최신 아이폰이나 안드로이드폰, 다운로드 앱 그리고 다양한 기능에 대해 이야기하는 모습을 떠올려보자. 그리고 그렇게 이야기함으로써 얼마나 자신에 대한 긍정적인 이미지를 드러내 보이는지 생각해보자. 대부분의 경우 이러한 사람들은 친환경 의식을 갖춘 것처럼 자신을 소개하며, 개인용 가솔린 또는 디젤 차량을 더는 사용하지 않는다고 말한다. 하지만 이들은 말하지 않는다. 스마트폰을 만들고, 검색 엔진을 매일 오락처럼 쓰고, 인터넷에서 영상을 보는 일이 사실은 전 세계 항공 교통보다 더 많은 온실가스를 배출한다는 사실을. 가속화되는 스마트폰의 대중화와 그래픽 기술 발전으로 앞으로 이산화탄소 배출량은 큰 폭으로 늘어날 것이라고 한다. 지금 인터넷 데이터의 75%를 동영상 시청이 차지하고 있기 때문이다. [104, 105]

그러나 이런 사실도, 저녁 자리에서 최신 스마트폰을 꺼내 보이며 얻는 기분 좋은 만족감 앞에서는 대수롭지 않은 대가일 뿐이다.

선조체의 명령 - 뒤처지면 안 된다

사회적 지위에 대한 욕구는 우리의 뉴런에 뿌리 깊이 자리 잡고 있다. 이 욕구는 너무 오랜 세월 지속되어 왔기 때문에 쉽게 사라질 것이라고 기대하기는 어렵다. 위계와 명예, 인정이라는 잣대로 존재를 규정해온 영장류의 본능은 워낙 집요해서 언젠가 저절로 사라질 거라 기대하는 것은 헛된 일이다.

최근 옥스퍼드 대학교의 신경과학자들은 핵심적인 질문을 던졌다. 대다수의 광고가 이용하는 사회적 지위에 대한 욕구는 생물학적으로 우리 안에 새겨져 있는 것일까, 아니면 소비사회의 물질적 조건이 만들어낸 성향일까? 생물학적 각인 이론은 우리가 조상 영장류에게서 선조체와 같은 심부 뇌 구조를 물려받았으며, 이 뇌 구조는 사회적 지위를 드러내주는 징표와 사회적 지위를 연관시키는 경향이 있다고 가정한다. 그래서 연구자들은 마카크원숭이 같은 원숭이도 과연 광고에 민감하게 반응할지 알아보고자 했다.

연구진은 마카크원숭이에게 유명 신발 브랜드나 탄산음료 로고를 보여주면서 반응을 관찰했다. 원숭이들이 컴퓨터 화면에서 아이콘을 눌러 특별한 의미가 없는 평범한 이미지나 브랜드 로고를 보게 한 다음 어떤 반응을 보이는지 지켜봤다.[106] 결과는 두 가지로 나타났다. 처음에는 로고가 거의 관심을 끌지 못했다. 그러나 이 로고들이 그들 집단 내에서 지위가 높은 구성원의 얼굴과 함께 제시되자 원숭이들은 이러한 지위의 상징을 적극적으로 찾기 시작했고, 이를 보기 위해 아이콘을 반복적으로 클릭했다. 이는 아주 중요한 발견이다. 마카크원숭이 단계부터 이미 사회적 지위에 대한 관심이 지위와 명예를 상징하는 광고의 기초를 형성함을 의미하기 때문이다. 따라서 사회적 지위에 대한 욕구는 우리의 원초적인 뇌 기능과 밀접한 관련이 있다.

문제를 더 심각하게 만드는 것은 우리의 정치·경제 구조가 이러한 성향을 완화하기는커녕 오히려 부추기고 있다는 점이다. 인류는 이미 수십 년 전에 선조체와의 싸움을 포기하고 경제의 지배권을 완전히 넘겨주었다. 미국에서 처음 이런 선택을 한 까닭은, 소비가 위축되면 생산이 멈추고 국가의 힘까지 약해질지 모른다는 불안을 잠재우기 위해서였다. 하지만 시간이 흐르면서 사회적 비교를 통해 새로운 욕구를 끊임없이 만들어내는 이 원리가 기술과 편리함의 '기적'을 타고 전 세계로 번져 나갔다. 오늘날 소비 촉진의 초점은 기술에 대한 대중의 열광에 맞춰져 있다. 그리고 이 열광은 주로 모방과 유행의 형태로 표출된다.(어느 유명 통신사의 "우리는 기술을 사랑합니다."라는 슬로건을 잊은 사람이 있을까?)

애플사의 제품 출시와 기술 개발 캠페인은 '계획적 구식화'*를 통해 이런 흐름을 더욱 강화한다. 컴퓨터나 휴대폰, 태블릿을 몇 년 이상

---

* 기업이 제품을 만들 때 의도적으로 수명을 짧게 설계하거나, 빠르게 질리도록 디자인하여, 소비자가 일정 기간 후 새 제품을 사게 만드는 전략-옮긴이

정상적으로 사용하기가 점점 더 어려워지고 있다. 불편을 감수하고 계속 사용할 수도 있겠지만, 계속 갱신되는 앱의 업데이트를 매번 놓치거나 새 모델을 사지 않으면 뒤처지고 있다는 느낌을 받게 된다. 후버 보고서의 전략은 오늘날에도 여전히 유효하며 세월이 흘러도 변하지 않았다. 우리의 선조체도 마찬가지다.

그러나 기술 발전은 우리가 예상하지 못했던 새로운 결과를 가져왔다. 우리 일상을 더 편하게 해주는 해결책이 수없이 늘어나는 것과 함께 실업률도 늘어나게 된 것이다.

실업은 뉴런의 최고 성취인가

'영광의 30년'*이 끝난 뒤 시작된 '위기'의 특징 가운데 하나이자, 우리가 아직도 벗어나지 못한 위기의 상징으로 반복해서 등장하는 단어가 있다. 바로 실업이다. 실업은 우리 사회의 근본적이고 고질적이며 피할 수 없는 문제다. 지난 50년 동안 사람들은 실업률 곡선이 언제 반전될지 애타게 기다렸지만, 오히려 실업률은 계속 증가해왔다. 실업은 권력을 가진 사람들에게는 골칫거리고, 당사자에게는 재앙이며, 사회 전반에 걸쳐 불안의 원인이 된다.

하지만 결코 언급되지 않는 한 가지 사실이 있다. 바로 우리 뇌의 입장에서는, 실업이 오히려 축복이라는 점이다. 어떤 관점에서 보면 실업은 뉴런이 도달할 최고의 성취라고도 할 수 있다. 약 5억 년 전부

---

* 제2차 세계대전 종전 이후 1945년부터 1975년까지 30여 년간 프랑스의 경제성장을 의미하는 표현-옮긴이

터, 우리 뇌 깊숙이 자리 잡은 선조체는 본질적으로 '아무것도 하지 않기'를 목표로 해왔기 때문이다. 이유는 단순하다. 생존 수단을 찾는 과정에서 에너지 소모를 최소화하는 생물체는 험난한 환경에서 생존할 확률이 크게 높아진다. 반면에 먹이를 얻기 위해 많은 에너지를 소모해야 하는 생물체는 에너지 효율이 낮아 더 풍부한 자원을 확보하지 못하면 불리한 상황에 빠지게 된다. 중요한 것은 들인 노력과 얻은 결과의 비율이다.

우리 뇌는 항상 들인 노력 대비 얻는 결과를 계산하고 있다. 그리고 그 역할을 맡고 있는 것은 여러분이 짐작한 것처럼 우리의 선조체다. 예를 들어, 여러분이 이 책을 읽을 때 선조체는 신경과학의 난해한 개념을 이해하기 위해 노력할 만큼 지식이나 재미를 충분히 얻을 수 있는가를 끊임없이 평가하고 있다. 그래서 내 나름대로 최대한 복잡하지 않게 설명하려고 노력하고 있지만, 독자들은 도중에 책을 덮고 내던져버릴 수도 있을 것이다. 한두 장 뒤에 흥미로운 내용이 나올 거라고 유혹하더라도 말이다.

최소 노력의 법칙은 많이 먹기, 과도한 성적 행동, 지배 욕구 다음으로 동물 행동의 핵심 원칙이다. 인간과 같은 '진화한' 동물의 행동에도 적용되는 이 법칙은 우리 선조체에 새겨져 있다.

게으른 뉴런

최소한으로 노력하게 만드는 뉴런은 어떻게 작동할까? 2000년대 초, 여러 연구팀은 쥐, 생쥐, 원숭이를 대상으로 노력의 크기와 보상의 크기가 다른 과제 수행 실험을 하며 행동을 관찰했다. 연구진은 뇌 신경세포의 전류를 매우 정밀하게 측정하는 방법을 사용하여 복측피개영역에서 시작하여 핵심 보상 영역인 측좌핵과 조가비핵으로 이어지는 신경 경로 속 뉴런을 확인할 수 있었다.[107]

이 실험에서 연구진은 보상 가능성이 있을 때 뉴런 중 일부가 강하게 반응한다는 사실을 발견했다. 특히 기대되는 보상이 클수록 반응도 강해졌다. 그러나 또 다른 뉴런은 보상을 얻기 위해 기울여야 하는 노력에 민감하게 반응했다. 필요한 에너지가 너무 많아지면 활동을 줄였고 때로는 완전히 멈추기도 했다.

연구진이 확인한 뉴런 중 동물이 보상을 얻기 위해 노력할지 말지를 결정하는 것은 무엇일까? 보상에 민감하게 반응하는 뉴런일까, 아니면 필요한 노력에 민감한 뉴런일까? 둘 다 아니었다! 최종 결정을 내리는 것은 같은 뇌 영역에 있는 세 번째 유형의 뉴런이었다. 이 뉴런은 앞서 말한 두 종류의 뉴런과 연결되어 투입한 노력 대비 얻는 보상의 비율을 실제로 계산했다. 생존 관점에서 중요한 것은 바로 이 비율이다. 아무리 많은 음식을 얻어도, 그걸 위해 너무 많이 노력해야 한다면 소용이 없기 때문이다. 이 두 요소를 함께 고려해 계산하는 뉴런은 비용 대비 이익을 알려주는 지표 역할을 하는 훌륭한 회계 담당자라 할 수 있다. 이들은 효율이 높아질수록 덜 활성화되고, 반대로 투입한 노력 대비 얻는 보상이 적을수록 더 활발히 반응한다.

쥐든 원숭이든 이러한 뉴런이 어떤 이점을 가져다주는지는 쉽게 이해할 수 있다. 이 동물들이 수천만 년 동안 지구 표면을 헤매며 살아남을 수 있었던 것도 노력과 보상이라는 두 가지 변수를 끊임없이 주시했기 때문이다. 설치류에서 영장류, 그리고 마지막으로 인간에 이르기까지 수백만 년에 걸쳐 선조체의 모양이 진화하는 과정을 살펴보면, 복측피개영역의 뉴런과 측좌핵의 뉴런 사이에 항상 동일한 연결 구조가 유지되는 것을 볼 수 있다. 복측피개영역의 뉴런은 도파민을 분비하여 측좌핵 뉴런에 보상과 쾌락 신호를 전달한다. 이 때문에 인간 행동의 신경학적 기반을 연구하는 과학자들은 동일한 뉴런이 우리 호모 사피엔스에게도 노력과 보상을 계산하는 지표 역할을 할 것으로 예상할 수 있었다. 그래서 연구자들은 이를 더 면밀히 조사하기 시작했다.

2009년에 수행된 이 실험은 인간이 진화 계통상의 조상들과 전혀 다르지 않다는 사실을 밝혀냈다. 옥스퍼드 대학교에서 신경과학자 폴라 크록슨과 그녀의 동료들이 고안한 이 실험에서 참가자들은 뇌 활동을 측정하는 MRI 장치 안에 앉아 컴퓨터 화면을 보며 과제를 수행했다. 예를 들어 화면 여기저기에 무작위로 나타나는 십자 표적에 맞춰 커서를 최대한 빨리 이동시키는 과제였다. 과제가 오래 지속될수록 지루해져 계속해서 시선을 집중해야 하는 노력이 필요했다. 과제가 끝난 뒤, 참가자들은 맞춘 표적 수에 따라 금전적 보상을 받았다.

실험을 주관한 연구자들은 참가자들의 뇌에서 무슨 일이 일어나는지 주의 깊게 관찰했는데, 특히 복측피개영역과 측좌핵의 뉴런이 활성화되는 것을 확인했다.[108] 이 뉴런들은 특이한 점이 있었다. 적은 노력으로 더 큰 보상을 얻을수록 더 활발히 반응한다는 것이었다.

실제로 세 가지 서로 다른 뉴런 집단이 있었다.

첫째 집단은 투입된 노력의 양이 아닌 보상의 크기에 반응했다.

둘째 집단은 노력에 반응했지만, 보상에는 반응하지 않았다.

셋째 집단은 노력과 보상의 비율을 계산했다.

참가자가 어떤 행동을 취할지 최종으로 결정하는 것은 오직 셋째 집단의 활동으로 이루어졌으며, 앞의 두 집단에는 의존하지 않았다. 이 뉴런들은 복측피개영역과 선조체, 그중에서도 특히 측좌핵에 집중되어 있었다.

더 적게 일하고 더 많이 벌기

우리의 일상적인 선택을 지배하는 원칙은 매우 단순하다. 쥐나 원숭이와 똑같이 우리는 노력을 덜 들이고 싶어 하며, 그렇게 할 수 있는 기술이라면 뭐든 두 팔 벌려 환영한다. 오늘날 누가 뙤약볕 아래에서 손으로 목화를 수확하기를 원하겠는가. 기계가 그 일을 대신 해주는데 말이다. 누가 손으로 수천 개의 자동차 실린더 헤드를 가공하고 싶을까? 로봇이 조립 라인에서 그 일을 해주는데. 누가 매일매일 손으로 빨래와 설거지를 하고 싶을까? 세탁기와 식기세척기가 힘들이지 않고 거뜬히 해내는데. 지난 수십 년간 인류는 바로 이런 꿈을 실현해왔다. 덜 피곤하게 살아가게 된 것이다. 끊임없이 노력과 보상을 정확하게 계산하는 선조체 덕분이다.

그렇다면 도대체 우리는 무엇을 불평하는 걸까? 5억 년 동안 생명은 힘을 덜 들이고 더 편리하게 살기 위해 노력해 왔고, 이제 그 목표는 손에 닿을 만큼 가까워졌다. 우리는 더 이상 몇 킬로미터를 걸어 출근할 필요가 없으며, 예약 설정으로 원하는 시간에 집의 난방장치를 켜고 끌 수 있다. 버튼 하나만 누르면 음식이 데워지고, 기계가 빵과 대규모 공장식 농장에서 생산된 고기를 구워준다. 이제는 산 넘고 들을 헤매며 토끼 같은 동물을 사냥하려고 애쓸 필요도 없다. 수도꼭지를 돌리기만 하면 식수도 맘껏 얻을 수 있다.

주변을 조금만 둘러봐도 알 수 있다. 기술이 모든 직업을 점령하여 인간의 노동을 점점 더 필요 없게 만들고 있다는 사실을. 상점이나 식당에서는 키오스크가 인간을 대체하기 시작한 지 오래다. 기차역이나 지하철역에 직접 표를 파는 매표원이 있던 시절을 기억하는가? 예전에는 서점에 들러 주인과 신간 정보를 나누고, 필요한 책을 직접 주문하곤 했다. 하지만 지금은 마우스 클릭 한 번이면 아마존이 집 앞까지 책을 가져다준다. 언젠가 고성능 자율주행차가 보편화되면, 우리는 아이들에게 "옛날에는 택시 기사도 있었고, 자동차에는 운전대도 있었단다."라고 말해줄 날이 올 것이다.

이러한 변화는 전 세계적으로 수많은 일자리를 사라지게 하고 있다. 이는 더 이상 논쟁의 여지가 없는 명백한 사실이며[109, 110], 서비스업 분야 역시 이 거대한 기술혁명의 파고를 피해 갈 수 없다. 이제 우리 생활을 편리하게 해주는 알고리즘 앞에서 안전한 직업은 거의 남아있지 않다. 자동 기록 관리 시스템이 도입되면 도서관의 사서들이 대거 해고될 것이고, 행정기관의 안내·접수 직원들 역시 실업자로 내몰릴 것이다.[111] 이혼 소송이나 음주운전 사건 판결까지도 알고리즘이 내리는 시대가 오면서 변호사나 법률가도 설 자리를 잃게 된다.(프랑스에서는 이미 판례 분석 인공지능 기업인 케이스 로 애널리틱스Case Law Analytics[112]의 인공지능이 이런 역할을 하고 있다.) 원하는 의사와 자동으로 진료 예약을 잡아주는 독톨리브Doctolib 같은 온라인 의료 예약 플랫폼이 등장하면서 의료 비서들의 일자리는 한순간에 사라졌다.

자동 진단 기술이 매우 정교해지면서 의사들조차도 긴장할 수밖에 없는 시대가 되었다. 일부 영상의학과에서는 이제 알고리즘이 놀라울 정도로 정밀하게 영상을 분석한다. 노인이나 혼자 사는 사람을 돕는 돌봄 서비스 역시 이미 일부가 가정용 로봇으로 대체되고 있다. 이 로봇들은 청소하고 대화를 나누며, 동시에 약 복용 여부까지 챙긴다. 현재 전 세계에서 약 400만 대가 사용 중이며, 국제로봇연맹은 2019년까지 대략 3,100만 대가 보급될 것으로 예상한다.[113]

2017년 5월, 옥스퍼드 대학교와 예일 대학교[114] 연구팀은 인공지능 연구 현황을 조사하면서, 두 차례의 국제 학회에서 수집한 350명의 전문가 의견을 분석했다. 사이버네틱스 전문가, 프로그래머, 인간공학 전문가 등 모두가 각자의 전문성을 바탕으로 현재 인간이 수행하는 다양한 직업을 자동화 시스템이 얼마나 빨리 대체할 수 있을지 예측했다. 연구 결과에 따르면, 5년 후에는 로봇이 사람처럼 빨래를 개고, 7년 후에는 아마추어 번역가 수준에서 모든 주요 언어로 텍스트를 번역할 수 있을 것이다. 이미 구글 번역 서비스는 일반 사용자도 이해 가능한 번역문을 제공하며, 퀀트메트리Quantmetry 사는 인공지능을 이용해 800페이지 분량의 책을 상업적으로 활용할 수 있는 수준으로 번역했다고 발표했다.[115]

10년 안에는 고등학생 수준의 논문을 기계가 작성할 수 있고, 15년 후에는 판매원까지 로봇으로 대체될 전망이다. 이미 유럽의 여러 식당이나 매장에는 자동 서빙 로봇이 등장하고 있으며, 파리에서는 'R1B1 로봇'이 관광객과 소비자에게 큰 인기를 끌고 있다.[116] 전문가들은 25년 후 우리가 읽게 될 베스트셀러의 상당 부분이 알고리즘에 의해 작성될 것으로 전망한다. 그리고 위 연구에 따르면 2130년경에는 모든 일자리가 기계로 대체될 것이라고 한다.

이 모든 것은 우리의 선조체가 원한 것이다. 선조체는 지금과 같은 결과를 얻기 위해 수백만 년 동안 노력해왔다. 선조체의 관점에서 볼 때, 계획은 완벽히 성공했고 모든 면에서 목표를 달성했으므로 손뼉을 칠 만하다. 그러니 다시 묻겠다. 우리가 그렇게도 원했던 것인데 도대체 왜 우리는 일자리가 사라졌다고 불평하는 걸까? 문제는, 현대 사회의 문화와 기술의 변화 속에서 또 다른 변수가 등장했다는 것이다. 현대 산업사회에서 개인이 자신의 존재 의미를 느끼고 사회적 지위를 갖기 위해서는 일이 필수 요소가 되었다. 앞서 살펴보았듯이 사회적 지위는 선조체에게 최소 노력의 법칙만큼이나 중요하다. 결과적으로 우리의 선조체는 두 가지 요구 사이에 끼어 충돌을 겪고 있으며, 지금 그 첫 번째 내부 위기를 겪고 있는 셈이다.

앞으로의 세대는 전반적으로 인간의 노동 부담이 줄어드는 상황과 맞닥뜨리게 될 것이다. 그렇다면 문제는 어떻게 하면 기계와 알고리즘이 우리 삶을 더 나은 방향으로 이끌도록 할 수 있는가, 우리 삶을 파괴하지 않도록 하려면 어떻게 해야 하는가다. 지난 40여 년 동안 한 가지 대안이 제시되어 왔는데, 바로 '여가 사회'다. 최근에는 '오락 사회'라고도 불리는 여가 사회는 인간이 일을 점점 더 적게 하게 되니 그 공백을 메워 계속 바쁘게 지내도록 해야 한다는 관점에서 출발한다. 그 구체적인 모습은 대규모 휴가, 관광, 놀이공원, 그리고 무엇보다도 영상 화면 보기로 나타나는데, 그중 역사적으로 최초이자 지금도 여전히 자리를 지키고 있는 것은 TV다.

TV 시청은 1960년대 말 이래로 현대인의 하루에서 평균 3시간을 차지해왔으며, 식사나 대화 중 켜져 있는 시간까지 합치면 무려 5시간을 차지한다.[117, 118] 사람들은 TV 앞에서 '정향 반응Orienting Response'[119]이라는 무의식적 반응에 사로잡혀 무기력하고 수동적으로 변한다. 하지만 TV는 사회적 지위를 보장하지 않는다. 그래서 일자리를 점점 잃어가는 현대인에게는 오히려 좌절감을 키우는 매체다. 이점에서 한층 더 지능적으로 고안된 새로운 발명품이 등장했는데, 바로 사람들의 사회적 욕구를 채워주는 소셜 미디어다.

페이스북, 트위터, 인스타그램은 가상의 사회적 지위를 만들어낸다. 오늘날 페이스북 사용자 수는 20억 명이 넘는다. 사용자는 모두가 볼 수 있도록 자신을 소개하는 '프로필'을 꾸민다. 프로필은 커뮤니티 전체에 내보이는 이미지로, 사용자는 사진과 개인 일상, 친구와 지인, 좋아하는 활동 등을 채워 넣어 최대한 매력적으로 보이도록 애쓴다. 페이스북은 모두에게 공개되는 멋지고 비공식적인 이력서다. 그리고 20억 명의 인터넷 이용자는 이 이력서에 대해 호감을 표시할 수 있는데, 이를 위해서는 단지 엄지를 치켜든 아이콘을 누르기만 하면 된다. 따라서 호의적인 반응을 많이 받을 수도 있고, 아예 하나도 받지 못할 수도 있다.

단기 쾌락의 포로가 된 문명

페이스북은 우리 뇌의 매우 민감한 영역, 즉 자존감을 건드린다. 이 개념은 우리 각자가 스스로에 대해 품는 의견을 뜻한다. 나는 좋은 사람인가, 좋은 연인인가, 좋은 직원인가? 이러한 자신에 대한 사랑과 존중은 한편으로는 부모에게서 받은 신뢰와 이후의 개인적인 성취에 따라 달라지지만, 다른 한편으로는 다른 사람들이 우리를 어떻게 바라보는지에 따라서도 달라진다.[120, 121, 122, 123, 124] 소셜 네트워크는 바로 이 점을 이용해 끊임없이 우리를 타인의 시선과 평가에 노출시키면서 우리의 삶 깊숙이 들어온다. 그 결과, 우리는 점점 더 많은 낯선 사람들의 눈을 의식하며 자신의 가치를 확인하려 한다. 문제는 우리가 본래 그렇게 많은 시선을 의식하는 것에 적합하게 만들어지지 않았다는 점이다.

인간의 신경계는 제한된 인간 환경, 즉 약 100명의 개인으로 이루어진 환경에 맞춰 형성되었다. 이 환경에서는 실제로 의미 있는 만남을 갖고, 다양한 감각과 감정을 함께 경험한다. 인류학자들의 연구에 따르면 우리는 최대 150명과 지속적이고 의미 있는 인간관계를 유지한다고 한다.[125, 126] 하지만 페이스북에서는 누구나 쉽게 1,000명에서 3,000명까지 친구를 만들 수 있고, 수십만 개의 '좋아요'를 받을 수 있다. 소셜 네트워크의 진짜 혁신은 모든 사람과 자신을 비교하도록 만든다는 점이다. 페이스북은 온갖 사회적 비교를 가능하게 했다. 온종일 수백 명의 사람과 자신을 비교하며 하루를 보낼 수 있고, 실제로 많은 사람이 그렇게 한다. 선조체가 매우 좋아하는 일이다. 사실 페이스북과 인스타그램의 진정한 사용자는 바로 선조체다.

신경과학자들은 사람들이 자신이 선호하는 소셜 네트워크를 서핑할 때 뇌에서 무슨 일이 일어나는지 알아보았다. 그 결과 선조체가 상황에 따라 도파민 보상을 주거나 도파민 감소로 벌을 준다는 사실을 발견했다. 예를 들어 프로필을 수정한 후 기대만큼 '좋아요'를 받지 못하면 선조체가 작동을 멈추고 자존감이 떨어진다. 반대로 예상보다 '좋아요'를 많이 받으면 같은 선조체가 격렬하게 도파민을 분비하여 일시적으로 행복감을 느끼게 된다.[127] 이는 개인의 자존감 기록 업데이트로 이어지며, 이 기록은 이마에서 2cm 떨어진 뇌 영역에 저장된다. '복내측 전전두피질'이라고 불리는 이 뇌 영역은 자신이 얼마나 가치 있는지 스스로 평가한다. 만약 보상을 받았다면 복내측 전전두피질은 자존감을 한 단계 끌어올리고, 벌을 받았다면 자존감을 낮춘다. 이 모든 것은 다른 사람의 인정을 받으려는 내적 원리에서 비롯된다. 이 원리는 선조체에 의해 작동하며, 우리로 하여금 끊임없이 타인의 판단을 의식하게 하고, 인정을 갈구하게 한다.

심리학자 카를로 스트렝거[128]가 말한 것처럼, 이 거대한 "자아 시장"에서 사람들은 다수의 시선 앞에 자신을 드러내며 인정받기를 바라고, 반대로 무엇보다 비난받는 것을 두려워한다. 설령 온라인상의 가상 지위일지라도 사회적 지위의 매력을 거부하기 어렵기 때문에, 모두 이 시장에서 자신을 노출하고 싶어 한다. 그렇기에 삶의 상당 시간을 여기에 할애하는 사람들이 꽤나 있다는 사실도 그리 놀랍지 않다. 미국과 독일에서 이 현상에 대한 통계를 산출한 사회학자들은, 약 10명 중 1명의 청년이 하루 3시간 이상을 페이스북에서 보내며[129], 오늘날 스마트폰을 통한 디지털 커뮤니케이션의 전체 활동량이 초당 69,000건의 문자 메시지가 오가는 수준에 이르렀다고 밝혔다.[130]

인류는 마치 한자리에 모여 마구잡이로 수다를 떠는 존재로 변해가고 있다. 가슴을 내밀고 다른 사람들보다 더 크게 말하려고 애쓰면서 말이다. 하지만 모든 대화를 다 들을 수는 없기에 우리는 수많은 대화와 기회를 놓치고 있다는 느낌을 받는다. 최근에 정신과 의사들이 새로운 진단 범주를 만들었는데, 바로 포모증후군(소외불안 증후군)이다. 포모FOMO란 'Fear Of Missing Out(소외되는 것에 대한 두려움)'이라는 영문 머리글자를 따 만든 용어로, 무언가, 특히 기회를 놓칠까 두려워하는 마음을 가리킨다.

포모증후군의 특징은 인터넷상의 지인 집단 내에서 자신이 알지 못하는 사이에 무언가를 이야기하거나 행사를 계획하고 있다는 생각에 병적인 불안을 느끼는 것이다.[131] 인터넷에서는 모든 것이 매우 빠르게 진행되기 때문에 자기도 모르는 사이에 뒤처질 수 있다. 이러한 불확실성은 (초대받지 않은 파티에 몰래 들어가고 싶은 심리처럼 친구 집단에서 배제될까 봐 두려운 마음에서 오는) 불안을 일으켜 만성 스트레스와 우울 증상으로 발전할 수 있다.

수천 명의 지인이 24시간 내내 소셜 네트워크에 접속해 있는 세상에서는 무수히 많은 일이 언제든 일어날 수 있다. 여러분이 자는 동안 지구 반대편에 있는 친구의 친구가 컴퓨터나 스마트폰으로 여러분에 대해 무례한 댓글을 남길 수도 있다. 그 후 몇 시간 동안 조롱이 퍼지고, 꿈에도 모르게 여러분의 동영상이 온라인에 게시된다. 잠에서 깨어나서야 그 피해 상황을 확인하게 되는데, 특히 자존감의 기반이 블로그나 소셜 미디어에서 얻는 반응에 있는 사람이라면 그 충격은 더 커진다. 그렇다면 이를 피하는 방법은 뭘까? 잠을 자지 않는 것이다. Z세대 청소년들이 흔히 하는 생활이다.

수면 조사기관[132]의 통계에 따르면 침실에 컴퓨터나 스마트폰이 있는 경우 평균 47분 더 적게 자는 것으로 나타났다. 여기서 '평균'이라는 것이 중요한데, 어떤 사람들은 충분히 자는 반면, 밤에 2~3시간씩이나 수면 시간을 빼앗기는 사람도 있기 때문이다. 이 때문에 학교를 그만두거나 우울 증상을 겪을 수 있으며, 온라인에서 괴롭힘을 당한 일부 청소년은 자살을 시도하기까지 한다. 실제로 18세 미국 청소년인 브랜디 벨라는 소셜 네트워크에서 지속적으로 거부와 모욕을 당한 뒤 가족들이 보는 앞에서 가슴에 총을 쏘았다.

워싱턴 앤 리 대학교의 칼라 머독이 했던 연구에 따르면, 많은 청소년이 스마트폰의 미세한 진동에도 주의를 기울이며, 문자 메시지가 오면 바로 반응할 수 있도록 스마트폰을 침대 옆에 둔다. 그 결과 수면이 자주 끊기고 뇌의 파동 리듬이 흐트러지며, 피로, 학업 단절, 비만과 같은 다양한 문제가 나타난다.[133] 자살, 우울증, 수면 장애, 학업 실패 같은 부작용도 뒤따른다.[134] 심리 상담을 받을 확률도 20년 전에 태어난 사람들보다 두 배나 더 높다.[135] 부모는 어쩔 줄을 모르고 가정의 분위기는 산산조각이 난다.

소셜 네트워크의 알고리즘을 개발한 책임자들은 피해의 심각성을 인정하기 시작했다. 2017년, 페이스북 부사장으로서 사용자 성장 담당이었던 차마스 팔리하피티야는 청소년의 정신 건강을 해치는 시스템을 설계한 것을 후회한다고 공개적으로 고백했다. 이 시스템은 청소년들로 하여금 자신의 가치에 대해 끊임없이 의심하게 하고, 안도감을 얻기 위해 계속해서 접속하도록 만드는 역효과를 낳았다. 팔리하피티야는 이 과정이 "도파민 기반의 단기 피드백 루프"를 통해 이루어지며, 이것이 "사회적 유대감을 무너뜨린다"[136]고 했다. 페이스북 임원 중에 소셜 미디어가 청소년에게 끼치는 폐해를 공개적으로 언급한 사람은 그가 처음은 아니었다. 그 몇 달 전에는 페이스북 전 대표인 숀 파커가 인간 심리의 취약성을 악용하는 시스템에 대해 경고한 바 있다.[137]

청소년이 사회적 이해관계가 얽힌 상황에 직면했을 때 특히 무력한 이유는 무엇일까? 그들의 뇌는 말하자면 '순수한 선조체'이기 때문이다. 남자아이들의 경우 15세 전후, 여자아이들은 조금 더 이른 시점에, 뇌의 중심부에 있는 복측피개영역, 측좌핵, 창백핵, 꼬리핵 등에서 뉴런들이 많은 양의 도파민을 분비하며 서로 소통한다. 이로 인해 성적 욕구가 깨어나며 사회적 지위에 대해 아주 민감해진다.[138, 139, 140]

고등학생들의 관심사는 인기도, 조롱, 명성, 옷차림 같은 문제들에 집중된다. 그리고 집단에서 소외될까 두려워하면서 동시에 집단에 속한 상태에서 자신을 드러내고자 하는 욕구가 공존한다. 이 시기의 뇌는 선조체의 명령이 특히 강하게 작용하는데, 이를 조절해야 할 전두엽 영역이 아직 덜 발달했기 때문이다. 전두엽은 21세쯤에야 성숙기에 이른다. 부모나 교사 또는 롤 모델과 같은 이들이 청소년에게 자신의 행동이 불러올 결과를 인식하도록 알려주어 책임감을 길러줄 때 전두엽이 잘 발달할 수 있다. 그리고 부모의 인내가 필요하다. 그 결과가 나타나기까지 몇 년이 걸리는 경우도 있기 때문이다. 눈에 보이지 않더라도 대뇌피질을 강화하는 데 분명 효과가 있으니 부모는 끝까지 믿음을 가져야 한다.

그동안 선조체는 집 안에서 제멋대로 행동하고, 혼란을 일으키며, 충동적인 욕구를 표출하고, 감정 기복을 보이고, 삶의 몇 가지 측면에 집착한다. 그 측면이란 앞부분에서 언급된 바 있는 1차 강화물들이다. 바로 섹스, 사회적 지위, 그리고 최소 노력의 법칙이다. 이 시기에는 사회적 지위가 모든 것을 압도하기 때문에 음식은 뒤로 밀려난다.

인터넷의 속임수

자신의 가치를 인정받고 싶어 하는 욕구는 끝이 없다. 그래서 고된 노동에서 벗어나려는 인간의 궁극적인 꿈을 충족해줄 노동의 자동화는 반대로 중대한 문제도 낳았다. 일이 사라지면 현대인은 지위와 자신의 가치를 상실하기 때문이다. 이러한 상황에서 소셜 네트워크는 이 난제를 해결할 방법을 찾아냈다. 인터넷과 휴대전화만 있으면 누구나 직업 없이도 사회적 지위에 대한 갈증을 해소할 방법을 제공한 것이다. 기계화와 인터넷이라는 매개를 통해 인간의 뇌는 언뜻 보면 모순되어 보이는 두 가지 욕구, 즉 1) 아무것도 하지 않으면서도 2) 중요한 존재로 인정받고 싶은 욕구를 충족할 방법을 찾아냈다. 그리고 이는 수십억 명에 이르는 사람들에게 대규모일 뿐 아니라 민주적인 방식으로 작동하고 있다.

물론 이 모든 것은 속임수다. 하지만 현재로서는 이 속임수가 효과가 있다. 가상세계는 전 세계 사람들에게 보편적인 존재 방식이 되어버렸다. 물론 디지털 산업과 인공지능 분야에서 중요한 자리를 차지하고 있는 소수의 사람들이 앞으로도 오랫동안 돈을 벌어들이면서 우리 삶에 직접적인 영향을 미치는 결정을 내릴 것이다. 그리고 온라인에서 즐길 거리에 몰두한 수십억 개 두뇌의 관심과 시간을 차지하기 위해 치열하게 경제적 경쟁을 벌일 것이다.

그런데 이 수십억 명의 사람들이 가전제품, 스마트 홈, 인터넷 서비스, 통신, 게임 등 다양한 제품을 구매하여 세계 경제가 굴러가도록 하기 위해서는 주로 디지털 분야에서 걷는 세금으로 충당되는 기본 소득을 받아야 할 가능성이 매우 높다. 즉, 디지털 정보산업과 인공지능 업계의 거물들에게는, 경쟁사보다 더 많은 사용자를 자사 서비스나 제품으로 끌어들여 이 시장에서 가장 큰 몫을 차지하는 것이 관건이 될 것이다. 그리고 이 싸움은 세 번째 밀레니엄의 진정한 전쟁, 즉 '주의력 전쟁'으로 이어질 것이다.

정보의 홍수, 과잉의 덫

인간 뇌의 다양한 기능 중 하나는 정보를 흡수하는 것이다. 생존 가능성을 높이는 데 도움이 되는 모든 정보를 향한 욕구는 쾌락 회로를 활성화하는 다섯 번째 원동력이다. 앞서 살펴본 네 가지는 음식, 섹스, 최소 노력, 사회적 지위다.

정보란 무엇인가? 어떤 자극이 인간의 뇌에 정보가 되는 순간은 그 자극이 흥미로운 무언가의 존재를 알려줄 때다. 여기서 '흥미로운 것'이란 음식, 잠재적 섹스 파트너, 또는 포식자와 같은 위험한 존재를 의미한다. 이러한 신호를 감지할 수 있는 뇌는 다른 뇌보다 위험을 더 잘 피하며 살아남고, 자신의 유전자를 더 널리 전파하는 데 유리하다. 따라서 정보에 끌리는 뇌를 형성하는 데 기여하는 유전자는 대대로 이어지며 인구 집단에 퍼지게 된다. 결과적으로 두 유전자가 서로 경쟁하는 경우, 정보에 대한 갈망이 더 큰 유전자가 다른 유전자를 제치고 선택된다.

이 법칙은 인류가 등장한 이래로 변함없이 이어져 왔다. 1천만 년 전, 몸무게 약 40kg, 키 1m의 영장류가 아프리카 열대우림을 헤매고 있었다. 이 영장류는 잘 익은 과일이나 나뭇잎을 먹이로 찾고 있었다. 갑자기 시야 가장자리에 희미한 붉은 반점이 나타난다. 꼬리핵과 조가비핵이라는 뇌의 두 부분에서는 극소량의 도파민이 자동으로 분비되어, 나뭇잎 속에서 다른 잎보다 눈에 띄는 한 지점에 끌리게 된다. 동시에 뇌 위쪽에 있는 얇은 피질 띠가 눈길을 그곳으로 향하게 하고 안구와 의식은 목표물에 고정되어 그것을 식별한다. 잘 익어서 먹기에 딱 좋은 잎사귀다. 그는 그쪽으로 다가가 손을 뻗어 보상을 움켜잡는다.[141] 먹이를 먹고 나면 근육이 발달하고, 한판 승부에서 경쟁자를 물리치며, 매력적인 암컷 침팬지와 짝짓기를 한다. 그의 유전자는 다음 세대로 전달된다.

1천만 년이 지난 뒤 이 장면은 어떤 모습으로 변했을까? 이번에는 기원전 5만 년 전, 몸무게 약 70kg, 키 1.8m의 크로마뇽인이 남유럽의 숲속을 걷고 있다. 그는 거처로 가져갈 블루베리, 크렌베리, 프룬 같은 열매나 다른 사냥감을 찾고 있다. 그러던 중 갑자기 시야 가장자리에 희미한 노란색 점이 나타난다. 꼬리핵과 조가비핵이라는 뇌의 두 부분에서 극소량의 도파민이 자동으로 분비되어, 다른 잎사귀보다 눈에 띄는 한 지점에 끌리게 된다. 동시에 뇌의 위쪽에 있는 얇은 피질 띠가 그의 눈길을 이 관심 대상으로 향하게 한다. 그의 안구와 의식은 목표물에 고정되어 그것을 식별한다. 가시덤불에 붙은 털

뭉치, 사슴이 지나갔음을 알려주는 표시다. 그는 다가가 손을 뻗어 단서를 확보하여 자세히 살펴본다. 그리고 곧 사슴의 흔적을 쫓는다. 거처로 돌아온 그는 친구들에게 음식을 나눠주며 사회적 지위를 얻는다. 매력적인 암컷 호모 사피엔스에게 가장 좋은 부위를 건네자, 그녀는 고마워하며 함께 지내고 싶은지 묻는다. 그의 유전자는 다음 세대로 전달된다.

그리고 마침내 우리는 현재에 이르렀다. 몸무게 약 80kg, 키 1.8m의 인간이 대도시 지하철에서 길을 찾으며 문자를 확인하고 있다. 그는 매일같이 쏟아지는 홍보물의 정글 속에서 자동차 딜러가 제공하는 특별한 할인 정보를 찾고 있다. 갑자기 시야 가장자리에 밝고 선명한 점이 나타난다. 벽면 광고 스크린에서 나온 빛이다. 뇌의 꼬리핵과 조가비핵에서 극소량의 도파민이 자동으로 분비되어 다른 곳보다 눈에 띄는 한 지점에 끌리게 된다. 동시에 뇌 위쪽에 있는 얇은 피질 띠가 이 관심 대상으로 눈길을 향하게 한다. 그의 안구와 의식은 목표물에 고정되어 그것을 식별한다. 지하철 복도 벽을 덮은 디지털 영상 광고다.

운 좋게도, 자동변속기와 터치스크린, 맞춤형 루프가 장착된 SUV를 월 299유로라는 파격적인 가격에 장기 렌트로 제공하는 광고를 발견했다. 가장 가까운 대리점에 가서 이 멋진 사회적 성공의 상징을 구입한 그는 사무실 창문 아래 차를 주차해 두고 많은 동료의 시선을 끈다. 그중에는 IT 기업인 캡제미니에서 일하는 매력적인 여성 프로젝트 담당자도 있었다. 며칠 후, 그 둘은 〈브리짓 존스 베이비〉를 보러 갔고, 그가 그녀를 집으로 데려다주자 그녀는 마지막으로 한잔하자고 건넨다. 그의 유전자는 다음 세대로 전달된다.

원숭이와 물 한 컵 실험

이 세 이야기의 공통점을 눈치챘을 것이다. 눈에 띄는 자극이 있을 때 조가비핵과 꼬리핵에서 도파민이 분비되는 것은 항상 흥미로운 기회라는 신호다. 우리 뇌가 주변 환경의 특정한 세부사항에 주의를 집중시키는 데에는 정확한 기준이 있다. 뇌는 식량 자원, 어떤 종류의 보상, 번식 가능성, 사회적 지위와 관련된 신호를 예민하게 감지한다.

여러분 중 일부는 여기에 관련된 두 개의 뇌 영역(꼬리핵과 조가비핵)이 선조체의 일부라는 것을 알아챌 것이다. 실제로 이 뇌 영역에는 우리의 정보 탐구 욕구를 자극하는 뉴런이 있다. 몇 년 전, 이 뉴런의 놀라운 속성이 발견되었다. 예를 들어 음식이나 음료 같은 보상이 주어질 때, 실제 보상이 주어졌을 때뿐만 아니라 보상이 있을 것임을 알리는 정보만 접했을 때도 곧바로 활성화된 것이다.

2009년, 미국 국립보건원과 브라운 대학교의 두 신경과학자는 이 신경계 깊숙이 자리 잡은 선천적 성향을 밝혀낸 흥미로운 실험을 했다. 그들은 갈증을 느끼는 원숭이를 테이블 앞에 앉히고 일정한 시간 간격으로 물 한 컵을 제공했다. 컵에 담긴 물의 양은 매번 달랐다. 매번 컵이 도착하기 수십 초 전에 테이블 왼쪽에 있는 화면에는 앞으로 나올 물의 양을 미리 알려주는 색상 기호가 표시되었다. 예를 들어 노

란색 원은 빈 컵, 파란색 사각형은 반쯤 채워진 컵, 녹색 삼각형은 가
득 찬 컵을 의미했다.

오른쪽에 둔 또 다른 화면에는 제공될 물의 양과 관련이 없는 무작
위 기호가 표시되었다. 과학자들은 원숭이의 선조체 뉴런이 미래 물
의 양을 알려주는 왼쪽 화면의 기호를 볼 때만 도파민을 분비하고, 그
러한 정보가 없는 오른쪽 화면을 볼 때는 거의 반응하지 않는다는 사
실을 이내 알 수 있었다.[142] 원숭이들은 점차 정보의 출처에 주목하게
되었고, 거기서 나오는 정보는 물만큼이나 큰 즐거움과 흥분을 불러
일으켰다. 연구자들에 따르면, 영장류의 뇌는 끊임없이 정보를 탐색
하며, 주변 환경에서 음식, 성적 보상, 사회적 지위, 최소한의 노력이
라는 네 가지 주요 보상을 암시하는 모든 단서를 포착할 준비가 되어
있다고 한다. 우리는 모든 유용한 정보에 대한 본능적인 갈망을 줄곧
지녀왔으며, 언어가 등장해 정보의 양과 복잡성이 폭발적으로 증가
하면서 이러한 욕구는 더욱 강화되었다.

현재 우리 상황이 문제가 되는 지점은, 우리 뇌는 지난 수천 년 동
안 본질적으로 변하지 않은 반면, 우리의 생활조건은 상상하기 어려
울 정도로 변화했다는 점이다. 인류는 수천 년 만에 비교적 정보가 적
었던 사바나(사냥꾼이 알아채고 해석할 수 있는 포식자의 냄새, 진흙 속의 발자국,
물소리 같은 단서가 있는 환경)에서 정보가 넘쳐나는 현대 사회로 변모했
다. 이 변화가 우리에게 미치는 영향은 결코 작지 않다.

정보 비만, 정보 폭식증

현대의 대도시에서 몇 분만 걸어보면 정보의 홍수 속에 있음을 금세 깨닫는다. 신호등, 지나가는 사람들 소리, 상점 간판, 광고판까지…. 우리 뇌가 정보를 수집할 수 있는 속도는 초당 1개를 훨씬 넘는다.

물론 우리는 정보를 선별하는데 거기에는 노력이 따른다. 게다가 최근 몇 년 사이에 큰 변화가 더해졌다. 우리 주머니에 끝없이 정보를 전달하는 스마트폰이 자리 잡은 것이다. 이 기기는 가족과 지인의 소식을 전해줄 뿐만 아니라 뉴스, SMS 알림, 이메일, 광고를 통해 전 세계의 정보를 전달한다. 직장에서도 우리는 전화나 이메일 알림으로 끊임없이 정보에 노출된다. 심지어 우리가 주의를 기울이지 않아도 이러한 정보는 몇 달 동안 뇌에 흔적을 남긴다.[143] 그 결과 우리의 구매 결정에 영향을 미칠 뿐만 아니라 업무 집중력을 떨어뜨려 미국 기준으로 연간 5,880억 달러의 비용 손실과 하루 평균 28%의 시간 손실을 초래한다.[144, 145]

우리는 덫에 빠졌다. 우리의 정보 탐색 뇌 시스템은 수백만 년 동안 매우 열악한 환경에 있었으며, 활용 가능한 데이터가 드물고 매우 예민한 탐지 능력이 필요했다. 음식과 마찬가지로 이 시스템에는 브레이크가 설계되지 않았다. 정보 과잉 사회에 접어들자 음식 과잉에 빠져들 때와 마찬가지로 한없이 정보를 탐닉하게 되었다. "정보를 검색해야 해." "접속하는 방법을 알려줘." 같은 말들을 우리는 매일 듣는다.

정보에 중독된 사람들 대부분은 정부 소식이나 렌* 지역의 날씨, 인도의 열차 탈선 사고 같은 정보를 알아도 앞으로 며칠 또는 몇 주 동안 그들의 결정이나 행동에는 큰 변화가 없을 것이다. 오히려 정보에 대한 욕구를 다른 창의적 활동에 몰입하는 데 필요한 것으로 제한할 때, 아마도 더 나은 선택을 하게 될 것이다. 하지만 우리의 행동은 주로 이성보다는 선조체에 의해 결정된다. 그래서 우리는 정보 과잉 상태에 빠지고 '정보 비만'[146]이 된 것이다. 이 신조어는 식량이 넘쳐나는 세상에서 음식을 무분별하게 섭취하는 것과 마찬가지 현상을 일컬으며, '선진국'은 전례 없을 정도의 정보 비만을 겪고 있다.

날씨를 아는 것이 날씨를 덥게 만든다

환경 관점에서 보면, 전 세계인이 끝없이 정보를 소비하면서 웹 서버는 풀가동 상태가 되고, 이는 환경에 직접적인 영향을 미친다. 2016년 하버드 대학교의 물리학자 알렉스 위스너 그로스[147]에 따르면, 하루에 50억 건 이상의 검색 요청을 처리하는 구글 서버에서 한 번의 검색이 발생시키는 열량은 커피 반 잔을 끓이는 것과 맞먹는다. 즉, 렌의 날씨를 확인하는 행동이 렌의 날씨를 데우는 것과 같은 효과를 내는 셈이다. 이것이 바로 인류 스스로가 자신에게 가장 큰 위험이

---

* Rennes, 프랑스 브르타뉴 지방의 중심 도시-옮긴이

된 새로운 현실이다.

정보에 대한 인류의 끝없는 갈망은 방대한 시장을 만들어냈다. 우리의 선천적 정보 탐색 성향을 기반으로 엄청난 부가 창출되는 것이다. 그런데 구글, 애플, 페이스북, 아마존과 같은 거대 디지털 기업들이 이 시장을 장악하고 있다. 이들이 벌이는 '주의력 전쟁'의 핵심은 수많은 사람의 관심을 사로잡아 그들을 정보 소비자로 만드는 것이다. 뇌를 사로잡는 것은 미래 경제의 핵심 축이며, 이는 일자리 감소와 불가분의 관계에 있다. 실업 상태인 사람들의 사회적 역할은 점점 더 단순한 소비자로 제한될 것이다. 그들의 정보에 대한 갈증을 이용하는 것만으로 충분할까? 그럴 가능성은 낮아 보인다. 그들을 통제하려면 그들의 선조체를 직접 공략하고 그들을 게임을 할 때처럼 즐겁게 몰입시키는 것이 필요하다. 게임의 세계에 온 것을 환영한다.

불확실성이 자아내는 흥분

도스토옙스키는 그의 걸작 《노름꾼》(열린책들, 2010)에서 도박이 정신과 감정에 미치는 놀라운 힘을 묘사한다. 문학사의 명장면으로 남은 한 대목에서 그는 이렇게 말한다.

"나는 모든 것을 잃었다. 전부를…. 카지노를 나와 둘러보다가 … 조끼 주머니에 플로린 한 닢이 남아있는 것을 발견했다. '아직 저녁을 해결할 돈은 있군!' 그렇게 생각했지만, 백 걸음쯤 걷다가 마음을 바꾸어 다시 카지노로 돌아갔다. 나는 그 플로린을 '망크'에 걸었다(이번에는 망크였다).

낯선 나라에서, 친구와 조국에서 멀리 떨어져 홀로, 그날 끼니를 해결할지 알 수조차 없는 상황에서 마지막 돈, 단 하나의 동전을 거는 기분이란 말로 표현하기 어려울 만큼 특별하다. 나는 그 판에서 이겼고, 20분 뒤 170플로린을 주머니에 넣고 카지노를 나왔다. 정말이다! 마지막 동전이 어떤 의미가 될 수 있는지 보라! 만약 내가 의기소침해져 결단을 내릴 용기를 내지 못했다면…?"

모든 것이 바뀌는 순간, 인간이 공이나 주사위 한 쌍에 자신의 운명을 맡기는 그 순간이 주는 매혹은 먼저 심리학자들, 이어서 신경과학자들의 관심을 끌었다. 신경과학자들은 이 매력이 우리의 뉴런에 어떻게 작용하는지 알아내려 했다. 그들의 질문은 이러했다. "도대체 무엇이 사람들을 그렇게 매혹하여 모든 것을 걸고, 스스로를 파멸로 몰아가면서도 끝내 초록색 도박판 앞으로 다시 발걸음을 옮기게 만드는가?" 도스토옙스키 자신이 말했듯, 마지막 플로린을 걸 때 인간은 특별한 감각을 맛본다. 단순한 이익 그 자체보다도, 벼랑 끝에 서 있다는 사실이야말로 극도의 전율을 안겨주는 결정적 요소인 듯하다. 결과가 구원일지 파멸일지 전혀 알 수 없는 바로 그 순간이, 도박 중독의 열쇠를 쥐고 있다.

프랑스에서는 약 2,500만 명이 가끔 도박을 하고[148] 80만 명은 병적으로 의존하는 도박 중독자다. 이러한 점을 감안하여 여러 연구팀은 카지노나 온라인 도박 사이트에서 제공하는 것과 유사한 내기 상황에 뇌가 어떻게 반응하는지 실험했다. 연구팀은 결과가 자기에게 유리할지 불리할지 아직 알 수 없는 불확실한 단계에서 참가자들의 선조체가 강하게 활성화되는 것을 관찰했다.[149, 150]

도스토옙스키가 묘사한 것도 바로 이 순간이다. 룰렛에서 공이 튀어 오를 때, 도박꾼이 자신의 운명이 어느 쪽으로 기울어질지 깨닫기 전의 바로 그 순간, 흥분은 극에 달한다.

신경생물학자들은 이 불확실성 단계에서 도파민을 분비하는 데 특화된 신경세포, 즉 선조체 속 미세 뉴런의 활동을 더욱 정밀하게 알아내는 데 성공했다.[151] 처음 몇 번의 베팅에서는 이 뉴런들이 플레이어가 이겼을 때만 도파민을 분비하고 졌을 때는 반응하지 않았다. 그러나 베팅을 거듭하면서 상황이 달라졌다. 뉴런의 반응 시점이 점차 앞당겨져, 이제는 룰렛판 위에 공이 던져지는 순간부터 이 소중한 도파민을 분비하기 시작한 것이다. 뉴런들은 실험자가 제시한 승패의 통계적 확률을 참고하면서 최종 결과를 예측한다.

놀라운 점은 이 뉴런들이 불확실성이 최대인 상황에서 가장 크게 활성화된다는 점이다. 다시 말해 잭팟을 터뜨릴 확률과 판돈을 모두 잃을 확률이 같을 때, 그야말로 안전망 없는 위험한 상황에 노출되었을 때 도파민과 흥분의 물결이 크게 일어난다. 도박이 주는 쾌락은 바로 이 우연성 자체에서 비롯되며, 고조된 불확실성의 순간이야말로 도박의 묘미를 이룬다. 도스토옙스키가 묘사한 감각은 이제 선조체 뉴런의 기능에서 확인되고 있다.

비디오 게임과 중독 유발

당연히 이 쾌락에 중독된 사람들에게 그 결과는 치명적이다. 최대 위험을 반복하는 것은 대개 참담한 실패로 끝나는 경우가 많기 때문이다. 오늘날 도박 중독은 공중보건 차원에서 심각한 문제다. 미국 사회에서 매년 약 50억 달러[152], 독일은 3억 2,600만 유로*의 사회적 비용이 발생한다. 프랑스에서는 아직까지 비용을 정량화한 연구는 없다.[153]

하지만 우리 대부분에게 도박의 현실은 카지노가 아니라 비디오 게임에 더 가까이 있다. 캔디 크러시 사가, 콜 오브 듀티, 월드 오브 워크래프트, 배틀필드, 스트리트 파이터, FIFA 18, 그랜드 테프트 오토 IV…. 연간 매출이 이미 영화산업을 추월하여 1,000억 달러 이상을 기록한 산업이 창조한 무한의 세계다.[154] 이러한 게임 산업의 급성장은 화면 소형화로 촉진되었다. 덕분에 수억 명의 사람들이 지하철, 직장, 휴가지, 심지어 자동차에서도 게임을 즐길 수 있게 되었다(프랑스인의 59%가 운전 중에도 포켓몬 고와 같은 게임을 한다고 자인했다![155]) 대중교통에서 주변을 잠깐만 살펴봐도, 많은 사람이 화면에서 점수를 얻기 위해 분홍색과 파란색 사탕을 클릭하거나, 적군을 향해 미사일을 발사하며 시간을 보내고 있는 모습을 볼 수 있다. 몰입감 넘치는 비디오 게임에서 빠져나오기는 쉽지 않다.

---

* 50억 달러는 약 7조 원, 3억 2,600만 유로는 약 4,000억 원에 해당한다.―옮긴이

이러한 게임 제품의 설계자들은 도박 게임에서 도파민 뉴런을 자극하는 방식을 응용해 일종의 중독을 유발하는 여러 요소를 결합했다. 비디오 게임 설계 전문가인 존 홉슨은 〈가마수트라Gamasutra〉 지에서 이렇게 말했다. "사용자들이 게임을 오래도록 몰입해서 즐기게 만들려면, 보상을 불규칙하지만 자주 제공하고, 게임을 중단하거나 충분히 참여하지 않을 때는 불이익을 주어야 한다."[156]

예측할 수 없는 보상이라는 개념은 카지노 게임에서 관찰되는 중독 현상의 핵심이다. 이런 유형의 보상은 정신질환 진단 및 통계 매뉴얼인 DSM-5에 심각한 중독 유형으로 명시되어 있기도 하다. 도파민 뉴런이 가장 많이 분비되는 것은 보상을 예측하기 어려울 때다. 최고의 게임 개발자들은 이 점을 잘 알고 있다. 그들은 플레이어가 이해하기 힘든 방식으로 보너스 점수를 제공하여 플레이어의 긴장감을 극대화한다. 어떤 사람들은 삶의 구석구석을 침범하는 단순한 비디오 게임 때문에 일상이 산산조각 나는 지경에 이르기도 한다. 예를 들어 한 여성은 하루에 다섯 시간씩 캔디 크러시 사가를 하느라 약속을 잊어버리고 일상 업무에 집중할 수 없는 상태에 빠졌다.[157]

2011년 벨기에 겐트 대학교의 신경과학자들은 비디오 게임이 선조체에 직접적인 영향을 미친다는 사실을 확인했다. 연구진은 플레이어들을 MRI 장치에 앉히고 뇌가 어떻게 작동하는지 관찰했는데[158, 159, 160], 게임이 진행될수록 선조체가 더 활발해지고 게임이 반복될수록 그 부피까지 늘어난다는 사실을 발견했다.

위험한 게임

2018년, 세계보건기구는 비디오 게임 중독을 알코올이나 약물 중독과 마찬가지로 행동장애 목록에 포함했다.[161] 현재 14세에서 24세 사이의 프랑스 청소년과 청년 중 6%가 하루에 8시간 이상 게임을 하는 중독 상태인 것으로 추정된다.[162] 사실, 오늘날 비디오 게임은 우리 뇌에 가장 강력한 1차 강화물을 제공하는 디지털 도구라 할 수 있다. 즉, 뇌가 선천적이고 본능적으로 가장 민감하게 반응하는 자극을 매우 집중적으로 제공하는 셈이다.

실제로 대부분의 비디오 게임은 예측할 수 없는 보너스라는 개념에 추가로 지위 변동 요소(네트워크 게임에서 상승 레벨, 다른 플레이어와의 비교 순위)를 결합한다. 이는 우리의 선조체가 갈망하는 사회적 지위에 대한 욕구를 부추기는 장치다. 또한 성인용 게임의 약 35%(전체 비디오 게임의 13%)[163]에서는 성적 요소가 더해지는데, 이는 두 번째로 강력한 1차 강화물이다. 결국 게임에 포함되지 않는 것은 음식뿐이다. 그런데 정말 그럴까? GTA IV나 콜 오브 듀티 게임을 시작할 때 손에 과자 한 봉지 들고 있지 않은 경우는 드물다. 결국 우리 선조체는 인류 역사상 어느 시대에도 얻을 수 없었던 다양한 자극으로 폭격당하고 있다.

게임 개발자들은 이러한 신경생물학적 메커니즘을 잘 알고 있다. 실리콘 밸리에 스크린 없는 학교가 생겨나는 것은 놀랄 일이 아니다. 이곳 엔지니어들은 자녀를 이러한 학교에 보내는 경우가 흔한데, 페이스북이나 특정 비디오 게임이 어린 뇌에 미치는 영향을 잘 알기 때

문이다.[164]

디지털 인터페이스에 과도하게 노출된 아이들의 뇌는 조용하고 자극이 적은 상황을 견디지 못한다. 번쩍이는 빛도 없고 폭발음도 없이 45분 동안 칠판 앞에서 교사의 설명을 듣는 수업처럼 말이다. 강한 외부 자극으로 오랜 시간 활성화되면 아이들 뇌의 전두엽은 내부적으로 주의력을 발휘할 수 없다. 해당 기능이 충분히 발달하지 않았기 때문이다.[165] 산만함, 집중력 감소, 안절부절못하는 등의 주의력결핍 과잉행동장애ADHD의 초기 증상이 나타나기 시작한다.

이러한 기기가 뇌에 어떤 영향을 미치는지 이해하는 데는 직접 설계해 본 경험이 큰 도움이 된다. 자녀들이 아이패드를 어떻게 사용하는지 묻는 기자에게 스티브 잡스가 한 대답이 아직도 생생하다. "우리 아이들은 아이패드를 손에 쥐어본 적이 없습니다."

과잉 무장한 아이

이쯤에서 지금까지 살펴본 현상들을 돌아보며 첫 번째 평가를 내려보고자 한다. 21세기 산업화된 사회에 사는 인간의 초상을 그린다면 다음과 같은 모습일 것이다. 과체중에, 움직임이 적고, 전반적으로 일하는 시간이 점점 줄어들며, 자리에서 일어나지 않고 비디오 게임으로 시간을 보내며, 화면을 통해 정보를 과도하게 취하고, 가상 포르노를 많이 소비하며, 디지털 통신을 통해 전 세계로 보내는 자신의 이미지가 원하는 만큼 돋보이는지 10분마다 확인하는 사람.

솔직히 말해서 결코 유쾌한 초상화는 아니다. 사실 심각한 실패작처럼 느껴지기도 한다. 다행히도 인간은 그런 존재이기만 한 것은 아니다. 인간에게는 사랑과 관대함, 창의성, 연대감 같은 감정도 있다. 하지만 오늘날 인간 활동을 관통하는 경향은 우리의 뇌간과 대뇌피질이 만나는 지점에 있는 $30\sim40\text{cm}^3$의 신경 조직에서 치솟는 다섯 가지 주요한 충동으로 빚어진다. (특히 경제의 주요 통로로 유입되는 방대한 데이터가 수십억 달러를 흡수하여 은행, 화석연료 발전소, 정유소, 자동차 공장 또는 휴대폰 제조업체, 디지털 산업과 농식품 산업에 공급되는 과정은 그러한 충동이 작용한 결과다.) 다섯 가지 충동이란 음식, 섹스, 최소한의 노력, 사회적 지위, 정보 및 오락인데, 동물 활동의 이 다섯 가지 주요 기둥은 모든 개인과 집단의 행동을 주도하는 핵심 축이다.

우리는 전례 없는 상황을 맞이했다. 인류는 이제 기술적 수단에 힘입어 이 다섯 가지를 상당 부분 충족시킬 수 있는 능력을 갖추었다. 그런데 놀랍게도, 이러한 환경이 인간의 행동을 크게 바꾸지는 못하며, 우리 뇌는 스스로를 제어할 수 없는 것처럼 보인다. 여러 면에서 이 이미지는 어린아이의 모습을 연상시킨다. 어린아이에게 먹고, 놀고, 자신을 중요하게 만들고자 하는 욕구는 자연스러워 보인다. 이러한 욕구는 프로이트가 쾌락 원칙이라고 부른 것에 해당한다.

그러나 정신분석학 관점에 따르면, 쾌락 원칙은 점차 현실의 원칙에 복종해야 한다. 우리는 하루 종일 먹고 놀고 스스로를 세상의 왕이라고 믿으며 시간을 보낼 수는 없다. 현실이 허용하지 않기 때문이다. 과거 수천 년 동안 자연과 인간의 한계가 이 점을 계속 상기시켜 왔지만, 기술의 급격한 발전으로 모든 것이 바뀌었다. 식량을 확보하고, 가상섹스를 즐기고, 소셜 네트워크에서 사회적 지위를 높이는 우리 능력은 이제 자연의 제약을 벗어난 듯 보인다. 앞에서 언급했듯이, 호모 사피엔스의 대뇌피질이 비약적으로 발달하면서 더 정교한 기술이 등장할 수 있었다. 문자 기록에서 첨단 플라스마 화면까지, 바퀴에서 세탁기까지, 내연기관에서 유전자변형생물GMO과 MP4 포맷에 이르기까지, 대뇌피질이 발달하면서 인간은 강력한 무기를 갖게 되었다.

하지만 이 무기를 쥐고 있는 것은 여전히 선조체이며, 그것이 목표로 삼는 것은 안타깝게도 변함없이 단순하고 협소하다. 바로 어린아이의 목표다. 그리고 이 아이는 지금 과잉 무장하고 있다.

우리 자신과의 싸움

오늘날 인간이 지닌 기술은 마치 어린아이의 손에 쥐어준 핵무기와 같다. 이 무기의 파괴력을 전혀 알지 못한 채 단지 그것을 가지고 놀고 싶어 한다. 다른 것들에는 아무런 관심도 없다. 정치, 사회, 경제 등 온갖 이야기를 하며 이 위태로운 아이를 달래고 설득하려고 해도 그 목소리가 들릴 리 만무하다.

대뇌피질의 뉴런 활동이 선조체로 되돌아가는 일이 없는 것처럼, 이 아이의 목표를 바꾸는 것은 불가능하다. 만약 우리가 다섯 가지 1차 강화물에 대해 만족하는 것 외에 다른 것을 위해 행동하려면, 우리의 의지와 이성이 자리한 대뇌피질의 의식적인 노력으로 선조체의 활동을 억제할 수 있는 방법을 찾아야 할 것이다. 이것을 시도한 이들도 있다. 소크라테스에서 루크레티우스, 데카르트에 이르는 많은 철학자와 종교와 영적 사상가들이 절제, 참회, 심지어 고행을 권하면서 힘썼지만 별 소용이 없었다. 그 어떤 성서나 교리도 수억 년 동안 생존과 고통, 쾌락을 통해 형성된 신경 시스템을 통제할 수 없었다. 우리는 어쩌면 막다른 골목에 다다랐는지도 모른다.

3장

단기 쾌락 문명
- 인류의 버그

모순의 시대

2017년 11월 14일, 토스트 한 조각을 베어 물면서 라디오를 켜자 속보가 흘러나왔다.

"지구를 위한 본Bonn 정상회의를 하루 앞두고, 15,000명의 과학자들이 경종을 울리기 위해 청원을 시작했습니다. 이산화탄소 배출량은 계속해서 증가하고 있으며, 환경 정상회의(특히 2년 전 파리에서 열린 회의는 성공적이라고 평가받았음에도 불구하고)는 전혀 변화를 이뤄내지 못하고 있습니다. 2100년의 지구 온난화 전망은 현재 4도 상승으로 추정되며 해수면은 7미터 상승할 것으로 예상됩니다. 이렇게 되면 수백만 제곱킬로미터에 달하는 영토가 물에 잠길 것입니다. 매우 나쁜 소식이 아닐 수 없습니다."

그새 나는 토스트를 다 먹어 치웠다. 하루가 지나고 다음 날 아침, 나는 거의 같은 동작을 반복한다(솔직히 말해서 현대인의 아침 식단이 다양성으로 빛나는 것은 아니지 않은가!). 라디오에서는 이런 소리가 들려온다.

"에어버스*가 430대의 중거리 여객기에 대해 500억 달러 규모의 계약을 체결했습니다. 매우 좋은 소식입니다."[166]

나는 토스트를 내려놓는다. 분명 잘못 들었나 보다.

하지만 아니었다. 그것은 현실이었다. 솔직히 말해, 바로 이런 모순이야말로 내가 이 책을 쓰게 된 이유일 것이다. 나는 이 책에 '인간 버그'**라는 제목을 붙였지만 그건 사실 점잖은 표현이다. 솔직히 말해서, 매일 같은 토스트 한 조각을 베어 물면서 이렇게도 모순된 말들을 들어야 한다고? 어떻게 같은 사람들, 같은 기자들, 같은 라디오 프로그램 책임자들이 하루가 멀다 하고 기후 온난화라는 '나쁜 소식'과 그 과정을 더욱 악화시킬 산업 계약이라는 '좋은 소식'을 동시에 담은 모순된 보도자료를 연달아 작성할 수 있을까?

그날 이후, 나는 이런 종류의 모순들을 추적하기 시작했다. 그러면서 끝없는 악순환을 접하게 되었다. 그중 가장 대표적인 것은 북극과 남극 빙하의 해빙이다. 빙하가 녹는 현상은 의심할 여지 없이 미래 생태계 균형을 가장 직접적으로 위협하는 요인이다. 덴마크 기후학자들은 최근 2003년부터 2014년까지의 기간 동안 북극 빙상이 녹는 속도가 1976년부터 2003년까지의 기간에 비해 80% 증가했으며(거의 두 배 증가), 산정 기간이 반도 되지 않게 짧았음에도 이런 결과를 보였다고 밝혔다.[167] 해빙 속도가 네 배로 빨라진 것이다. 그 결과, 2100

년까지 해수면이 아마도 6미터에서 9미터가량 상승할 것으로 예상된다. 세계 곳곳의 섬들이 불과 몇 센티미터의 해수면 상승만으로도 심각한 위협에 직면하는 상황에서 말이다.

상식 있는 사람이라면 누구나 인류가 극지방을 보존하려 한다고 생각할 것이다. 하지만 아니다. 비트코인을 예로 들어보자. 비트코인은 복잡한 컴퓨터 알고리즘을 통해 생성되는 가상화폐로, 전 세계 통화거래의 안전을 보장하는 조치라고 주장된다. 하지만 2017년부터 투기꾼들의 마음을 사로잡아 온 이 가상화폐를 만들기 위해서는 엄청난 열을 발생시키는 초고성능 디지털 서버 네트워크를 최대 출력으로 가동해야 한다.[168] 효율을 높이기 위해 이 서버들을 아이슬란드의 영구동토 속에 묻어 방출되는 열에너지를 효과적으로 흡수하도록 조치한다고 한다. 이런 식으로 북극권 동토 아래에는 거대한 방열기들이 묻혀 있는데, 그 목적은 10분마다 가상화폐 거래내역을 업데이트하기 위한 것이다. 하지만 가상화폐를 운영하기 위해서는 엄청난 양의 에너지가 들어간다. 이 네트워크의 연간 소비량은 30테라와트시를 넘어서는데 이는 헝가리나 아일랜드와 같은 나라의 연간 에너지 생산량에 맞먹는다.[169, 170]

우리가 주목해야 할 점은 이 모순된 정보들이 공공연히 함께 존재한다는 사실이다. 21세기 시민은 한쪽 귀로는 "재앙이다, 그린란드가 녹고 있다!"는 다급한 경고를 듣고, 다른 쪽 귀로는 "놀랍다, 비트코인이 화폐를 혁명적으로 바꾸고 있다!"고 환호하는 소리를 듣는다.

우리 모두는 기후가 통제 불능 상태에 있다는 것을 잘 알고 있다. 우리 모두는 장차 지구상의 모든 국가와 미래 세대가 감당하기 매우 어려운 결과를 맞이하리라는 점도 알고 있다. 그래서 이러한 현실을 소리 높여 한탄하면서도 동시에, 대기 속을 이산화탄소와 열기로 가득 채우는 전자기기를 만들어내는 데 성공하면 환호성을 올린다.

인간의 뇌 어딘가에 버그가 있는 건 아닐까?

성장을 유일한 지침으로

이러한 모순적 현실을 일컬어 집단적 실패 또는 대중적 인지 붕괴라 해도 큰 무리가 아닐 듯하다. 그런데 문제의 본질은 훨씬 더 심각하다. 이 모순은 누구도 문제로 삼지 않는 하나의 이데올로기, 곧 '성장'이라는 이데올로기에 뿌리를 두고 있다.

성장은 우리 사회 전반에 깊숙이 스며든 교리다. 심지어 우리의 생활방식을 당장 위협하는 재앙 앞에서도 우리는 성장만이 답이라는 주장을 멈추지 않을 것이다. 성장은 모든 이의 입에 오르내리며, 모든 정치 프로그램 속에 들어 있고, 모든 경제적 선택의 중심에 자리 잡고 있다. 성장률은 모든 경제 분석의 절대적 기준이며 모든 뉴스의 바탕에 깔린 신조다. (일부 탈성장 운동 단체들을 제외하고는) 누구도 이 교리를 애써 의심하려 들지 않을 것이다. 무슨 일이 있어도 생산은 증가해야 하고, 소비는 확대되어야 한다. 또한 국내총생산은 성장해야 하고, 구매력은 상승해야 하며, 생활 수준은 높아져야 한다. 우리는 이 생각을 너무 깊이 내면화한 나머지 이제는 달리 생각하는 것이 불가능해져 버렸다.

여기서 말하고자 하는 바는, 우리 뇌의 소프트웨어적 구조 때문에 우리는 본질적으로 다른 방식으로 행동하는 데 한계가 있다는 점이다. 우리는 우리가 가진 것을 바탕으로 살아가야 하는데, 우리가 가진 것이란 바로 이렇게 구시대적으로 작동하는 정신적, 신경학적 구조다. 우리는 오래된 뇌 구조에 갇힌 채, 너무도 빠르게 변하는 세상과 마주하고 있다. 그 빠른 세상마저도 우리가 만든 것이지만 정작 그 세상에 우리는 압도당한다. 우리는 마치 눈 없는 포탄처럼 공중으로 쏘아 올려졌으며 그 궤적을 변경할 수 없는 냉혹한 처지다. 5억 년 동안 경이로운 성과를 이룩한 신경 장치를 지녔지만, 이제 그것이 모든 것을 폭발시켜 버릴 기세다.

우리 뇌의 어떤 부분이 우리로 하여금 단순히 음식, 돈, 섹스, 사회적 지위뿐만 아니라 항상 더 많은 음식, 더 많은 돈, 더 많은 섹스, 더 높은 지위를 추구하도록 만드는 걸까? 이 책의 절반은 우리 뇌 구조의 특정 부분인 선조체가 어떻게 끊임없이 우리를 이러한 목표들로 향하도록 부추기는지를 살피는 데 할애되었다. 그러나 분석 및 측정 방법을 개선하면서 과학자들은 최근 새로운 사실을 발견했다. 선조체는 더 많은 것을 얻을 경우에만 자기 일을 수행한다는 것이다.

끝없는 '더 많이'의 메커니즘

신경과학자들이 우리 선조체 깊숙이 자리 잡은 뉴런을 발견했을 때, 그들은 처음에는 이 뉴런의 기능이 주로 목표가 달성되었을 때 도파민을 분비하고 쾌감을 유발하는 것이라고 믿었다. 이는 사실이다. 하지만 최근 과학에서 이루어진 진보는 이러한 인식을 크게 변화시켰다. 앞서 보았듯이 선조체 뉴런들과 전체 보상회로는 우리를 음식, 섹스, 지위, 편리함, 정보를 얻을 수 있도록 자극한다. 더 나은 생존을 가능케 하기 때문이다. 그러나 연구자들은 나중에 이 신경세포들에 훨씬 더 중요한 특성이 있음을 발견했다. 바로 우리 학습 과정의 기초가 된다는 점이다.

가장 처음 쥐를 미로에 넣었을 때는 쥐가 복도 끝에서 치즈를 발견했을 때에야 뇌에서 반응이 일어났다. 복측피개영역을 선조체 내 측좌핵과 연결하는 뉴런들이 과도하게 도파민을 분비했던 것이다. 이

때 쥐는 쾌감을 느끼는데, 이어지는 두 번째 실험이 더 우리의 흥미
를 끈다. 쥐를 다시 미로의 입구에 놓고 같은 복도로 들어가게 하면,
복도에 들어서는 순간부터 뉴런들이 도파민을 분비하는 것을 관찰할
수 있다. 쥐는 복도 끝에 치즈 조각이 있을 것으로 예상한다. 그런데
복도 끝에 다다라 기대하던 치즈 조각을 발견하면, 그 순간 도파민 뉴
런들이 아무런 반응도 보이지 않는다. 그들은 아무런 쾌감도 없는 듯
그냥 비활성 상태를 유지한다. 쥐는 이 음식을 찾을 것이라고 예상했
고 결과가 기대와 다르지 않았기 때문이다.

반대로 치즈 조각이 없는 경우에 도파민 뉴런은 완전히 꺼져 버린
다. 그리고 뇌는 도파민의 뚜렷한 감소를 겪게 되는데 이는 신경학적
처벌과도 같다. 결과가 기대치에 미치지 못하기 때문이다. 이 처벌은
쥐에게 보내는 내부 메시지처럼 작용한다. "행동을 바꿔라, 지금의
방식은 통하지 않는다." 쥐는 다른 복도로 들어선다. 아직 그곳에 무
언가 있을지 없을지 모르기 때문에, 치즈 조각이 있을 것이라 기대하
지는 않는다. 그런 상태에서 치즈를 발견하면 도파민 뉴런이 격렬하
게 분비된다. 다음번에도 쥐가 이 복도로 들어선다면 복도 끝에 치즈
조각이 있더라도 이미 발견할 것이라고 기대하고 있었기 때문에 도
파민 뉴런은 반응하지 않을 것이다. 그런데 운 좋게도 치즈 조각을 하
나가 아니라 두 개 발견하면 어떻게 될까? 그렇다. 도파민 뉴런이 활
성화될 것이다.

이 실험이 보여주는 것은, 우리의 보상 시스템은 우리가 기대했던
것보다 더 많은 것을 얻어야만 활성화된다는 점이다. 예상된 결과는

쾌감을 주지 않는다. 오직 예상했던 것보다 더 큰 결과만이 가치 있게 여겨진다. 따라서 우리가 새겨야 할 금언은 이렇다.

내 뇌는 지난번보다 더 많은 것을 얻을 때만 나를 보상한다.

이 시스템이 강력한 학습 도구인 이유를 이해하기는 쉽다. 모든 행동(예를 들어, 같은 복도를 선택하는 대신 다른 복도를 선택하는 것)은 최종 결과를 개선하는 방향으로 선택되며, 단순히 이전의 습관을 반복하는 행동들은 배제된다. 뇌의 이러한 시스템은 최적화와 개선의 원동력이다.

신경망의 프로그래밍

인간의 학습 관점에서 보면, 이것이 어떻게 나타나는지 잘 알 수 있다. 피아노를 배우는 경우를 생각해보자. 선생님은 여러분에게 어려운 구간을 연주할 때 사용하는 특별한 운지법 같은 방법을 가르쳐 준다. 며칠이 지나고 여러분은 그 구간을 훨씬 더 잘 연주하게 되었다고 느낀다. 피아노 소리가 아름답게 울려 퍼지고, 주변 사람들이 멈춰 서서 듣기 시작한다면, 이제 예술학교에 입학하는 것까지도 생각해 볼 수 있을 것이다! 하지만 몇 주가 지나면 정체된 느낌을 받게 된다. 초기의 열정이 사그라들고 지루함이나 좌절감을 느낀다.

이번에는 선생님이 새로운 운지법을 가르쳐 주는데, 조금 더 연습이 필요하다. 한 달 후 여러분은 연주가 한층 유려해졌음을 느끼고,

여러분의 연주를 듣는 사람들이 열렬히 박수를 보내는 모습을 보게 된다. 당신의 선조체에서 새로운 도파민 분비가 일어나고, 이 새로운 행동은 뇌에서 자동으로 강화된다.

스위스 프리부르 대학교의 신경과학자 볼프람 슐츠의 연구는 우리 학습 시스템의 이러한 작동 방식을 밝혀내는 데 기여했다. 우리가 어떤 동작을 하려 하거나 혹은 어떤 결정을 내릴 때 대뇌피질의 뉴런들이 활성화되어 그 동작을 준비한다. 이 뉴런들은 가느다란 돌기를 가지고 있으며, 그것들이 선조체의 뉴런들과 시냅스라 불리는 연결을 형성한다. 실행된 행동이나 결정이 이전보다 더 나은 결과로 나타날 때, 복측피개영역에서 나온 뉴런들에 의해 해당 시냅스에서 도파민이 방출된다. 이 도파민은 신경 접착제처럼 작용한다.[171] 해당 행동이나 결정을 실행한 대뇌피질의 뉴런들이 돌연히 선조체 뉴런들과 결합하여 그 행동이 대리석에 새겨지듯 뇌에 영구히 각인되는 것이다. 이러한 방식으로 이전보다 더 나은 결과를 가져온 행동들이 안정화된다.

물론 그 반대도 마찬가지다. 새로운 행동이 더 나쁜 결과로 나타나면 도파민 공급이 차단되고 연결이 약해지기 시작한다. 결과가 이전과 동일하다면 연결은 변화 없이 유지된다. 만약 새로운 행동이 더 나은 결과로 나타난다면, 이 행동을 위한 더 강력한 연결이 형성되며, 이전의 것은 망각 속으로 밀려난다.

앞부분에서 설명된 미로 속의 쥐 실험은 지속적인 개선을 추구한다는 이 원리를 실험실 환경에서 재현한 하나의 사례에 불과하다. 인간에게도 동일한 관찰 결과가 확인되었다.[172, 173, 174] 우리도 정확히 같은 방식으로 움직인다. 이 이론을 뒷받침하는 핵심 개념은 예측 오류다. 우리 뇌는 끊임없이 각 행동의 결과를 예측하며, 이는 보상으로 이어질 수 있는 행동을 시작하자마자 도파민 뉴런의 조기 방출로 이어진다. 예측과 결과 사이의 차이에 따라 뇌는 어떤 행동을 유지할지 말지를 결정한다. 예측과의 차이가 긍정적일 경우(결과가 예측을 넘어설 때), 그 행동은 견고하게 안정화된다. 예측과의 차이가 부정적일 경우(결과가 예측에 못 미칠 때), 그 행동은 배제된다. 차이가 없으면(예측과 일치하는 결과), 피로감이 뒤따르며 더 나은 결과로 이어질 수 있는 어떤 조치라도 취할 준비가 된다.[175, 176]

오류는 우리의 행동을 형성하는 데 핵심 역할을 한다. 사이버네틱스* 연구자들이 학습이 가능한 신경망을 설계하기 시작했을 때, 그들은 이 원리를 우리 뇌의 선조체에서 그 작용이 발견되기 훨씬 전에 활용했다. 그리고 이 신경망은 오늘날 인공지능의 학습 방식인 머신러닝과 딥러닝의 탄생으로 이어졌다. 신경망이 특정 작업을 수행하도록 프로그래밍될 때(예컨대 인간 얼굴의 인식), 그 신경망은 자신의 예시와 원하는 결과 사이의 차이를 측정하도록 지시받는다. 이 오차는 신경 연결로 다시 전달되고, 신경망은 다음 계산 단계에서 오차를 줄이기 위해 연결을 수정한다. 이를 오차 역전파(逆傳播)라고 한다.

---

* 생물 및 기계를 포함하는 계에서의 통신, 제어, 정보 처리 문제를 종합적으로 연구하는 학문—옮긴이

와트 조속기

동물의 선조체도 동일한 원리로 작동한다. 달성해야 할 목표는 1차 강화물(음식, 섹스, 지위, 정보, 최소한의 노력)이며, 도파민 뉴런은 우리가 마주하는 각 상황에서 이 목표를 달성할 수 있는 우리의 능력을 예측한다. 실제로 달성한 것과 예측 사이의 차이는 도파민 분비로 전환된다. 예측보다 높은 결과에 도달하면 긍정적 분비, 그렇지 않으면 부정적 분비가 일어난다.

이 메커니즘의 발견은 생물학자이자 유전학자인 리처드 도킨스가 이미 1976년에 했던 탁월한 예측을 확인시켜 주었다. 아마도 인생에서 반드시 읽어야 할 과학 서적 10권 안에 포함될 《이기적 유전자》(을유문화사, 2018)에서, 도킨스는 생명체를 '생존 기계'로 묘사한다. 각 동물은 특히 생존 능력을 부여하는 유전자를 지녔으며, 이를 통해 해당 유전자를 다음 세대까지 전달할 수 있게 된다.[177] 도킨스가 제기하는 질문은 다음과 같다.

유전자는 먹거나 번식하는 것과 같이 사전에 설정된 목표를 추구하며 행동하는 유기체를 어떻게 조직할 수 있는가? 그는 와트 조속기라는 장치를 통해 통찰력 있는 이미지를 제시한다. 와트 조속기는 증기 엔진에 의해 구동되는 축을 중심으로 회전하는 한 쌍의 추로 이루어져 있다. 납으로 된 두 개의 추는 진자 끝에 장착되어 있는데 엔진 속도가 증가함에 따라 진자는 위로 올라간다. 진자가 올라가면 밸브가 열리면서 증기가 빠져나가 압력이 낮아지고 속도가 줄어든다. 속도가 줄어들면 추들이 다시 내려오고 밸브는 닫힌다. 그러면 증기 압력이 다시 높아지고, 동시에 속도도 다시 증가한다. 마침내 연속적인 조정 과정을 거쳐 회전 속도가 안정화된다. 이때 조작자가 진자 축을 따라 추를 더 가깝거나 멀리 고정함으로써 속도를 조절할 수 있다.

와트 조속기는 마치 조작자가 설정한 속도라는 목표를 향해 나아가는 것처럼 작동한다. 너무 빠르게 회전하면 속도를 늦추고, 충분히 빠르지 않으면 가속한다. 물론 이 장치는 단지 금속 막대와 추로 이루어진 조립품일 뿐이므로 의식적인 목적을 가진 것은 아니다. 그러나 외부 관찰자의 눈에는 마치 하나의 목표를 추구하는 것처럼 보인다. 미로 속에서 냄새를 따라 치즈 조각을 찾아가는 쥐 역시 외부 관찰자의 눈에는 그렇게 행동하는 것처럼 보인다.

와트 조속기가 목표를 달성할 수 있는 이유는 그 동작과 설정된 목표 사이의 차이가 그 동작에 대한 피드백 작용을 일으키기 때문이다. 이 장치는 자신의 오차를 이용해 행동을 세밀하게 조정하고 수정하며, 최종 균형점에 가깝게 이끌어간다. 와트 조속기는 오차 역전파 신경망과 같은 방식으로 작동하며, 이는 우리 선조체 내 도파민 뉴런의 작동 방식과도 일치한다. 우리의 행동이 최적의 보상에서 멀어지게 할 경우, 뉴런들은 이를 불쾌감이라는 신호로 우리에게 알린다. 행동이 우리를 보상에 더 가까이 데려가면 도파민의 급증으로 우리를 고무한다. 이 비유에서, 선조체 내 도파민의 양은 와트 증기기관의 증기 압력과 같다고 볼 수 있다.

그러나 우리의 선조체와 와트 조속기 사이에는 커다란 차이가 있

다. 증기기관은 회전 속도가 원하는 값에 도달하면 그 상태를 유지한
다. 그러나 선조체는 이런 식으로 작동하지 않는다. 어떤 보상을 얻음
으로써 특정 행동이 안정화되면(이는 일정한 증기 압력에 해당한다) 더 많은
음식, 섹스, 지위를 가져오는 새로운 행동이 곧 새 기준이 된다. 즉,
선조체는 그 설정값이 끊임없이 높아지도록 하는 와트 조속기와 같
다. 마치 이 조속기를 다루는 사람이 추를 계속 바깥쪽으로 옮겨, 회
전 속도의 새 기준점을 설정함으로써, 점점 더 빠르게 회전하도록 강
제하는 것처럼 작동한다.

더 많거나 더 강하거나

이러한 프로그램 방식은 극적인 결과를 낳는다. 우리는 쾌락 회
로를 자극하기 위해 점점 더 양을 늘려야만 한다. 처음으로 고급차
를 장만했을 때, 이 새로운 상황은 우리의 신경계가 익숙했던 수준
을 넘어서는 것이기 때문에 도파민 뉴런을 강하게 자극한다. 그러나
곧 시동 키를 돌리고, 허벅지에 닿는 부드러운 가죽의 감촉을 느끼
며, 엔진의 포효를 듣는 것이 우리의 복측 선조체 영역 뉴런들에 의
해 완전히 예측 가능한 것이 되어버리고, 우리는 더는 쾌감을 느끼
지 못한다.

이러한 습관은 매우 빠르게 자리 잡는다. 우리는 곧, 불과 몇 주 전
만 해도 자동차 대리점 쇼윈도 앞을 지날 때 환희의 탄성을 터뜨리게
했던 이 세단에 싫증을 느끼게 된다. 우리의 시선은 더 고급스럽고,

더 성능 좋고, 더 많은 옵션을 지닌 다른 모델들로 향하기 시작한다. (더 많은 옵션은 산업계가 선조체를 위해 공들여 고안하는 작은 간식거리다.) 물론 이런 신형 모델들은 더 비싸지만 장기 렌트 계약을 제안받으면 우리가 치러야 할 희생이 결국 매우 합리적이라는 착각을 하게 된다. 한 달에 300~400유로라고? 그게 뭔 대수람? 이런 기회를 앞에 두고 주저할 이유가 없다.

문제는 이러한 습관화가 일상이 되고 사실상 끝이 없다는 점이다. 부, 음식 또는 섹스의 증가는 매우 일시적인 행복감만을 가져다줄 뿐, 곧바로 새로운 증가를 쫓을 수밖에 없다. 성관계의 경우 이것은 새로운 정복이라는 형태를 띤다. 부부 사이에서 느끼는 권태는 부분적으로 이러한 메커니즘 때문인데, 예측 가능성이 쾌락을 무디게 만들기 때문이다.[178] 달이 지나고 해가 갈수록, 선조체의 뉴런들은 정확히 무슨 일이 일어날지 예측하게 되며, 따라서 도파민은 고갈된다. 도파민 뉴런들에 의해 프로그램된 반응은 새로움과 더 강한 자극을 추구하게 되는 것이다. 새로운 섹스 파트너가 등장하는 순간, 선조체는 다시 활성화되며 열정이 되살아난다.[179]

그러나 가상세계에서는 의심할 여지 없이 선조체의 폭식이 극에 달한다. 인터넷상의 포르노는 끊임없는 영상 교체와 급속한 '용량 증가'로 나타난다. 이 메커니즘은 각각의 시각 자극들이 별반 다르지 않다는 사실 때문에 더욱 강화된다. 도파민 뉴런들은 이미 예측했던 것보다 더 큰 보상을 찾으려 애쓰지만, 헛수고일 뿐이다. 이때 습관화 현상이 일어나는데 이는 되풀이되는 강박적 소비 행동과 성욕 상실로

이어진다.[180]

따라서 우리의 신경 구조 핵심에 자리한 '항상 더 많이'라는 논리를 억제하기란 매우 어려워 보인다. 패스트푸드와 정크푸드의 영향에서 가장 극명한 사례를 목격할 수 있다. 이들이 바로 전 세계 비만 유행의 근본 원인이 되고 있다. 패스트푸드는 보상 예측이라는 개념을 핵심 원칙으로 삼았다. 처음으로 미로에 들어선 쥐는 복도 끝에서 치즈 조각을 먹을 때 쾌감을 느낀다. 그러나 두 번째 방문에서는 쥐가 복도 입구를 발견한 순간부터 선조체가 활성화되기 시작한다. 치즈 조각을 예상하고 그에 따른 보상이 주어질 것이라 예측하기 때문이다.

패스트푸드 체인들은 이러한 기대감 유발 메커니즘에서 모든 힘을 얻는다. 그들은 대도시의 벽과 TV 화면에 로고를 게시하는 형태로 특징적인 시각 단서들을 주도면밀하게 드러내는데 이는 우리의 도파민 뉴런에게 기대감을 유발하는 촉매 역할을 한다. 우리가 의식하지 못하는 동안, 뇌는 광고상의 로고를 보는 순간 이미 앞으로 얻게 될 쾌락(즉 지방과 소금, 설탕이 어우러진 맛)을 예측한다. 그리고 그 예측은 너무도 정밀하고 반복적이어서 실제 보상은 언제나 예측과 정확히 일치한다. 우리 뇌에게 이것은 제로섬 게임이다. 결과의 순간에는 도파민 분출이 기대한 것보다 그리 활발히 일어나지 않는다. 단서-예측-결과의 회로가 너무 뻔하기 때문이다. 그래서 다시 쾌감을 느끼려면, 결국 더 많거나 더 강한 자극을 찾을 수밖에 없다.

모두가 대통령!

안타깝게도 사회적 지위를 추구하는 과정에도 동일한 논리가 작용한다. 인간 사회에서 일정한 지위를 차지하게 되면, 도파민 보상 시스템은 곧 둔감해진다. 부서장, 국회의원, 장관이 각각 국장, 장관, 대통령 같은 더 높은 지위로 올라가지 못하면 쾌감은 시들해진다. 결국 뇌의 보상회로를 계속 활성화하려면 반드시 새로운 권한을 노려야 하고, 가능하다면 여러 자리를 동시에 차지해야 한다.

2017년 프랑스 대선 캠페인 당시 공화당 예비선거 후보들을 취재했던 한 기자는 이렇게 말했다. "그들은 모두 자신이 승리할 것이라 확신하고 있습니다. 예비선거에서 승리하리라 굳게 믿을 뿐만 아니라, 대통령 선거에서도 승리할 것으로 확신하고 있습니다." 그렇다면 목표와 야망의 사다리에서 한 단계 떨어지는 것에는 어떻게 느낄까? 그것은 도저히 견딜 수 없는 일이 될 것이다.

복측피개영역과 측좌핵과 대뇌피질의 여러 영역 사이를 순환하는 도파민은 모든 폭군이나 독재자가 권력에 집착하는 이유를 설명해준다. 모두가 그들에게 반대한다고 보일 때조차도 그들은 권력을 놓지 않으려 하며, 대뇌피질-선조체 시냅스에서 도파민 농도가 단 1마이크로그램이라도 떨어지는 것을 막기 위해 피비린내 나는 학살을 저지르기도 한다.

그러나 세계적인 독재자가 아니라도 사회적 지위에 대한 중독에 빠지기는 쉽다. 소셜 미디어에서는 심지어 페이스북 친구 3,000명을 보유한 강박적 네티즌조차도 끊임없이 더 많은 친구를 얻으려 한다. 신경과학자들이 소셜 미디어에 대한 우리의 심리 반응을 연구한 실험에서, 개인 페이지에 게시한 글의 '좋아요' 수가 줄어들면 우리의 선조체가 도파민 분비를 감소시키고 불쾌한 감정을 느끼게 하여 우리에게 벌을 주는데, 이는 곧바로 자존감의 뚜렷한 하락으로 이어진다는 사실을 발견했다.

선조체는 거침이 없으며 그저 단순한 법칙에 따를 뿐이다. 따라서 이성적이거나 철학적인 사유 행위로부터 자유롭고 또 후회하지도 않는다. 이러한 이유로 소셜 네트워크에서의 꾸준한 활동은 본질적으로 중독성을 지닌다. SNS 활동은 언제나 더 나은 위치를 요구하게 되는데, 그렇지 않으면 활동의 의미를 잃게 된다. 식욕, 성욕, 사회적 지위의 모든 차원에서 우리는 도파민 뉴런의 아주 단순한 특성에 매달리는 노예가 되었으며, 이 특성은 끊임없이 더 많은 것을 요구한다.

이것이 우리의 미래에 어떤 영향을 미치게 될까? 오늘날 사회적으로 중요한 결정의 상당 부분은 두 가지 주요 세력에 좌우된다. 하나는 다국적 기업들인데, 이들은 이윤을 극대화하려 하기에 '항상 더 많이'를 추구하는 사람들의 성향을 억제할 이유가 전혀 없다. 또 다른 하나는 홀로 분리된 선조체(즉 사적 권력을 추구하는 정치 지도자들)에 의해 통치되는 국가인데, 이들 역시 권력을 극대화하려는 목적하에 '항상 더 많이'의 교리를 퍼뜨린다. 이 교리란 바로 우리 사회에 널리 퍼져 있는 대중 소비주의다.

이 끝없는 폭주가 과연 멈출 수 있을까? 경제의 거대한 흐름을 보면 그럴 가능성은 없을 것 같다. 오늘날 지구의 미래와 관련된 공적 담론에서 가장 자주 되풀이되는 문구는 "우리는 아이들에게 어떤 세상을 물려줄 것인가?"이다. 지극히 당연한 걱정이다. 그러나 우리의 결정들은 단 하나의 걱정에서만 비롯되지 않는다. 그 결정들은 여러 가지 요소를 저울질한 결과다.

물론 우리 아이들의 삶의 질을 걱정하는 마음도 포함되겠지만 그 무게는 크지 않다. 왜냐하면 집을 단열하고, 고기 소비를 줄이고, 꼭 필요하지 않은 인터넷 접속은 자제하고, 대중교통을 이용하고, 비행기를 타지 않는 것은 엄청난 노력이 필요한 일이기 때문이다. 게다가 전 세계 수십억 명이 함께 하지 않는다면 우리 아이들 미래에는 사실상 아무런 영향도 미치지 못할 것이다. 사람들이 그렇게 행동하리라는 보장도 없다.

그런 보장이 없는 이유는 첫째, 특히 개발도상국의 경우에 많은 이들이 무엇보다도 부를 축적하기 원하기 때문이다. 둘째, 다른 이들이 협력하지 않을 수도 있는데 나 혼자만 노력하는 것이 무슨 의미가 있는지 의문을 품을 것이기 때문이다. 우리는 끝없는 순환논리의 덫에 빠져 있으며 이는 정치적 담론에서도 드러난다. 예를 들어 도널드 트럼프 대통령이 "중국도 하지 않는데 미국이 왜 이산화탄소 배출을 줄여야 하냐"며 2017년 파리협약 탈퇴를 선언한 것이 그 전형적인 사레다.

중국도 모순에 빠져 있다. 한편으로는 온실가스 배출을 제한하려 하면서, 다른 한편으로는 우리의 무덤을 파는 협정을 체결하고 있다. 가장 최근의 사례는 북극에서 발견된 세계 최대의 천연가스 매장지를 개발하는 협정을 러시아와 체결한 것이다. 시베리아 야말 지역에서 진행되는 이 프로젝트는 최근 270억 달러의 투자를 유치했다. 그 목적은 북극권 한가운데에 2만 2천 명 규모의 도시를 건설하고, 채굴된 가스를 쇄빙선으로 운송하는 것이다.[181] 아이러니하게도 이 프로젝트는 북극해의 해빙으로 러시아 북동항로의 개발이 가능해졌기 때문에 추진되었는데, 이는 기후변화의 직접적인 결과다.

우리는 지금 끔찍한 악순환의 소용돌이에 휘말려 있다. 기후변화의 피해를 줄이려는 전 지구적 대책을 끌어내기는커녕, 오히려 기후변화가 에너지 산업의 거대 권력자들에게 더 많은 화석연료 채굴의 기회로 활용되고 있다. 그 결과는 기후변화를 더욱 가속하는 것이며, 이것이야말로 전형적인 '지수적 폭증' 과정이다.

재앙적인 결과를 초래할 이러한 산업적, 경제적 선택과 동시에 사람들의 의식이 깨어나고 있는 듯하다. 지구 온난화와 지구 자원의 과잉 착취에 관한 기사 수가 매우 빠르게 증가하고 있다. 2015년 파리에서 열린 회의와 같은 대규모 기후 정상회의는 전 세계적으로 반향을 얻는다. 서유럽에서는 인구의 80% 이상이 인간 활동이 기후변화의 원인이며 생물학적 시스템의 균형과 인간의 미래를 위협한다는 사실에 의심의 여지가 없다고 생각한다. 반면에 미국에서는 인구의

48%만이 인간 활동의 역할을 인정한다.[182] 아시아의 여러 정부 당국들은 오염 수준에 대해 우려를 표한다. 특히 중국의 대도시에서는 주민들이 마스크 없이 생활하는 것이 불가능해지고 때로는 높은 미세먼지 밀도 탓에 가시거리가 매우 짧아지기도 한다. 이미 부유층은 대기 중 유해 물질로부터 자신을 보호하기 위해 저택을 덮는 보호 돔을 짓고 있다.

왜 미래를 걱정하면서도 행동을 바꾸지 않을까?

환경 파괴의 공포가 우리를 엄습하고 있다. 우리는 놀라움에 빠져 어찌할 바를 모른다. 우려를 표현하고 즉각적인 행동이 시급하다는 데 동의한다. 하지만 그뿐이고 행동하지 않는다. 일부 단체와 열의 있는 개인들만이 직접 나서서 행동한다. 우리는 쓰레기를 조금 더 잘 분리수거하고, 집을 좀 더 단열하려고 노력해본다. 그러나 과학적으로 검증한 측정 결과를 다룬 언론보도를 통해 단 한 번의 장거리 비행이 배출하는 탄소량이면 가정 쓰레기 분리수거 1년 치 노력이 허사로 돌아간다는 사실을 알게 된다. 그럴 때면 우리는 아예 눈길을 돌리고 다른 생각을 하고픈 유혹에 빠진다.[183]

생활 습관을 근본부터 바꾸자고? 너무 벅찬 일이다. 발리 여행 한 번 포기한다고 해서 40년 뒤 해수면 상승에 조금이라도 영향을 줄까? 그것도 전 세계 모든 사람이 함께 행동해야만 가능한 일인데. 파리에 살면 바닷물에 잠길 걱정도 없다. 그리고 에어컨은 원래 폭염을 견디려고 만든 것 아닌가. 살아가려면 어쩔 수 없지. 그래서 우리의 후손들이 기후 재난과 대규모 인구 이동에 시달리고, 야생동물의 80%가 사라진 세계가 닥칠 것이라 생각하면서도, 우리는 아직 시간이 남아있고 상태를 개선할 기회가 남아있으리라 스스로를 안심시킨다. 그리고 얼마 지나지 않아, TV에서 흘러나오는 파리 생제르맹 대 레알 마드리드 축구 경기로 시선을 돌린다. 그것으로 그만이다.

2007년 발표된 연구 결과에 따르면, 2050년에는 바다에서 잡을 수 있는 어류가 거의 사라질 것이라고 한다. 이 발표를 접하고 사람들은 몇 달 정도는 큰일 났다는 반응을 보였다. 하지만 그도 잠시, 이내 잊히고 말았다. 우리 인간은 마치 자신의 관찰로부터 결론을 도출해내지 못하는 존재인 양, 구체적이고 집단적이며 장기적인 행동을 결정하지 못한다. 이러한 무기력의 원인은 무엇일까? 왜 미래의 재앙에 대해 걱정하면서도 우리는 행동을 바꾸지 못하는 걸까?

우리는 현재의 포로다

2017년, 트럼프 대통령 시기에 미국은 파리 기후협약에서 탈퇴했다. 2015년에 채택된 이 협약은 2030년까지 이산화탄소 배출을 안정시키기 위한 다양한 경제적, 산업적 조치를 담고 있었으며, 2100년까지 지구 기온 상승을 1.5도를 넘지 않게 하는 것을 목표로 했다. 소셜 미디어에는 이 탈퇴 결정을 조롱하는 조작 영상이 유포되었는데, 미국 대통령이 유엔 연단에서 "나는 기후 따위 신경 안 써. 어차피 곧 죽을 테니까"라고 적힌 플래카드를 펼쳐 든 모습이 담겨 있었다.

물론, 우리는 도널드 트럼프가 기후와 자연에는 아랑곳하지 않고, 권력과 과시라는 자신의 개인적 목표를 무엇보다 우선시하며, 지구를 가득 채운 수십억의 사람들에 대해서는 전혀 고려하지 않는 이기적인 노인이라고 치부할 수 있다. 그러나 이 메시지를 이해하는 또 다른 방식이 있다. 사실 그가 우리에게 전하는 메시지는 이렇다. "당신도 나도 20~30년 뒤에 벌어질 일 따위엔 크게 신경 쓰지 않는다. 우리에게 중요한 건, 지금 눈앞에서 벌어지는 일이다. 우리에겐 거침없이 살아갈 수 있는 기회가 있다. 온갖 유용한 제품에 둘러싸인 채 새로운 차, 새로운 휴대폰, 새로운 컴퓨터가 나올 때마다 신제품을 구입하고, 장거리 비행기를 타고 지구를 자유롭게 누빌 수도, 지하에서 석유를 뽑아내며 디지털 서버를 풀가동할 수도 있다. 그런데 이런 삶을 포기해야 한다고? 무얼 위해서? 미래가 더 중요하다는 구실로?"

석유 회사의 사장에게 50년 뒤 지구의 미래를 위해 화석연료 채굴을 멈추라고 요구해 보라. 그는 어깨를 으쓱하며 발길을 돌리면서 아마도 이렇게 생각할 것이다. '내가 왜? 나는 50년 뒤에는 죽어 있을 텐데.'

만약 그에게 자녀들의 미래에 대해 이야기한다면, 아마도 눈썹을 치켜올리는 정도로는 반응이 바뀔지도 모른다. 그러면서 이렇게 생각할 것이다. '내 아이들은 해결책을 찾을 거야. 내가 모은 재산을 물려받아 재난의 소용돌이에서 벗어나 안전하고 쾌적한 궁전 같은 공간에서 살게 될 거야.'

석유 회사 사장을 설득할 수 없다면, 이번에는 당신의 이웃에게 고개를 돌려 고기 소비를 절반으로 줄이라고 요청해 보라. 토양과 숲을 보호하고 탄소 배출을 줄이자고 말이다. 그는 차분히 설득하듯 반박할 것이다. "독재자처럼 굴지 말자고요. 우리가 제3차 세계대전 직전에 있는 것도 아니잖아요." 그리고 무엇보다도, 동료나 친구들에게 스마트폰에서 인터넷 연결을 하지 말자고 이야기해 보라. 구글 검색

한 번마다 발생하는 탄소 배출량이나 아기 고양이 영상, 축구 경기 영상의 생태적 비용을 사례로 들면서. 그러면 여러분은 곧 '현재'가 얼마나 강력한 힘을 지녔는지 이해하게 될 것이다. 지금 당장의 작은 희생을 감수해야 할 때면, 마치 미래에 대한 우리의 생각이 신기루처럼 사라져 버리는 것 같다. 지금 당장 누릴 수 있는 쾌락과 편리함이 먼 미래에 대한 고려보다 우리의 결정에 백 배는 더 큰 힘을 발휘한다.

행동을 지배하는 이 거대한 법칙은 수많은 영역에 적용된다. 전 세계적으로 10억 명의 사람들이 흡연자다. 그들 가운데 매년 1천만 명 이상이 흡연의 결과로 사망하며, 나머지 절반도 결국에는 흡연으로 인한 합병증, 주로 심혈관 질환으로 죽게 된다.[184] 결국 흡연자 한 사람 한 사람은 매일 단순한 선택 앞에 놓인다. 지금 당장의 쾌락을 택해 훗날 자신과 가족에게 큰 고통을 안길 것인가, 아니면 당장의 즐거움을 포기하고 20~30년 뒤 치명적인 결과로 이어질 위험을 줄일 것인가. 매년 수천만 명의 사람들이 즉각적인 쾌락을 선택하고 몇 년 후 극심한 고통에 노출될 위험을 감수한다.

매일 수백만의 비만인이 같은 종류의 선택에 직면한다. 지금 당장 초콜릿 바 하나 또는 감자튀김 한 접시를 먹고, 그로 인해 낮은 자존감, 당뇨병, 심혈관 질환에 노출될 것인가. 아니면 당장의 즐거움을 포기하고 앞으로 수십 년 동안 좋은 신체 조건에서 살아갈 것인가. 여기서도 마찬가지로 뇌는 선택을 한다. 그 결과는 분명하다. 현재가 왕이다.

에이즈 예방 캠페인에서 심리학자들은 인간의 정신이 즉각적인 쾌락의 유혹 앞에 얼마나 취약한지 끊임없이 마주하게 된다. 한 청년이 자신의 파트너가 팔을 벌려 기다리는 모습을 마주하며 지독히도 매력적인 성관계 직전에 서 있다. 그는 성병, 특히 에이즈에 대해 예방 조치를 취해야 한다는 경고를 들었다. 하지만 그에게는 콘돔이 없다. 그는 어떻게 할 것인가? 순간의 강렬한 유혹을 거부하고 미래의 생존 가능성을 온전히 보존할 것인가, 아니면 즉각적인 쾌락에 굴복하여 존재하는 최악의 바이러스 중 하나에 감염될 위험을 감수할 것인가? 통계는 말해준다. 대다수의 경우 청년들은 현재에 휘말려 미래를 완전히 잃어버린다는 사실을. 이런 취약성은 우리 뇌가 지닌 또 하나의 결함이다. 뇌는 미래에 잠깐 눈길을 주는 듯하지만, 유혹적인 존재를 접하는 순간 곧바로 미래는 잊어버리고 만다.

마시멜로 실험

이 불행한 현상은 전문 용어로 '시간 할인'으로 불린다. 실험 심리학자들에 의해 40년 넘게 연구되어 온 이 현상을 간단히 설명하면 이렇다. 어떤 이득이 시간적으로 멀리 떨어져 있을수록, 우리 뇌에는 덜 가치 있는 것으로 여겨진다. (그리고 곧 알게 되겠지만, 이 시간 할인의 범인이 바로 선조체다.) 이 현상을 처음으로 입증한 과학자는 스탠퍼드 대학교의 오스트리아 출신 미국 심리학자인 월터 미셸이었다. 연구 초기 단계에서 미셸은 사람들이 어떻게 즉각적인 작은 이득의 매력을 뿌리치고 미래의 더 큰 이득을 얻을 수 있는지를 이해하려고 연구했다.

1950년대 말 미셸은 훗날 유명해질 실험을 설계했다. 바로 '마시멜로 실험'이다.[185] 매우 단순한 실험인데, 사실 미셸은 이 실험을 연구실에 도입하기 전에 자기 집 식탁에서 두 딸과 함께 먼저 시도했다. 오늘날에는 누구나 인터넷에서 공개된 영상을 통해 이 실험을 볼 수 있는데, 웃음과 동시에 깊은 생각거리를 안겨주기도 한다.

월터 미셸은 어린아이들 앞에 간식(마시멜로지만 초콜릿이나 사탕도 될 수 있음)을 놓고, 아이들에게 3분 동안 건드리지 않으면 하나 대신 두 개를 받을 수 있다고 설명한다. 그 순간 아이들의 뇌 속에서는 지금 당장 이 매혹적인 과자를 먹고 싶은 욕망과 좀 더 나중에 두 배를 받을 수 있다는 전망 사이에서 치열한 갈등이 시작된다. 세 살에서 여섯 살 아이에게 3분은 비교적 긴 시간이다. 그리고 그 갈등은 아이의 행동 속에 그대로 드러난다.

아이들의 얼굴에는 딜레마를 겪는 모습이 생생히 나타난다. 내적 갈등에 괴로워하는 것이다. 어떤 아이는 마시멜로를 뚫어져라 쳐다보고, 다른 아이는 재빨리 냄새를 맡는다. 눈살을 찌푸리고, 코를 찡그리며, 얼굴은 굳어진다. 발을 세차게 흔들며 탁자를 걷어찬다. 이때 한 아이가 간식을 집어 입 가까이에 가져가는 듯하다가 다시 멀리한다. 하지만 결국은 꿀꺽 삼켜버린다. 즉시 먹고자 하는 선조체의 승리!

다른 아이는 아주 좋은 방법을 생각해 낸다. 시선을 돌리는 것이다. 눈앞에 놓인 실제 마시멜로의 모습은 3분 뒤에 놓일 수도 있는 두 개의 사탕이라는 상상의 이미지보다 훨씬 더 강력하다. 전자는 실제이고 후자는 상상이기 때문이다. 시선을 돌리면 상황은 달라진다. 아이는 버틴다. 하지만 달콤한 유혹이 바로 손 닿는 곳에 있다는 사실을 잘 안다. 결국 어떤 아이는 참지 못하고 무너지고, 또 어떤 아이는 끝까지 버텨낸다. 버티는 순간 선조체는 의지의 힘 앞에 굴복한다. 이 의지는 뇌의 가장 앞부분에서 작용하는데, 이 영역에서 '억제성 신경 연결'을 통해 선조체의 명령을 차단하는 것이다. 곧 보게 되겠지만, 이것이 의지가 작동하는 뇌의 메커니즘이다.

이 실험은 이후 무수한 변형들이 고안되었다. 그 모든 변형은 '시간 할인' 현상을 다루고 있다. 성인에게 제시되는 실험에서는 마시멜로 대신 돈을 사용한다. 심리학 실험실에서는 한 성인에게 지금 당장 받을 수 있는 일정 금액과, 예컨대 1년 뒤에 받을 수 있는 더 큰 금액 중에서 선택하도록 한다. 시간 할인율은, 어느 정도의 추가 금액이 붙어야 나중에 받겠다는 선택을 하는지에 따라 결정된다. 이때 지연된 시간과 추가 금액이 함께 고려되어 계산된다.

시간 할인율은 개인에 따라 달라진다. 가장 높은 값은 가장 충동적인 사람들에게서 관찰되는데, 이들은 즉각적인 보상의 매력에 매우 민감하고, 충동구매나 마약, 담배, 술에 약하다. 시간 할인율이 높은 사람일수록 사회적, 직업적 문제를 겪기 쉽고, 폭력이 행사되는 상황에 휘말리는 경우가 많다(결과를 예상하여 도발에 저항하기 어려움). 반대로 시간 할인율이 낮은 사람들은 사회적, 직업적으로 성공할 가능성이 높다.

미셸은 초기 실험에서 현재의 유혹을 참아내는 능력은 미래에 대해 얼마만큼 신뢰하느냐에도 달려 있음을 보여주었다.[186] 예를 들어 초기 연구에서 아프리카계 트리니다드 아이들은, 남성들이 가정에 거의 머무르지 않고, 집에 드물게 돌아오며, 예측하기 어려운 가정 환경에서 자라났다. 실험자(남성이었음)가 그 아이들에게 즉각적인 작은 보상과 지연된 더 큰 보상 사이에서 선택하게 했을 때, 그들은 지체 없이 당장의 기회를 붙잡았다. 왜냐하면 나중에 또 다른 기회가 있을 것이라고 믿지 않았기 때문이다. 그들은 남성이 약속을 지키는 것에 익숙하지 않았던 것이다.

선조체에게 미래는 중요하지 않다.

성격과 개인사에 따른 차이는 있지만, 모든 인간은 시간 할인에 영향을 받는다. 시간 할인은 인간 행동을 이루는 본질적 속성이다. 그 뿌리는 뇌 깊숙한 곳에 있으며, 우리가 태어나기 훨씬 전부터 형성되어 있었다. 복측피개영역과 측좌핵을 연결하는 뉴런들의 작동 방식을 떠올려보자. 이 뉴런들은 뇌간과 대뇌피질 기저부 사이에 있는 2~3센티미터 길이의, 도파민이 가득한 섬유 다발을 따라 이어져 있다. 이 뉴런들은 보상이 주어질 것이라고 발표되는 바로 그 순간 불이 켜지듯 활성화된다. 이는 미래 보상에 대한 예측 반응이며, 볼프람 슐츠의 연구에서 입증된 바 있다.

그뿐 아니라 슐츠의 연구진은 도파민 분출의 강도가 보상 발표 시점과 보상이 실행될 시점 사이의 시간 간격에 따라 달라진다는 사실도 밝혀냈다. 보상까지의 시간이 길어질수록 예측 반응은 더욱 약해진다. 이러한 도파민 뉴런의 작동 방식 때문에 인간은 먼 미래에 벌어질 일에 큰 관심을 기울이기가 힘든 것이다.

시간 할인 현상은 우리의 많은 일상적 선택에서 적용된다. 놀랍게도 시간 할인 실험의 현실 속 복제판이 2018년 가을 프랑스에서 대규모로 재현되었다. 정부가 연료세를 인상한다고 발표하자 국민들이 거세게 반발하며 '노란 조끼 운동'이라 불리는 대규모 시위를 벌였던 것이다. 여론조사 결과, 프랑스인 10명 중 8명이 이 운동을 지지했다. 또한 10명 중 8명 이상이 정부의 최우선 과제는 구매력이어야 한다고 답했다.

정부는 연료세가 재생에너지로의 친환경 전환을 지원하는 데 쓰여야 한다고 주장하며 입장을 굽히지 않았다. 상황은 곧 "월말이냐 종말이냐Fin du mois ou fin du monde"라는 압축된 문구*로 표현되었다. 다시 말해, 지금 당장의 구매력을 낮추고 20년 후 지구를 보존할 것인지, 아니면 지금 당장의 구매력을 유지하고 먼 미래를 담보로 잡힐 것인지 사이에서의 선택이라는 것이다. 시간 할인 현상을 이보다 더 적나라하게 보여주는 사례는 아마도 찾기 어려울 것이다. 이 현상의 위력은 너무도 커서, 프랑스 전역에서 노조나 정당 같은 조직적 틀도 없이 대규모 봉기로 번져갔다. 수백만 명의 뇌 속에서 동시에 시간 할인이 작동했던 셈이다.

---

* 당장의 월급 구매력 축소와 장기적인 지구 생태계 보존 필요성 사이의 복잡한 사회적 갈등을 압축한 표현. 이때 일어난 대규모 시위는 프랑스 정부의 부유세 폐지 등 여러 부자 감세 정책이 크게 불을 지폈다. ―옮긴이

왜 우리의 뇌는 미래보다 현재에 우선순위를 두도록 만들어졌을
까? 월터 미셸이 연구한 트리니다드 아이들의 사례는 우리에게 하나
의 단서를 제공한다. 미래가 불확실할 때는 기회가 있을 때 눈앞에 주
어진 것을 붙잡는 편이 더 유리하다는 것이다. 생물학적 진화 단계에
서 우리보다 앞서 존재했던 동물 종들의 선조체가 바로 이 원칙에 따
라 형성된 것으로 보인다. 동물 행동 연구에 따르면, 일반적으로 지금
바로 주어지는 기회를 잡는 것이 생존 측면에서 유리하다.

예를 들어, 딱따구리나 뒤쥐가 나무껍질 속이나 땅속의 벌레 서식
지를 발견했을 때, 이들을 바로 모두 소비해버릴 수도 있고, 아니면
일부만 먹고 더 많은 시간을 먹이가 있을 법한 다른 장소들을 탐색하
는 데 할애할 수도 있다. 현장 연구들은 딱따구리나 뒤쥐 같은 동물에
게는 발견한 먹이를 곧바로 다 먹어버리는 것이 훨씬 유리하다는 사
실을 보여준다.[187] 즉각적인 섭취는 확실하고 현실적인 이득을 보장
하지만, 더 넓게 탐색했을 때 얻을 수 있는 이득은 불확실하기 때문이
다. 게다가 당장 눈앞의 먹이를 취한다고 해서 이후 다른 먹잇감을 발
견할 가능성이 크게 줄어드는 것도 아니다.

미래를 고려하기보다 지금 바로 최대한 소비하는 것이 가져다주는
이점은 크고 다양하다. 지금 바로 소비하면 그 개체가 더 넓은 영역을
탐색할 힘을 갖게 되며, 이는 나중에 더 많은 자원을 확보하는 결과로
이어질 수 있다. 나아가 그 순간에 얻는 활력과 성장은 곧 사회적 지
위로 연결될 수 있고 잠재적 섹스 파트너와의 번식 기회를 높여준다.
마지막으로, 경쟁자가 탐낼 만한 자원이 제한되어 있다면, 발견 즉시

소비하지 않을 경우 곧 그 이익을 통째로 빼앗길 위험도 매우 크다.

이 생태적 맥락에서 중요한 것은 바로 그것이 지나온 오랜 세월이다. '모든 것을 즉시'라는 전략은 우리가 상상하기 어려울 만큼 긴 진화의 세월 동안 생존을 가능하게 해주었다. 이는 수천만 년에 걸쳐 펼쳐지는 지질학적 시대를 의미하는데, 이 오랜 과정에서 인간 뇌의 기본 구조가 형성되었고, 이 구조 속에서 신경계의 뉴런들 사이에 강고한 연결이 이루어졌다. 분명히 하자. 수천만 년 동안 즉각적인 보상을 선호하도록 구성된 선조체를 지닌 동물은 살아남는 데 성공했으며, 그렇지 못한 동물은 진화 경쟁에서 대부분 소멸했다. 오늘날 우리가 관찰하는 모든 척추동물은 이 충동성의 엔진을 물려받았다. 불행하게도 미래에 대한 극도의 무관심도 함께.

하지만 우리는 이러한 생물학적 사실에 가미된 중요한 차이점에도 주목해야 한다. 우리 현대인은 전적으로 이런 방식으로만 움직이도록 운명 지워지지는 않았다. 인류는 수만 년의 역사 속에서 예측 능력을 발전시켜 왔다. 이 능력 덕분에, 학생을 예로 들자면 당장은 물질적 이득을 얻지 못하면서도 자신의 방에서 수년 동안 공부에 매진하면서, 몇 년 뒤에야 편안한 삶을 보장해 줄 학위나 성적을 얻기를 기대할 수 있게 되었다.

이러한 예측 능력은 다른 뇌 영역들, 특히 전두엽 피질에서 비롯된다. 전두엽 피질은 아직 오지 않은 미래를 가상의 장면으로 머릿속에 그려볼 수 있게 해준다. 전두엽 피질에서는 우리가 뒤쥐와 카푸친원숭이에게 물려받은 선조체와는 완전히 다른 방식의 매우 정교한 신경 활동이 이루어진다. 따라서 근본적으로 따져봐야 할 핵심 문제는, 우리의 선택과 결정을 실제로 지배하는 쪽이 선조체인가 전두엽 피질인가 하는 것이다.

전두엽 피질과 의지의 자리

이 문제는 프린스턴 대학교의 신경과학자 새뮤얼 매클루어의 실험을 통해 제기되었다. 피실험자들은 지금 당장 20달러를 받을 것인지, 아니면 2주 뒤에 30달러를 받을 것인지 선택해야 했다. 여러분도 이 실험을 직접 해볼 수 있다. 즉, 자신이 참가자의 입장이었다면 어떤 선택을 했을지 자문해 보는 것이다. 결과는 사람마다 달랐다. 매클루어의 실험에서 일부 사람들은 20달러를 즉시 받기를 선택했다. 아마도 그날 바로 맛있는 식사를 하거나 친구에게 선물을 해주겠다는 기대에 이끌렸을 것이다. 반대로 다른 사람들은 기다리는 쪽을 택했다. 무엇이 이런 차이를 불러오는 걸까?

이를 알아내기 위해 매클루어와 그의 연구팀은 모든 참가자를 MRI 스캐너에 앉히고, 선택 순간에 그들의 뇌에서 어떤 부분이 활성화되는지 관찰했다. 20유로를 즉시 선택한 이들의 뇌에서는 선조체가 활성화되었다. 반대로 30유로를 받기 위해 기다리기를 선택한 이들은 전두엽 피질이 활성화되었다. 전두엽 피질은 인간 뇌의 가장 앞쪽 부분이자 가장 발달한 부위다.

왜 전두엽 피질만이 기다릴 수 있을까? 그것은 이곳의 신경회로에서 특별한 유형의 신경 정보가 순환하기 때문이다. 이 정보는 하나의 생각을 몇 분 동안, 심지어 몇 주, 몇 달, 때로는 평생을 의식 속에 머무르게 한다. 전두엽 피질은 의지와 계획의 중심지다. 여러분이 2주 뒤에 받을 30달러를 생각할 때 전두엽 피질은 그 유리한 전망을 표상하며, 만약 충분히 훈련되어 있다면 시간 개념이 전혀 없는 선조체가 가장 즉각적인 선택에 달려들려는 충동을 잠재울 수 있다. 전두엽 피질은 장거리 연결로 이루어진 신경 다발을 통해 자신의 '형제이자 적수'에게 재갈을 물린다. 이 다발은 전두-선조체 회로라 불리며, 이 회로를 통해 선조체에 억제성 전기 신호를 보낸다. 그러면 순간의 유혹을 희생시키면서 장기적인 미래를 우선시하는 것이 가능해진다.

이 주제에 관한 일련의 연구들에 따르면[188], 이렇게 할 수 있는 능력이 뛰어난 사람은 직업적, 개인적 삶에서 성공할 가능성이 매우 높다. 특히 주변 환경에서 순간적으로 접하는 유혹을 통제하면서 장기 목표를 잃지 않고 행동하는 데 탁월한 능력을 지니고 있다.

어떤 사람은 미래의 중요한 목표를 마음에 간직할 수 있는 반면, 다른 사람은 오직 현재만을 생각하게 되는 이유는 무엇일까? 이 질문에 답하는 것은 매우 중요하다. 왜냐하면 다음 세대의 미래를 보존하기 위해 집단적으로 행동하지 못하는 우리의 타고난 무능력함은 바로 지금의 안락함에 대한 병적인 집착에서 비롯되기 때문이다.

먼 미래를 생각할 수 있는 사람과 '모든 걸 즉시'라는 유혹에 굴복하는 사람 사이에는 아마도 유전적 차이가 존재할 것이다. 그러나 무엇보다 결정적인 것은 교육과 사회문화적 환경에 관련된 요소들이다. 전두엽 피질은 아동기와 청소년기 전 기간에 걸쳐 긴 성숙 과정을 겪는다. 특히 그 과정에서 신경세포의 축삭돌기 주위를 둘러싸고 지방성 절연막*이 형성되어 전기 전도 능력이 가속화된다. 미래가 현재를 지배하도록 만드는 데 결정적인 전두엽과 선조체의 이러한 연결은 아동청소년기에 충분히 이루어져야 한다. 이 연결은 훈련하면 강화되고, 충분히 사용하지 않으면 약화되는 경향이 있다.[189, 190, 191] 6세 아동의 경우, 이 전두-선조체 회로가 아직 덜 연결되어 있다. 순간적 충동에 사로잡히지 않도록 부모와 교사가 격려하고 도와주어야 이 연결은 강화된다.

월터 미셸은 부모와 함께 산딸기를 따러 간 아이 사례를 든다. 부모가 아이에게 방금 딴 열매를 바로 다 먹지 말고 조금은 남겨서 친구들과 나누거나 저녁에 집에서 먹도록 권한다면, 전두-선조체 연결은 강화된다. 그리고 이런 상황이 날마다 반복되면, 아이는 점차 마음속에서 더 먼 목표를 떠올릴 수 있게 되고, 선택의 폭과 행동의 자유가 넓어진다.

2013년, 신경과학자 지스카 페퍼는 보상을 얻기 위해 기다릴 수 있는 능력을 측정하는 마시멜로 실험에 아이들을 참여시켰다.[192] 또한 그녀는 MRI와 같은 뇌 영상 기법을 이용해 아이들의 전두-선조체 회로의 두께를 측정했다. 그 결과, 이 회로가 더 발달할수록 아이들은 자신을 더 잘 통제하여, 지연되지만 더 유리한 선택을 할 수 있음이

---

* '말이집' 또는 '수초'라고 불리는 신경섬유 구조-옮긴이

확인되었다.

즉각적 만족과 지연된 행동 사이에서 선택을 가능케 하는 뇌 시스템은 유연성이 매우 크다. 한 번 정해지면 영원히 고정되는 것이 아니다. 뉴런 사이의 연결은 유전자, 구조를 이루는 단백질, 그리고 전하를 띤 이온의 이동을 조절하는 단백질이 함께 작용하는 강렬한 활동으로 이루어지며, 이는 신경 활동의 기초인 전기적 흐름을 만든다.

지난 40여 년간의 연구를 통해, 뉴런이 활동하면서 자신의 구조를 변화시키고, 반복적으로 소통하는 신경세포들이 자신의 연결을 강화하는 경향이 있다는 사실을 알게 되었다. 아주 어린 시절부터 보상을 미루는 훈련을 꾸준히 하면, 이 능력을 뒷받침하는 뉴런들이 작은 돌기들을 만들어내는데, 이를 수상돌기가시라고 한다. 이 가시들은 날마다, 달마다, 해마다 자신의 능력을 형성하고 강화한다. 따라서 어린 아이들에게 좌절감을 주지 않으면서, 그들이 당장의 강렬한 유혹에 맞서 '버틸' 수 있도록 미래를 마음속에 그려보도록 돕는 것이 바람직하다.

아이가 그렇게 할 수 있도록 돕는 방법은 다양하며, 모두 실험을 통해 검증되었다. 보상을 받기 전의 기다림 시간을 점차 늘려가는 것이든[193], 혹은 아이들의 작업 기억, 즉 많은 양의 정보를 마음속에 유지하는 능력을 발달시키는 것이든 마찬가지다. 이 능력은 아이들이 장기 목표의 중요성을 의식적으로 떠올리고, 당장의 유혹에 주의를 빼앗기지 않도록 도와줄 것이다.[194] 교육과 학습에 기반한 이러한 접근 방식은 우리를 사려 깊고 인내심 있는 존재로 만드는 신경 연결에 도움이 된다. 우리가 미래의 위험에 관심을 가지고 행동에 나설 수 있는 인류 공동체를 만들고자 한다면, 바로 이러한 연결을 자각, 책임감 그리고 인내심을 통해 발전시켜야 한다.

그렇다면 지금 우리는 이러한 전망에 비추어 어디쯤 와 있을까?

대뇌피질이 하는 일 VS 선조체가 하는 일

인간의 뇌를 여러 모듈의 조합으로 보자. 이 모듈들 가운데 첫 번째는 뇌와 척수가 만나는 지점에 자리한 '중뇌'로, 생명체 진화 과정에서 매우 오래된 영역이다. 중뇌는 생존에 필수적인 기능들을 관리한다. 먹고, 번식하고, 지배하고, 에너지를 최소로 들이는 행동을 찾는 것 등이다.

반면 두 번째인 피질은 정신적 이미지를 만들고, 다른 사람과 소통하며, 행동을 계획하고, 개념을 세우는 역할을 한다. 이 두 조직 사이에는 공통점이 전혀 없다. 만약 이들이 저녁 식사 자리에서 마주 앉는다면, 아마 서로 나눌 말이 없을 것이다. 첫 번째는 의식이 없고, 두 번째는 산을 옮길 만큼 의식이 강력하지만 뚜렷한 목표가 없다. 그러니 눈먼 거인이라 할 수 있다.

사실 이 상황은 손님들이 미리 정해진 시간에 맞춰 모여드는 즐거운 만찬 자리가 아니다. 부정행위를 한 자가 있다. 선조체는 다른 모두보다 훨씬 먼저 도착해서 중심 자리를 차지했다. 수백만 년 후, 단순한 초기 형태의 피질이 잔치에 합류했을 때, 선조체가 그것을 곧 제압하여 자기 휘하에 두고 명령했다. 쥐의 작은 피질은 주식이 될 곡식을 찾으러 다녀야 했고, 마카크원숭이의 피질은 잘 익은 과일을 대량으로 가져오는 일을 맡았다. 그리고 인간의 커다란 피질은 땅을 경작해 더 효율적으로 이용하고, 동물을 우리에 가두라는 명령을 받았다.

선조체에는 아주 이상한 점이 있다. 수백만 년 동안 존재해 왔음에도 여전히 매우 성급하다. 모든 것이 가능한 한 빨리 자기에게 주어지기를 원한다. 따라서 초기에는 피질과 공존하기가 쉽지 않다. 피질이 당장 인스턴트커피나 몇 초 만에 내려받을 수 있는 앱을 발명하지는 않기 때문이다. 먼저 부싯돌 촉을 며칠 동안 갈아야 사냥을 떠날 수 있고, 운이 좋아야 며칠이나 지나서 겨우 고기를 동굴로 가져올 수 있다. 구석기 시대를 지나오는 길은 얼마나 고달픈가….

신석기 시대에도 상황은 그다지 나아지지 않았다. 피질이 농업을 발명했을 때, 그는 수확을 계획하고 겨울을 나기에 충분한 식량을 비축하며, 다음 해에 밭에 파종할 씨앗을 남겨 두어야 한다고 마음먹는다. 선조체는 조급해한다. "왜 이 식량을 지금 당장 먹어 치우지 않고 저장하는 거야! 봐, 얼마나 먹음직스러운지." 물론 당시 사람들은 부모가 아이들에게 미래를 신뢰하도록 가르치는 사회에서 살았다. 노인들은 크게 자란 모습을 결코 보지 못할 나무를 심었고, 그 그늘은 오직 손주들이 누리게 될 것이었다. 마을 사람들은 후손들이 수십 년 뒤에 이익을 얻을 농가와 축사를 지었다. … 그때 선조체는 힘든 시기를 보내야 했다. 그러나 이미 5억 년을 살아온 존재에게 천 년, 이천 년이란? 눈 한 번 깜빡일 순간에 불과하다.

그래서 20세기 말이 되어 눈을 떴을 때, 선조체는 자기 앞에 벌어진 광경을 믿을 수가 없었다. 피질은 놀라운 것들을 잔뜩 발명해 놓았다. 탄산음료 자판기, 전자레인지로 30초 만에 데워 먹는 즉석식품, 고속열차, 그리고 무엇인지 이해하기조차 어려운 인터넷. 버튼 하나만 누르면 무엇이든 주문할 수 있고, 당일 심지어는 한 시간 만에 받을 수 있다니…. 또 컴퓨터는 얼마나 놀라운 물건인가. 원하는 가장 자극적인 이미지를 몇 초 만에 모두 화면에 불러올 수 있으니 말이다.

그러니까, 이제 됐다. 마침내 피질은 선조체를 더 이상 기다리게 하지 않아도 된다. 그럴 이유가 더는 없다. 전두-선조체 회로의 신경섬유들은 더 이상 강화될 필요가 없다. 우리는 이제 드디어 쉴 수 있게 되었고, 이 동물이 구석에 박혀 혼자 놀게 내버려둘 수 있다. 뇌는 이제 선조체에게 조금 더 참으라고 계속해서 일깨우는 피곤한 시스템에서 벗어날 수 있다. 여기서 얻는 교훈은 분명하다. 모든 걸 즉시 손에 넣는 데 익숙해지면, 현재의 욕구를 억제하고 미래의 더 큰 가치를 선택하는 뇌의 능력을 잃게 되는 것이다.

조급함이 지배하는 시대

그것이 바로 우리에게 일어난 일이다. 오늘날 우리는 음식, 술, 담배, 섹스, 지위, 심지어 돈(대출이란 게 다 무엇을 위한 것이겠는가?)까지 그 무엇이든 얻기 위해 기다려야 하는 시간이 최대한 줄어든 세상에 살고 있다. 우리는 조급해졌고, 모든 것을 선조체에 내맡겨 버렸으며, 더 이상 미래의 계획을 위해 당장의 안락함을 미뤄둘 수 없다. 우리는 여전히 미래를 꿈꾸고 계획하지만, 지금 눈앞의 희생을 감수해야 한다면 상황은 달라진다. 그런 결정을 할 수 있도록 떠받치는 우리 뇌의 회로가 이미 무너져 내린 것이다. 우리가 이런 말을 듣는다고 하자. "40년 후에는 거주 가능한 땅의 30%가 물에 잠길 것이다." 하지만 우리는 매년 세이셸에서 보내는 휴가, 특히 접시에 놓인 맛있는 소갈빗살을 포기하는 것보다 그런 경고가 덜 불편하다고 여긴다.

더 큰 문제는 세대를 거듭할수록 우리가 즉각적인 충족에 더 깊이 중독되고 있다는 사실이다. 2017년, 밀레니엄 세대를 대상으로 한 대규모 연구가 진행되었다. 이들은 20세기 말에 태어나 인터넷, 스마트폰, 빠른 배송 서비스, 고속열차, 온라인 뱅킹 같은 속도의 문명과 함께 자란 세대다. 영국 리즈 대학교의 사회학자들은 그들의 조급함 수준을 이전 세대와 비교해 조사했다. 연구 결과 전반적으로 밀레니엄 세대는 기다릴 수 있는 능력이 제한적이라는 특징을 보였다. 그리고 욕구를 충족하기 위해 온라인 서비스의 신속성에 크게 의존한다는 사실이 드러났다. 영국 젊은이들 약 70%가 당일 배달 서비스를 이용하는데, 이는 다른 모든 연령대에 비해 세 배 이상 많은 수치다.[195] 선물이든 옷이든 전자제품이든 장식품이든 책이든, 그들의 사고방식은 이렇다. "지금 당장 가질 수 있는데 왜 기다려야 하지?"

빠른 배송 서비스(특히 아마존 같은 거대 기업)의 성장은 이런 욕구를 충족시키며 대기 시간을 줄이고 즉각적 욕망을 더욱 키워냈다. 2015년 영국에서 2,000명을 대상으로 한 대규모 연구는 평균적인 영국인이

웹페이지 로딩을 위해 10초, 동영상 로딩을 위해 16초까지는 기다릴 수 있으며, 그 시간을 넘기면 신경질을 내기 시작한다는 사실을 보여 주었다. 기차역 매표소에서 줄을 서서 표를 사려고 기다리는 시간은 9분이 한계였고, 친구에게 전화를 걸어 메시지를 남긴 뒤 18분이 지나도록 답이 없으면 평정심을 잃기 시작했다.[196]

이렇게 약해진 우리 의지를 과거의 어떤 현상에 비유할 수 있을까? 가장 설득력 있는 비유는 좌식화된 생활 습관이다. 늘 앉아 지내는 생활은 비만과 심혈관 질환이 늘어나는 주요 원인으로 자주 거론된다. 하루 대부분을 소파에 파묻혀 TV나 영화를 보기만 하고 몸을 전혀 움직이지 않으면, 근육은 점점 약해지고 작은 움직임조차 갈수록 더 힘겨워진다. 또 습관적으로 집에만 머물며 배달 음식을 먹고 온라인 오락에 빠지기 쉽다. 그럴수록 몸을 움직일 활력과 체력은 점점 더 줄어든다.

그런데 인내심과 관련해서도 비슷한 현상이 일어난다. 디지털 기술이 우리가 원하는 것을 빠르게 얻을 수 있는 강력한 도구들을 많이 제공할수록, 기다릴 수 있는 힘은 점점 사라진다. 우리는 즉각적인 만족을 주는 서비스를 더 찾게 되고, 그 결과 가장 빠른 서비스를 제공하는 기업이 경쟁사보다 자연스럽게 우위를 차지한다. 속도가 느린 업체들은 도태되고, 가장 빠른 서비스만 살아남는다. 그렇게 2G에서 3G, 다시 4G로 속도를 끌어올려 왔지만, 이 흐름이 어디서 끝날지는 알 수 없다.

중요한 것은 새로운 전송 속도가 표준이 된다는 점이다. 물론 더 많은 에너지를 소비하고, 점점 더 강력한 데이터 센터의 가동이 필요해지고 있다. 우리는 결코 같은 속도로 머무르는 것에 만족하지 못하며, 속도가 느려지는 일이란 상상조차 할 수 없다. 우리는 점점 더 빨라지는 세상 속으로 끌려 들어가고 있다. 기술은 계속해서 발전할 것이다. 결국 이 시스템의 한계는 그것이 만들어낸 것을 충분한 속도로 받아들이고 소화할 수 있느냐가 관건이다. 하지만 그러는 사이 우리의 기다릴 줄 아는 정신적 힘과 인내심은 고갈되고 사라질 것이다.

자제력을 상실한 뇌

인내심 약화는 최근 몇 년간 공중보건에 심각한 결과를 가져왔다. 한 예로 우리는 음식을 마련하는 데 시간을 들이려 하지 않으며, 당연히 집에서 식사를 준비하는 데 시간을 덜 쓰면서 대신에 슈퍼마켓에서 구매한 가공식품을 전자레인지로 데워 먹는 쪽을 더 선호한다. 역학 연구와 보건 캠페인은 매일 같이 이런 식습관의 위험성을 경고한다. 즉석식품은 영양이 불균형하고, 오메가-3 같은 필수 영양소가 크게 부족하기 때문이다. 하지만 가공식품 시장은 급성장하고 있다. 이런 추세는 우리의 조급해진 성향을 충족시키는 동시에 그 성향을 더 고착화하고 심화한다.

식습관에 관한 연구들은 우리가 보상을 얻기 위해 기다리는 데 어려움을 겪는 원인이 실제로 더 많은 가공식품 소비와 연관되어 있음을 보여주었다. 우리는 더 이상 기다리지 못한다. 음식마저도 예외는 아니다.[197] 당분과 지방이 풍부한 음식, 즉 패스트푸드와 같은 음식을 지속적으로 섭취하면 인내심이 약해지고 조급해진다는 사실은 실험실 쥐에서도 확인할 수 있다. 두 달 동안 패스트푸드식 먹이를 먹은 쥐들은, 당장은 덜 이롭지만 즉시 얻을 수 있는 보상과, 더 이롭지만 시간이 걸리는 보상 사이에서 기다리지 못하고 즉시 보상을 택했다.[198] 그들은 비만해지고 충동적으로 되어 전기 충격을 감수하고서라도 햄버거를 게걸스럽게 먹는 쪽을 선택한다.[199]

조급함이 커지면서 생긴 또 하나의 결과는 긴 글을 더 이상 참아내지 못한다는 것이다. 온라인 뉴스 기사, 문자 메시지, 혹은 페이스북 게시물 등 모든 것이 짧아야 한다. 이 원칙을 가장 잘 보여주는 사례가 트위터다. 트위터에서는 생각을 짧은 글자 수 안에 압축해야 한다. 그래서 재치 있는 말, 짧은 격언, 일상의 단편, 감정의 분출 같은 것들이 넘쳐난다. 짧고 강렬할수록 정보는 더 빠르게 확산한다. 깊이 있는 사상은 더는 설 자리가 없다. 트위터에서는 상대성이론이나 《일리아드》 같은 고전이 독자의 관심을 끌 기회조차 없이 곧장 잊힐 것이다. 최근 연구에 따르면, 18세 청년이 하나의 디지털 정보에 집중하는 시간이 평균 8초로 이는 2000년에 비해 무려 35%나 줄어든 것이다.[200]

자제력을 잃은 뇌를 가진 우리가 어떻게 인류의 미래, 생태계와 지구의 지속적인 보존을 진지하게 고민할 수 있겠는가? 음식, 최소의 노력, 섹스, 사회적 지위와 같은 본능적 욕구를 자극하는 보상이 눈앞에 주어질 때, 무엇이 그것을 곧바로 취하지 않고 우리를 멈추게 할 수 있을까?

이제 인간은 스스로에게 치명적인 위협이 되었다. 뇌 깊숙이 자리한 본능적 프로그램은 진화의 긴 시간 동안 생존에 유리했던 목표만을 맹목적으로 좇도록 발달해왔지만, 오늘의 시대와는 더 이상 맞지 않는다. 지금의 세계화된 현실 속에서 인간은 적응하지 못하고 있다. 인간 존재의 비극은, 수세기에 걸쳐 기술력이 끝없이 발전했음에도 불구하고, 그 모든 성과가 언제나 선조체가 요구하는 본능적 욕구를 충족하는 데만 쓰였다는 데 있다.

호모 사피엔스의 거대한 대뇌피질은 선조체에게 점점 더 큰 힘을 부여했지만, 이 힘은 권력과 섹스, 음식, 게으름 그리고 자아에 취한 난쟁이에 대한 봉사에 바쳐졌다. 오늘날 무장한 아이는 한계를 모른다. 이제 우리에게 심각하게 제기되는 질문은 이것이다. 인류는 과연 선조체의 충동을 넘어서는 새로운 목표를 세울 수 있을까?

4장

의식 사회로의 진화

우리는 과연 우리의 운명을
다시 통제할 수 있을까?

선조체의 영향에서 벗어나려는 시도는 지금까지 모두 실패했다. 한동안 인간은 보상 시스템 깊숙이 자리한 충동을 제어하려고 애써왔다. 플라톤이나 소크라테스 같은 그리스 철학자들, 루크레티우스 같은 로마 사상가들, 그리고 기독교와 이슬람교 같은 주요 종교 전통 등 고대인이 취한 전략은 도덕적 규율과 유혹에 맞서는 의지를 통해 선조체의 활동을 억제하는 것이었다.

중세 기독교인의 주요 과업은 1차 강화물에 대한 욕구를 의지로 억누르는 일이었다. 이 욕구는 사실 '7대 죄악'과 상당 부분 겹친다. 즉, 탐식(음식이라는 강화물), 색욕(성적 쾌락), 교만(사회적 지위), 나태(최소한의 노력 추구) 등이다. 질투는 아마도 사회적 지위라는 보상물과 관련이 있으며, 분노는 신경학적 관점에서 또 다른 뇌 회로와 관련이 있다. 어쨌든 종교에서는 선조체를 인간의 어두운 면으로 간주하고 도덕적 금기를 통해 이를 억누르려 했다.

대뇌피질이 계획하면 선조체가 결정한다

수세기 동안은 종교적 금기와 도덕적 통제가 효과를 보았다. 하지만 그 방식이 근본적인 해결책은 아니었다. 그러한 억제 방식은 오래 지속될 수 없을 뿐 아니라 사람들이 그 덕분에 더 나은 삶을 살았다고 말할 근거도 없기 때문이다. 순전히 의지의 힘만으로 음식에 대한 욕구를 억누르려는 노력은 결국 실패할 수밖에 없다. 우리를 둘러싼 수많은 유혹(쇼윈도에 진열된 초콜릿 에클레르, 패스트푸드점 광고판, 영화관의 팝콘, 냉장고에 쌓아둔 음식 등)을 물리치기 위해 소모하는 정신적 에너지는 언젠가는 고갈되게 마련이다.

이러한 현상을 "자아 고갈"*이라고 한다. 예를 들어 초콜릿을 먹고 싶은 욕망을 억누른 사람들이 이후에 정신적 문제를 해결하는 데 큰 어려움을 겪는다는 흥미로운 실험 결과가 있다. 이는 1차 강화물의 유혹과 싸우느라 정신 에너지가 소진되었음을 시사한다.[201] 이것이 바로 다이어트가 실패하는 주된 이유 중 하나다.[202] 탐식이나 색욕, 교만이 죄악시되던 시대에도 사람들은 여유가 생기면 배불리 먹고, 전쟁 원정에서 여성을 능욕하고, 권력과 부를 얻기 위해 서로를 죽이곤 했다. 그 어떤 것도 이를 막지 못했다.

---

* déplétion de l'ego, 정신적 에너지가 소진되어 자아 통제 능력이 상실된 상태를 말한다. 영어로는 Ego depletion-옮긴이

오늘날 상황은 더욱 분명해졌다. 이제 선조체를 규제하던 종교적 금지, 즉 파트와fatwa는 역사 속 이야기가 되었다. 하지만 중요한 것은 그게 아니다. 더 중요한 것은, 이데올로기는 변하게 마련인 반면 인류 역사에서 명확하게 확인할 수 있는 유일한 진화는 기술의 축적이라는 사실이다. 해를 거듭할수록 인간이 보유한 기술 도구의 수와 종류는 꾸준히 늘어나고 있다. 하지만 이러한 기술들은 결국 인간의 1차 강화물을 충족하는 데 사용된다. 이것이 바로 종교가 기술 발전을 그다지 반기지 않는 이유일 것이다. 기술은 무엇보다도 우리 안의 '동물적 본성'을 위한 도구이기 때문이다. 이는 비유가 아닌 사실이다. 우리의 선조체는 원숭이나 쥐의 것과 동일하다. 인간을 다른 종과 구별 짓는 것은 대뇌피질을 집단적으로 활용한다는 점이다. 그러나 안타깝게도 이 대뇌피질조차 선조체의 명령에 따라 움직이고 있다.

이러한 불균형한 역할 분담은 우리 뇌의 연결 구조에서 비롯된다. 이는 '대뇌피질이 계획하면 선조체가 결정한다'는 간단한 원리로 요약된다. 앞에서 살펴봤듯이 대뇌피질이 계획하고 실행하는 행동이 다섯 가지 주요 보상(음식, 섹스, 사회적 지위, 최소한의 노력, 정보) 중 하나를 얻는 것이라면, 이 행동은 선조체에 의해 승인되어 도파민이 분비된다. 반면에 우리 행동이 이러한 목표를 달성하는 것이 아니라면 행동은 억제되고 점차 사라진다. 게다가 이 조건을 충족하는 행동조차도 그 성취에 안주할 수 없다. '항상 더 많이'라는 선조체의 명령에 따라 다음번에 더 많은 것을 얻지 못한다면 보상도 뒤따르지 않기 때문이다.

그렇다면 우리에게 남은 선택은 무엇일까? 자신의 욕구를 실현하는 것이 이제 우리 핵심 가치의 중요한 일부가 되었다. 1968년 이후 금지하는 것은 금지되었으며, 방해받지 않고 즐기는 것이 바람직한 일이 되었다.* 물론 우리는 이것이 우리의 에너지, 좋은 삶, 환경 자원을 고갈시키고 있음을 깨닫고 있다. 하지만 패러다임을 바꾸기는 어려울 것이다. 더군다나 이제 우리는 조상들이 그랬던 것처럼 억압적이고 답답한 사회 속에서 선조체를 통제할 수도 없다. 그렇다면 우리에게 아직 다른 선택지가 남아있기나 할까?

사실 두 가지가 있다. 하나는 매우 대담한 방법으로, 선조체의 방식을 역이용하는 것이다. 즉, 정면으로 맞서기보다는 마치 강물의 흐름을 돌리듯 그 에너지를 다른 방향으로 유도하여, 하류에 있는 집들을 파괴하도록 내버려두는 대신 터빈을 돌리는 데 사용하도록 하는 것이다. 또 다른 접근법은 인간의 고유한 능력인 의식을 활용하는 것이다. 선조체가 강력한 이유는 그 명령이 무의식적으로 작동하기 때문이다. 그 명령은 마치 그림자와 같다. 빛을 비추는 순간, 그것은 사라진다.

테레사 수녀의 선조체

1997년 9월 13일, 인도 콜카타 시는 애도 물결 속에 잠겼다. 수십 명의 국가 원수들과 거의 백만 명에 달하는 군중이 장례 행렬이 지

---

* 1968년부터 프랑스와 미국을 중심으로 세계적으로 거세게 전개된 68혁명은 특히 기존의 문화적 가치와 질서에 저항했다.—옮긴이

나가는 길을 따라 모여들었다. 반세기 전 간디의 유해가 실려 갔던 바로 그 포차 위에, 가난한 이들, 죽어가는 이들, 병든 이들, 무시당하는 이들을 위해 평생을 바친 87세 여성의 시신이 안치되어 있었다. 20세기 인도의 상징인 이 인물은 전적인 헌신과 자기희생의 메시지를 남겼다.

1910년 8월 26일 태어난 마더 테레사는 1950년부터 가장 궁핍한 이들을 위해 헌신하는 수도회를 설립했다. 콜카타에서 임종자를 위한 집을 열어, 고통 속에 살아가는 이들의 인간으로서의 존재감을 회복하는 데 전념했다. 이후 인도를 비롯해 123개국에 약 610개의 선교지를 세우며 고통받는 이들을 위해 헌신했다.

가정 지원 센터, 보육원, 호스피스, 나병 환자 보호소. 전 세계가 그녀를 성녀의 아이콘으로 삼았다. 기독교인은 물론(마더 테레사는 가톨릭 신자다) 인도 무슬림도 그녀를 살아있는 성인으로 대했고 칼리 여신의 환생으로 여겼다. 달라이 라마는 불교도에게 그녀가 보살, 즉 부처의 화신과도 같은 존재라고 선언했다. 테레사 수녀는 이타적인 헌신, 물질적 소유와 자아로부터의 완전한 초탈을 구현한 존재다.

여기서 우리가 주목해야 할 흥미로운 점은 테레사 수녀 역시 선조체를 가지고 있었다는 사실이다. 하지만 그녀는 치킨윙을 과식하거나, 포르노 사이트를 과도하게 이용하거나, 밤새도록 콜 오브 듀티게임을 하거나, 페이스북에서 '좋아요' 수를 늘리는 데 선조체를 사용하지 않았다. 심지어 소파에 드러누워 바비큐 맛 감자칩을 무심코 집어먹으며 멍하니 시간을 보내는 데에도 쓰지 않았다. 그런 행동과는 완전히 반대로 살았다. 하지만 그렇다고 해서 그녀의 선조체가 죽거나 무기력하게 된 것도 아니었다. 오히려 가상섹스 중독자나 빚더미에 앉은 카지노 도박꾼의 선조체보다 훨씬 더 활발했을 것이다.

2017년 초, 취리히 대학교의 두 연구자가 수행한 실험 결과는 많은 이들을 놀라게 했다. 실험실에 지원자들을 모아 각자에게 돈을 지급했는데, 이 돈은 혼자만 가질 수도, 옆 방에 있는 낯선 사람과 나누어 가질 수도 있었다. 이 실험은 관대함이 대중 속에서 어떤 양상으로 나타나는지를 연구하기 위한 것이었다. 실험 참가자들이 MRI 장비에 들어가 돈을 가지기로 선택하거나 반대로 나누기로 선택하는 순간 뇌 활동을 측정했다.[203]

연구자들이 발견한 첫 번째 중요한 사실은 여성이 남성보다 더 자주 자신에게 맡겨진 돈을 낯선 사람과 나누려는 경향이 있다는 것이었다. 관대함은 남성보다 여성에게 더 확고히 자리 잡은 행동 양식으로 나타났다. 그러나 더 놀라운 사실은 그들의 뇌에서 일어나는 변화를 관찰하자 드러났다. 나눔의 순간 그들의 선조체가 활성화되는 것이었다. 즉, 이타심은 그들에게 보상과 쾌락의 회로를 작동시켰는데, 이 회로의 작동은 일반적으로 강력한 1차 강화물들과 직결되는 영역이었다.

남성의 경우는 훨씬 더 '전형적'인 모습에 가까웠다. 그들은 돈을 자기 소유로 지킬 때 선조체가 활성화되었다. 이는 1차 강화물의 작용과 더 잘 들어맞는 것이다. 왜냐하면 돈은 모든 1차 강화물(권력, 음식, 섹스 등)을 획득할 수 있는 특성이 있기 때문이다.

그렇다면 지금까지 우리가 선조체에 관해 살펴본 모든 내용은 여성에게는 들어맞지 않는 것일까? 현재로서는, 위 실험 결과들이 보여주는 바는 이기심과 이타심 모두 쾌락에 의해 동기가 부여된다는 점뿐이다. 이기심의 경우 자신의 이익을 추구하는 데서 얻는 쾌락, 이타심의 경우 베푸는 데서 얻는 쾌락이다. 연구자들은 진실 검증을 위한 실험을 진행했다. 만약 이타심이 쾌락에 의해 동기가 부여된다면, 쾌락과 관련된 뇌 영역을 방해하는 어떤 작용도 여성들의 관대한 행동에 제동을 걸어야 한다.

정말 그런지 알아보기 위해 연구자들은 '아미설프라이드'라는 이름의 약물을 주사했다. 이 약물은 선조체의 뉴런에 달라붙어 그 기능을 차단하는 특성이 있다. 그러자 곧바로 여성들의 선조체 활동이 멈추었고 이타적 행동도 사라졌다. 그들은 남성들만큼이나 이기적으로 행동했다. 결론은 이타적인 행동조차도 쾌감을 얻기 때문에 행해진다는 것이다. 이타적 행동 역시 빅맥 햄버거, 오르가슴, 직장 승진과 마찬가지로 우리 뇌의 동일한 영역을 활성화하여 좋은 기분이 들게 만든다.

이타적 행위에서 즐거움을 느끼다

이러한 결과에 나는 마음이 좀 불편해졌다. 자신에게도 기쁨을 주기 때문에 타인을 위해 선행을 하는 것이 진정한 이타주의 실천일까 의심이 들었기 때문이다. 그래서 나는 불교 승려 마티유 리카르에게 인터뷰를 요청하여 다음과 같은 질문을 던졌다.

"만약 이타적 행위가 우리 개인들을 즐겁게 한다면, 그것은 여전히 이타주의일까요? 아니면 잘 계산된 사적 이익 추구에 불과한 걸까요?" 그는 깨달음을 얻기에 충분한 답변을 주었다. "이타적 행위에서 즐거움을 느낀다고 해서 전혀 문제 될 것이 없습니다. 다만 그것이 주된 동기가 되어서는 안 됩니다. 게다가 그럴 수도 없습니다. 누군가가 이익을 얻기 위해 관대함을 보인다면, 기대했던 이익을 얻지 못할 것이며 그 동기는 금방 바닥이 날 것입니다. 사랑하는 사람에게 선물할 때, 우리는 그것을 스스로 기분 좋아지기 위해 한다고는 생각하지 않습니다. 그럼에도 우리는 기분이 좋아집니다."

이타적 행위의 내적 일관성에 대해 깨닫고 그제야 마음이 편해졌다. 하지만 여전히 의문이 남았다. 이타적 행위가 어떻게 선조체의 계획에 포함될 수 있었을까?

다행히 이와 관련된 연구도 있었다. 취리히 대학교의 알렉산더 수체크와 그의 연구팀이 수행한 연구는 인간적, 사회적 관점에서 매우 중요한 질문을 던졌다. 왜 여성은 남성보다 더 관대할까? 왜 여성은 나누는 데서 더 큰 즐거움을 느낄까? 그리고 그들은 어떻게 선조체를 이런 방식으로 사용할 수 있을까?

첫 번째 가능성은 원인이 순전히 유전적이라는 것이었다. 즉, 여성과 남성은 선천적으로 관대함과 나눔에 대한 성향에서 생물학적으로 차이가 있다는 것이다. 이러한 차이는 서로 다른 진화 전략에서 비롯된 것일 수 있다. 남성은 잠재적 경쟁자들에 대해 경쟁적일 때 번식

가능성이 증가하는 반면(사회적 지위와 자손 사이의 연관성을 상기하자), 여성은 정성을 다하여 돌봄으로써 자손 수를 극대화할 것이다.

이런 가능성은 충격적으로 들릴 수 있다. 하지만 터무니없지는 않다. 실제로 수십만 년 동안, 가장 치열하게 싸우고 식량 자원을 차지하며 권력을 쥔 남성들은 더 젊고 다산하는 여성들에게 더 많이 접근함으로써 자신의 유전자를 더 효과적으로 퍼뜨렸을 것이다. 이러한 설명은 그리 흐뭇하지 않고 오늘날의 윤리적 기준에도 어긋난다. 하지만 인류 진화의 역사에서 상당히 긴 기간 동안 실제로 그렇게 흘러왔을 가능성이 있다. 이는 수렵채집 사회에 대한 연구에서 드러났다. 또한 오늘날에도 동서양의 일부 사회에서 나타나는 사회적 지위와 남성의 자손 수 사이의 상관관계가 보이는 바이기도 하다.

그러나 이러한 유전적 요인들이 실제로 존재한다 하더라도, 그것이 남성과 여성 간 이타적 행동의 모든 차이를 설명하지는 못할 것이며, 사회 속에서 나타나는 이타심의 수준이 영원히 고정되어 있는 것도 아니다. 인지심리학자 스티븐 핑커가 그의 저서 《우리 본성의 선한 천사》(사이언스북스, 2014)에서 지적했듯이, 여성보다 남성에게서 두드러지는 몇 가지 행동 양상들, 특히 개인들 사이의 치명적 신체 공격은 지난 수천 년 동안 감소하는 경향을 보여왔다. 이는 입법 국가의 출현, 상업, 인권, 그리고 여성권과 같은 다양한 역사적, 사회적 요인 덕분이었다. 사회의 여성화는 점진적으로 공격적인 행동 양식을 협상과 화해에 중점을 둔 모델로 대체함으로써 살인율을 낮추는 데 기여했다. 최고 의사결정 기관에 대한 여성 참여가 계속 확대되고 여성의 선조체가 남성의 그것보다 본질적으로 더 관대하게 작동한다면, 권력이나 섹스 같은 1차 강화물들이 우리 삶을 지배하는 힘이 줄어든 사회로 발전할 수 있을 것이다.

하지만 이 모든 것은 아마도 완전히 잘못된 사고방식일지도 모른다. 실제로, 높은 책임 수준에 도달하는 여성들은 경쟁을 가장 좋아하는 남성들만큼 권력에 대한 욕구가 강한 선조체를 지녔을 수도 있다. 어쩌면 취리히 연구에서 관찰된 차이는 다른 현상에 기인할 가능성이 더 크다. 이 연구자들에 따르면, 그 실험에서 여성이 남성보다 전반적으로 더 관대하게 행동하는 것은 아마도 어릴 때부터 그들의 뇌가 그런 식으로 형성되었기 때문일 가능성이 크다. 이러한 가정에 따르면, 사회 전체가 부모부터 교사, 고용주에 이르기까지 여자아이들에게는 양보하고 관대해지도록 가르치고, 남자아이들에게는 정복적, 독립적, 투쟁적 역할을 하도록 가르친다는 것이다.

사실 이러한 사회적 역할은 세계 대부분의 사회, 심지어 매우 개방적인 사회에서도 여전히 유효하다. 미국이나 서유럽(아마도 스칸디나비아를 제외하고)의 수많은 가정에서는 여자아이의 이타적이고 온화하며 배려심 깊은 행동을 높이 평가하는 반면, 이기적이거나 개인주의적인 성향은 억누르려 한다. 이는 남자아이를 교육하는 방식과는 정반대다. 남자아이의 거친 행동은 "테스토스테론 때문"이라는 핑계로 훨씬 더 쉽게 용인되기 때문이다.

하지만 다행히도, 아마도 여자아이들은 이러한 상황의 불공정함과 성차별에도 불구하고 결국 이 조건화 게임의 승자가 될 것이다. 이렇게 재구성된 그들의 뇌는 아마도 타인에 대해 더 민감하게 반응하며 어떤 면에서는 시대를 앞서 있다. 마더 테레사의 어린 시절을 살펴보면, 그녀가 극단적이라고 할 수 있는 방식으로 이러한 조건화에 노출되었다는 점이 놀랍다(강조하지만, 여기서 '조건화'라는 말에는 어떤 부정적 의미도 없다). 그녀가 겨우 여섯 살이었을 때, 어머니는 그녀를 데리고 가장 가난한 사람들, 알코올 중독자나 고아들을 찾아다녔다. 그리고 그녀에게 변함없고 완고한 충고를 했다. "내 딸아, 다른 사람들과 나누지 않은 음식은 절대 받아서는 안 된다."[204] 아주 어린 시절부터 꾸준히 나눔을 가르치고 실천과 모범을 강조하는 교육 덕분에 결국 그토록 강력한 조건화가 이루어졌기에 테레사 수녀의 선조체는 80년간의 사명 속에서 결코 흔들리지 않았다.

그렇다면 선조체의 유연성은 얼마나 확장될 수 있을까? 이 문제는 진지하게 검토할 가치가 있다. 왜냐하면 오늘날 우리의 무덤을 파고 있는 1차 강화물들에 대한 의존을 어느 정도는 포기할 수 있는 능력이 여기에 달려 있을지 모르기 때문이다.

파블로프, 손다이크, 슐츠

나는 어느 날 하수구 근처를 지나가다가 선조체의 놀라운 유연성을 진정으로 확신하게 되었다. 그곳에서는 썩은 소변 냄새가 역겹게 풍겨 나왔는데, 그것이 이상하게도 내 안에서 행복한 감정을 불러일으켰다. 나는 당연히 매우 놀랐고 그 원인을 파악하려고 노력했다. 곧 아주 어렸을 때 바닷가에 사는 조부모님 댁에서 휴가를 보냈던 때를 기억해 냈다. 파도 속에서 놀 생각에 기쁨과 흥분에 휩싸여 우리는 그 불쾌한 냄새에 거의 신경 쓰지 않았는데, 그 냄새는 내 후각 기억에 새겨져 변함없이 뒤따르는 행복감과 연결되었다. 이렇게 해서 나는 선천적으로 거부감을 주는 것이라도 긍정적인 맥락과 연관된다면 사랑하게 될 수 있다는 사실을 깨달았다.

물론 내가 발견한 것은 아무것도 없다. 조건화라는 개념은 이미 한 세기 전에 저명한 러시아 생리학자 이반 파블로프에 의해 입증된 바 있었다. 파블로프보다 더 유명해진 파블로프의 개는 정해진 시간에 식사를 받았는데 이는 다른 개들과 마찬가지로 타액 분비 반사를 일으켰다(입에 침이 고이는 작용). 이 반사는 원초적이다. 단순한 생리적 기능이며, 이미 침에 들어있는 소화 효소로 음식의 소화를 준비하는 것이다. 파블로프는 밥그릇을 개 앞에 가져다 놓기 몇 초 전에 종을 울리는 아이디어를 떠올리고 그것을 실험으로 옮겼다. 실험 결과 그는 개가 종소리를 듣자마자 침을 흘리기 시작한다는 것을 발견했다. 음식과 관련한 생리적 반응이 더 이상 식사 그 자체가 아닌, 음식과 반복적으로 연관된 자극으로 옮겨진 것이다.

신경과학자들은 나중에 이 자극을 '조건 자극'[205]이라고 명명했다. 이처럼 우리는 사랑하는 사람의 향기에, 그 사람의 사소한 동작 하나하나에, 맛있는 볼로네즈 스파게티를 먹었던 레스토랑의 커튼 색깔에, 혹은 어린 시절 바다의 즐거움을 무의식 속에서 되살리는 소변 냄새에까지 집착하게 된다. 나는 해변에서 놀던 파블로프의 개인

셈이다.

파블로프는 1890년에 이 실험을 했다. 그러므로 한 세기 후에 스캐너와 MRI 기술을 통해 활동 중인 뇌의 작용, 즉 그 기제들과 뉴런의 발화를 밝힐 수 있게 되었다는 사실을 그는 전혀 알 리 없었다. 만약 그가 현대 뇌 영상 도구들로 개의 뇌 내부를 관찰할 수 있었다면, 그는 동물의 선조체가 식사 순간에, 그리고 실험 후에는 종이 울리는 순간에 활성화되는 것을 보았을 것이다.

파블로프 이후 몇 년이 지나서 에드워드 손다이크는 하버드 대학교와 컬럼비아 대학교에서 조작적 조건화 개념을 창안했다. 그는, 종소리를 지각하는 것과 같은 어떤 행동 다음에 1차 강화물을 경험하게 되면, 그 행동 자체가 행복의 원천이 되고 강화된다는 것을 관찰했다. 손다이크는 실험을 위해 고양이들을 다양한 레버와 줄이 달린 우리에 넣었다. 고양이들은 이 장치를 어떻게 사용해야 할지 몰라 되는대로 작동시켰다. 그런데 그중 하나는 트랩이 열리며 먹이가 나오게 하는 장치였다. 실험 대상 고양이들은 매우 빠르게 그 레버를 반복해서 작동시켰다.[206] 그들의 뇌에서는 트랩을 여는 유익한 행동 패턴이 점차 안정적으로 정착되었다.

보다 최근에는 스위스 프리부르 대학교의 볼프람 슐츠가 연구를 통해, 선조체 속 도파민 뉴런들이 바로 이러한 조건화(좀 더 긍정적으로 표현하자면 학습)를 수행한다는 사실을 밝혀냈다. 고양이가 처음으로 레버를 누를 때, 그 동작에는 어떤 즐거움이나 특별한 감정이 실려 있지 않다. 그러나 일단 먹이가 뒤따른다는 사실을 배우고 나면, 그 동작

자체가 매력적인 것으로 바뀐다. 선조체의 뉴런들은 그 동작이 일어나는 순간 도파민을 분비하며 다가올 보상을 알린다. 그래서 바다사자 조련사들은 훈련이 거듭될수록 바다사자들이 늘 마지막에 주어지던 작은 청어가 없어도 스스로 묘기를 즐겨 하게 된다는 사실을 접하게 된다.

조작적 조건화의 원리는 전형적인 학습의 장, 즉 학교에서 활발히 적용되고 있다. 교사는 학생들이 기대된 행동을 할 때 칭찬스티커를 나누어주는데 이 작은 종이조각들은 그 자체로는 아무런 쾌락적 가치도 없다. 칭찬스티커는 미각을 자극하지도 않고, 어떤 기분 좋은 촉감을 주지도 않으며, 노력에서 해방시켜 주지도 않는다. 단순히 학생들은 이 보상 점수들이 두 가지를 의미한다는 것을 배운 것이다. 즉, 마지막에는 작은 선물을 받게 된다는 것, 그리고 무엇보다 선생님이 자신에게 만족하고 있으며 자신이 학생으로서 가치가 있다는 것을 뜻한다는 것이다. 점차적으로 목표는 학생들이 더 이상 칭찬스티커를 위해서가 아니라 올바른 행동 그 자체를 즐기도록 하는 것이 된다. 조작적 조건화 이론은 실제로 반복을 거듭함에 따라 보상이 보상 점수에서, 예컨대 chrysanthème(국화)라는 단어를 쓸 때 h와 y를 올바른 자리에 넣었을 때 느끼는 성취감으로 옮겨간다고 예상한다.

가정에서도 상황은 거의 비슷하다. 아이들에게 체벌을 가하는 일은 근래에 거의 없어졌다(체벌과 징계는 그 자체로 소위 부정적 조작 조건화라는 형태인데, 이 역시 손다이크가 탐구한 바 있다). 아이들이 좋은 행동을 할 때마다 사탕을 주는 것도 아마 별로 효과가 없을 것이다. 아이들은 바다사자가 아니다. 그들은 인간 종에게 매우 강력한 사회적 인정이라는 1차 강화물에 훨씬 더 민감하다. 아이가 큐브를 쌓는 데 성공했을 때 부모가 감탄하며 칭찬해주면, 아이에게는 그것을 계속하는 매우 강력한 동기가 된다. 여섯 살 아이가 학교에서 돌아와 보여준 그림을 보고 엄마가 감탄할 때, 아이의 선조체는 이 정보 역시 기억한다. 그리고 아빠와 엄마, 삼촌과 이모, 할아버지와 할머니가 옆자리 친구와 케이크를 나눠 먹은 여자아이를 칭찬할 때, 아이의 선조체는 나누는 것이 얼마나 아름다운 일인지 배운다.

하지만 안타깝게도 같은 격려가 남자아이에게도 항상 그렇게 명확하고 강하게 전달되지는 않는다. 특히 여자아이가 반 친구와 형광펜이 누구 것인지로 다투면 비난하는 듯한 시선이 쏟아지는 반면, 같은 펜을 누군가 빼앗으려 할 때 이에 굴하지 않고 맞서는 남자아이에게는 격려가 주어진다. 선조체는 이러한 사회적 승인 신호들을 예의주시하며, 그것들을 자신의 모든 행동에 대한 허용 가능성과 바람직함의 기준으로 삼곤 한다.

사회적 학습은 2017년 취리히 실험에서 여성이 더 적극적으로 나누는 모습을 보였던 이유를 설명해 준다. 그리고 그들이 선조체를 활성화하면서 즐거움을 느낀다는 사실은 조작적 조건화 이론과 정확히 부합한다. 여성은 태어날 때부터 그런 것을 좋아하도록 길러져 왔다. 하지만 이는 긍정적인 조건화다. 만약 우리가 선조체를 지구와 인류 전체를 해치는 방향이 아니라 모두에게 도움이 되는 건설적인 방향으로 활용하고자 한다면, 이 조건화를 남녀 모두에게 확산시키는 것이 유용할 것이다.

이 조건화가 우리에게 보여주는 것은, 우리가 음식, 섹스, 게으름, 권력 추구 외의 다른 행동들을 가치 있게 여기도록 배울 수 있다는 점이다. 현재 이러한 1차 강화물들이 세상을 지배하고 있다. 산업이 수익을 위해 이 강화물들을 적극적으로 이용하기 때문이다. 하지만 그것만이 우리가 갈 수 있는 유일한 길은 아니다. 여성의 관대함은 한 가지 예일 뿐이다. 선조체가 다른 것들을 사랑하도록 배울 수 있으며, 우리의 목표가 사회적 규범이라는 중요한 요인에 의해 새롭게 규정될 수 있음을 보여준다. 부모의 말, 그리고 학교, 미디어, 정치의 담론은 이타주의, 절제, 환경 존중과 같은 행동을 사회적으로 가치 있게 여김으로써 우리의 선조체가 사물을 새로운 시각으로 바라보게 할 수 있다. 최근 영국에서 그러한 사례가 등장했다. 정부가 나서서 친환경 차량에 녹색 번호판을 달아 주자는 방안을 내놓았다. 이는 '쉽게 전파되는' 새로운 사회적 규범을 만들어 다른 이들이 이미 참여하고 있음을 보여줌으로써 주저하는 사람들도 쉽게 동참하도록 돕기 위한 것이다.

한편 중국에서는 이미 녹색 번호판이 존재하는데, 이를 취득하기 위해 수개월을 기다려야 하는 대기줄이 생길 정도로 인기를 끌고 있다. 이제 녹색 번호판이 사회적 지위의 상징으로 인식되기 시작했음을 보여준다.[207] 어쩌면 언젠가는, 진정한 허영의 절정이 값비싼 사륜구동 차량을 갖는 것이 아니라 검소함과 환경 존중이 될지도 모른다. 이런 가정이 현실이 되어 사회적 지위가 지구를 존중하는 행동들과 연결된다면, 선조체는 파괴가 아니라 보존의 동력이 될 것이다.

물론 이러한 접근 방식은 장구한 시간이라는 관점에서는 허약한 것일 수 있다. 왜냐하면 1차 강화물들은 우리 생물학에 선천적으로 뿌리내려 있으며 수만 년의 시간 단위에서 축적되어 온 힘을 가질 것이기 때문이다. 반면 조작적 조건화는 끊임없이 재학습되어야 한다. 하지만 만약 우리가 위험에 빠진 환경과 지구를 걱정하고 행동하는 사람들에게 진정한 명성과 유리한 사회적 지위를 부여하는 사회적 관습을 만들어낼 수 있다면 어떻게 될까? 우리는 우리 뇌가 얼마나 다른 방식으로 변화할 수 있는지를 보고 놀라게 될지도 모른다. 예를 들어, 언론이 세금을 통해 공익에 가장 크게 기여한 인물이나 온실가스 배출의 실질적인 감축을 성공적으로 이끌어 낸 정치인을 스튜디오에 초대한다면 더 의미 있는 효과를 얻게 될 것이다. 이런 사람들을 영웅으로 만들기 위해서는 완전히 새로운 공적 담론이 필요하다. 오늘날 영웅 대접을 받고 있는 이들은 운동선수나 스크린 스타들이지만, 그들은 일반적으로 세계의 현실이나 우리의 미래에 대해 별로 발언하지 않는다. 우리는 그들이 1차 강화물로 우리를 자극하기 때문에 그들에게 큰 관심을 가진다. 하지만 우리의 미래를 결정짓는 선택을 하는 일을 계속해서 이들에게 의존할 수는 없는 일이다.

우리의 사고방식을 재구성하는 데 따르는 어려움을 과소평가해서는 안 된다. 이 글을 읽고 있는 우리 모두는 호화로운 쇼가 넘치는 사회에서 태어났다. 우리는 여전히 의미와 믿음을 제시하는 것을 사명으로 하는 공론의 장을 상상하기 어려워한다. 초자연적 존재에 대한 믿음이 아니라 미래를 그려내는 행동의 원칙에 대한 믿음 말이다. 아이러니하게도 오늘날 우리가 TV나 라디오를 끈 후 그런 공론의 공간을 찾고자 한다면, 남은 것은 종교적 공간뿐이다. 하지만 이런 질문들 속에 신을 끌어들이는 것은, 우리 모두가 져야 할 기술적 책임이나 우리 자신과 물리적 환경을 향한 뇌의 책임에 대해 별다른 답을 주지 못한다.

자유와 인권 정신의 일탈

점점 더 소셜 미디어가 새로운 의미와 상상이 탄생하는 장소로 언급되고 있다. 그렇다. 소셜 미디어는 어느 정도 이런 이야기들이 펼쳐질 수 있는 작은 공론의 장을 제공한다. 그러나 소셜 미디어는 사회를 하나의 공통되고 유의미한 전망 주위로 결집시키는 것과는 거리가 멀다. 오히려 그것은 사회를 제각각의 신념이나 의견을 중심으로 모이게 해 서로 단절된 집단들을 만들어낸다. 사회학자들은 이런 현상을 두고 '반향실 효과'라고 한다. 한 집단을 이루는 사람들은 외부와 분리된 세계관을 공유하기 때문에 그 집단 내에서는 그들만의 의견이 끝없이 메아리치며 반복된다.[208]

어떤 집단에서는 지구가 평평하다는 생각에 의견이 일치하고, 다른 집단은 지구가 둥글다고 믿는다. 또 어떤 집단에서는 아무도 달에 발을 디딘 적이 없다고 하고, 또 다른 집단에서는 2015년의 샤를리 에

브도 테러*가 프랑스 정부에 의해 계획되었다고 음모론을 펼친다. 음모론의 유행은 초연결된 세계의 필연적인 산물이다. 왜냐하면 인터넷에서는 어떤 근거 없는 생각이라도 믿을 준비가 되어 있는 누군가를 언제나 찾을 수 있기 때문이다. 그 결과 사회는 서로 아무 공통점도 갖지 않는 작은 소속 집단들로 조각나게 된다. 이런 상황 속에서 어떤 일관된 분석이 가장 많은 사람들의 지지를 얻으며 합리적인 집단행동으로 이어질 수 있을까?

오늘날 서구 세계 시민 대다수가 공통으로 인정하는 유일한 가치는 개인의 자유와 인권이다. 그런데 바로 그 가치들이 오늘날의 위기를 불러온 원인이 되었다. 그렇다고 그 가치들을 버리자고 하는 말은 결코 아니다. 다만 여기서 언급한 모든 것은 반드시 다음의 사실들 사이에서 균형을 이루어야 한다는 점을 강조하고자 한다. 즉, 자유주의 경제는 우리 사회에서 폭력을 감소시켰고, 국가 간 교류를 평화롭게 만들었으며, 유아 사망률을 낮추었고, 예방접종과 문해율을 진전시켰다는 사실이다. 그러나 이러한 가치들 역시 적어도 우리가 실천하는 방식에서는 한계에 다다를 수 있다.

사실 자세히 살펴보면, 자유와 인권이라는 가치들은 우리의 1차 강화물과 매우 굳게 손잡고 있다. 인권이 우리에게 말하는 핵심은 무엇일까? 다른 사람의 자유를 침해하지 않는 한, 각자가 하고 싶은 것을 할 수 있다는 것이다. 내가 소유하고 싶다면, 나는 소유할 권리가 있

---

* 2015년 1월 7일 프랑스 파리에서 발생한 이슬람 극단주의자들의 총기 테러 사건

다. 여러 명의 섹스 파트너를 원한다면, 나는 여러 명의 섹스 파트너를 가질 권리가 있다. 정보를 원한다면, 나는 정보를 얻을 권리가 있다. 그 외의 것들도 마찬가지다. 인권은 결국 각 개인이 자신의 1차 강화물을 충족시킬 권리인 것이다.

계몽주의 시대에는 그러한 권리를 옹호하는 것이 합법적인 목표였다. 왜냐하면 대다수의 인간에게 그러한 권리가 허용되지 않았기 때문이다. 그러나 프랑스 혁명의 사상가들이든 미국 헌법의 제정자들이든 이 권리를 쟁취하기 위해 투쟁했던 이들은 그로부터 두 세기가 지난 뒤에는 결국 먹고, 성적 욕망을 채우고, 남보다 우위에 서고, 질리도록 정보를 소비하고, 그것들에 최소한의 노력만 들이려고 하는 모습으로 귀결될 것이라고는 상상조차 하지 못했을 것이다. 그들은 인류가 인터넷 연결, 내연기관 자동차, 그리고 항공 교통 수단을 갖춘 수십억 인구가 될 것이라는 사실을 알 수 없었다. 따라서 자유주의적 휴머니즘의 성과를 부정하지 않으면서도, 우리는 맷돌과 소달구지 시대에 선포된 이상들이 여전히 유효하다고 여길 수는 없다.

지구상의 가정들이 연간 100억 톤의 쓰레기를 배출하는 문제(초당 300톤에 해당함[209])를 어떻게 관리해야 하는지 자유와 인권이라는 이상이 가르쳐 줄 수 있다고 생각해서는 안 된다. 연간 1,360억 개의 포르노 동영상 시청[210], 또는 20분마다 한 종의 생물이 사라지는 현상(인간 활동이 없는 자연 상태보다 100배에서 1000배나 빠른 속도)을 다루는 데 여전히 유효하다고 생각할 수는 없다.[211] 다가오는 거대한 위기에 맞서 개인의 자유만을 내세우는 것은 무책임에 가깝다. 이는 15세기 수도사들이 흑사병을 물리치겠다며 기도에만 의존했던 것과 같은 시대착오적 대응이다. 그때 필요한 것은 기도가 아니라 항생제였다. 하지만 아무도 미생물이 무엇인지 전혀 알지 못했고, 하물며 그 미생물을 파괴할 수 있는 화합물에 대해서는 더더욱 몰랐다. 우리는 가치관과 사상 차원에서 기도와 항생제 사이의 간극을 메우기 위해 서둘러야 한다.

사르트르와 하이데거의 사상 그리고 실존 심리학 연구를 아우른 최근의 한 에세이에서 철학자 카를로 스트렝거는, 계몽주의 사상가들이 싸워 쟁취했던 개인적 자유를 우리가 어떻게 다루어야 할지 더는 알지 못한다고 주장한다. 개인의 선택과 신념에 대한 자율권, 즉 자신의 삶에 원하는 방향을 부여할 권리를 획득한 이후, 그 방향을 정하는 일은 매우 어려운 과제가 되었다. 더 이상 종교나 전체주의 정치체제에 의해 방향이 정해지지 않으므로 우리 각자는 스스로 의미를 밝혀야 한다. 우리는 과거에 지배적이었던 거대한 가치체계 밖에서 우리 존재와 행위를 정당화할 근거를 찾아야 한다는 막대한 과제에 직면해 있다.

벽, 부정, 자아

자유를 정면으로 응시할 때, 우리는 우리 존재가 짧고 허무한 것임을 깨닫게 된다. 이러한 인식은 견딜 수 없는 것이기에, 1990년대부터 제프 그린버그, 셸던 솔로몬, 톰 피진스키 같은 연구자들이 했던 실험과 연구에 따르면, 세 가지 유형의 반응으로 이어진다. 첫째, 우리가 지녔던 의미들이 우리가 죽은 후에도 계속 살아남을 것이라고 환상을 심어주는 소속 집단(광신주의, 민족주의 또는 공동체주의)에 깊게 의지하거나 둘째, 아예 다른 생각으로 주의를 돌려 부정하거나 셋째, 우리 자신을 실제보다 더 강하고 끈질긴 존재로 인식하려 한다.[212] 세 가지 반응 중 첫 번째는 현대 사회에서 전 세계적으로 나타나고 있는 정체성 집단의 확산으로 이어진다. 서구의 도시 공동체주의부터 중동의 맹신적 종교 집단, 카탈루냐·코르시카·스코틀랜드의 자치 운동, 헝가리·러시아·세르비아의 민족주의, 미국의 국가주의 정체성 회귀, 인도의 힌두교 극단주의나 파키스탄의 이슬람교 극단주의에 이르기까지….

실존주의 심리학에 따르면 이는 거의 자동적으로 벌어지는 과정이며 지정학적으로 확연히 드러나는 현상이다. 실제로 남북한 사이, 인도와 방글라데시 사이, 모로코와 모리타니, 브라질과 볼리비아, 이란과 이라크, 인도와 파키스탄, 이스라엘과 요르단강 서안 지구, 헝가리와 세르비아, 러시아와 우크라이나, 보츠와나와 짐바브웨, 우즈베키스탄과 투르크메니스탄, 마케도니아와 그리스, 그리스와 터키 사이 등 국경 장벽이 확산되고 있다. 이 장벽들의 총 길이는 제2차 세계대전 이후 계속 늘어나 오늘날 20,000킬로미터에 이르렀다.[213]

인간 정신이 자유의 유한성에 맞닥뜨릴 때 나타나는 두 번째 반응은 부정이다. 여기서 중요한 것은, 자신의 제한된 운명을 이미 알면서도 그 운명에 의미를 부여해야 하는 상황에서, 자신이 홀로 그 운명과 마주 서 있다고 생각하지 않는 것이다. 부정이라는 가능성은 오락 사회에 의해 산업적 규모로 제공된다. 오늘날 이러한 도피의 상징은 바로 스크린이다. 우리 시대를 지배하는 것은 스마트폰, 태블릿, 컴퓨터, TV 화면이다. 화면은 끊임없이 우리를 괴로운 생각에서 멀어지게 한다. 그것은 매 순간의 공허함을 채우고, 수년간 때로는 평생 동안 우리를 핵심 질문에서 멀리 떨어뜨려 놓는다. 화면 덕분에 우리는 더 이상 자유 시간이 없으며, 자유와 마주할 필요도 없다. 우리의 주의를 끌기 위해 교묘하게 설계된 빠른 자극들은 아무런 노력 없이도 우리의 주의를 조종하는 뇌 영역을 자동으로 활성화한다. 이 작용은 고독의 순간을 무기력과 침묵과 공허로 가득 찬 상태로 몰아가며 우리를 더욱 불안하게 만든다. 심지어 의자에 15분 동안 아무것도 하지 않고 앉아 있어야 한다면, 대부분의 사람은 그 침묵과 마주하기보다는 차라리 전기 충격이라도 받기를 선택할지 모를 지경이다. 이는 과장된 비유가 아니라 최근 과학 저널 〈사이언스〉에 실린 유명한 실험에서 입증된 사실이다.[214]

자유와 유한성에 대한 자각이라는 불편한 진실을 극복하기 위해 인간이 선택하는 세 번째 대응은 자아의 확장이다. 내가 죽을 수밖에 없는 연약한 존재임을 느낀다면 더 강하고 파괴 불가능한 존재가 되려고 노력할 것이다. 건강, 다이어트, 그리고 건강식품에 대한 과도한 집착이 그 증거다. 특히 건강식품에 집착하는 병리현상에 대해서는 오소렉시아*라는 용어까지 생겨났다.

---

* 건강한 음식에 병적으로 집착하는 식이장애의 일종-옮긴이

그러나 무엇보다도 자존감이라는 개념이 대중 심리학 무대에 갑작스레 밀려들어 온 것이 더욱 의미심장하다. 자존감은 죽음이라는 과제에 맞서 우리 자신을 강화하려는 시도를 반영한다. 애리조나 대학교의 제프 그린버그, 스키드모어 칼리지의 셸던 솔로몬, 콜로라도 대학교의 톰 피진스키 등의 심리학자들은 2000년대 초반부터 200회 이상 재현된 탁월한 실험을 통해 이를 입증했다. 지상에서의 여정 끝에 기다리는 공허를 잠깐이라도 의식할 때, 우리는 자존감을 강화할 수 있는 모든 것에 강하게 끌리게 된다.[215] 이는 직업적 성공, 주변 사람들의 칭찬, 유명세의 추구[216]뿐만 아니라 고급 브랜드와 자동차, 첨단 전자기기 구매를 통한 사회적 지위 상승이나 소셜 미디어의 열성적인 이용을 통해서도 나타난다. "미래에는 누구나 15분 동안은 세계적으로 유명해질 것이다."는 앤디 워홀의 예언이 실현되듯, 수백만 젊은이들이 명성을 꿈꾸게 하는 리얼리티 쇼의 부상과 페이스북의 '좋아요'를 좇는 25억 명의 사람들이 이 실존적 반응의 강력한 힘을 보여준다.

하지만 상황이 바뀔 것이다. 이제는 변화가 불가피하다. 우리는 부정과 병적인 자존감 추구 시스템을 극한까지 몰아붙였다, 냉전 종식 이후 그 어느 때보다도 우려스러운 민족주의의 부상은 말할 것도 없다. 우리는 계몽주의 휴머니즘에서 비롯된 자유의 이상을 완전히 왜곡해 버렸다. 각자의 본능적 욕구를 최대한 충족할 수 있는 가능성으로 자유를 축소한 것이다. 먹고, 섹스하고, 정보를 소비하며, 노력을 최소화하고 자아를 부풀리는 욕구 말이다.

더 심각한 것은 오늘날 모두가 이 흐름에 동의한다는 점이다. 이러한 원초적 본능을 충족하기 위해 우리는 소셜 미디어나 상업 사이트를 통해 사생활에 관한 수많은 정보를 명시적 또는 묵시적으로 제공하는 데 동의하며, 이 정보의 일부는 디지털 대기업들에 의해 입수되고 많은 국가의 감시 기관들에 집중된다.[217]

오늘날 우리에게는 안락함이 자유보다 훨씬 더 중요해졌다. 미디어가 무료 이용 정책으로 바꾸면서 이 일방통행의 길은 현실이 되었다. 21세기 초, 정보 소비나 인터넷 서핑, 온라인 보도와 다큐멘터리, 음악과 영상 시청에 반드시 돈을 내야만 한다고 생각하는 사람은 아무도 없다. 루이스 폰시의 '데스파시토' 뮤직비디오를 46억 명[218]이 시청한 것은 단 한 푼 내지 않아도 시청 가능하기 때문이다. 그러나 그러면서 우리 행동의 깊숙한 부분까지 무의식적으로 변화되는 과정을 유튜브 광고주에게 비용으로 지불하고 있다는 사실에는 무심하다.

엑스마르세유 대학교의 쿠르베 교수가 진행한 것과 같은 실험심리학 연구들은 배너 광고나 팝업 광고(예기치 않게 화면에 난입하는 광고로, 우리는 그것을 빨리 닫기 위해 구세주 같은 작은 X 표시를 누른다)가 수개월 동안 우리의 마음에 흔적을 남기고 인터넷이나 슈퍼마켓 진열대에서 우리의 구매 선택을 이끈다는 사실을 밝혀냈다.[219] 어떤 면에서는, 우리의 선택이 영향을 받더라도 우리는 무료이자 무제한으로 우리의 선조체를 자극하는 장치들에 접근할 수 있는 한, 개의치 않는다.

고통스러운 각성

이러한 변화는 치명적이었다. 그렇게 행동함으로써 우리는 모든 자유를 잃고 노예 상태로 떨어지게 되었으며, 단지 파충류 뇌의 생물학적 프로그램을 따르게 되었다. 선택의 여지 없이 도파민 분비에 지배당하며, 자유로운 결정은 욕구와 욕망의 팽창이라는 기계적 과정으로 대체된다. 우리는 성찰 없는 권리로서의 자유가 오히려 우리를 다시금 노예 상태로 되돌리고 있음을 고통스럽게 깨닫는다.

우리는 이제 한계에 다다르고 있다. 자유를 포기한 결과가 곧바로 환경 파괴와 장기적 생존의 위협으로 이어지고 있는 것이다. 전 지구적 기술체계가 이러한 본능적 반사작용을 이용해 산업화해 온 과정은 머지않아 우리를 경제적, 생태적 한계로 내몰 것이다. 이 한계 앞에서 우리는 고통스럽게 깨달을 것이다.

우리가 겪게 될 충격 중 하나는 우리가 붙들고 있던 한 가지 희망사항이 완전히 무너져 내릴 것이라는 점이다. 현대 사회의 시민은 태어나자마자 재능과 의지만 있다면 원하는 거의 모든 것을 얻을 수 있다는 희망으로 길러진다. 충분한 수완을 발휘한다면 안락함, 자유로운 이동성, 사치, 높은 직책까지 약속받는다. 우리 사회의 핵심 교리인 자유는 무제한으로 이동하고, 점점 더 먼 곳으로 여행할 가능성을 품고 있지 않은가? 의료 서비스에 대한 권리는 더 긴 삶을 누릴 권리이기도 하지 않은가? 가상세계는 특히 게임과 성적인 측면에서 무한한 쾌락에 대한 희망을 상징하지 않는가? 실제로 행하든 하지 않든,

우리는 이런 기대를 할 수 있다. 심지어는 기대 수명이 크게 증가하여 죽음을 벗어날 수 있으리라는 꿈을 꾸기도 한다. 미래학의 대가들이 우리로 하여금 환상 속에서 그리도록 부추기는 이 전망은 솔로몬, 그린버그, 피진스키가 비판하는 부정의 궁극적 형태를 보여준다.

이러한 상황에서 우리가 어떻게 덜 소비하고, 덜 편안하고, 단순한 쾌락을 덜 기대하며, 한마디로 말해 절제하는 삶을 받아들일 수 있겠는가? 어떻게 선조체가 그 1차 강화물, 즉 쾌락의 감소를 받아들이도록 할 수 있겠는가? 이제 우리 보상 시스템의 작동 방식을 알게 되었으므로 그것이 불가능하다는 사실을 안다.

진화적으로 이미 예정된 행동(예를 들어, 썩은 소변 냄새를 맡았을 때 느끼는 행복감)이 아닌 다른 행동에 쾌감을 연결하도록 당신의 선조체를 조정하는 것은 언제나 가능하다. 하지만 결국 선조체는 여전히 자신이 만족할 수 있는 쾌락의 양을 필요로 한다. 따라서 이 문제는 해결 불가능한 방정식으로 보인다. 더 적은 자극으로 어떻게 더 많은 쾌락을 만들어낼 수 있을까? 고기를 덜 먹고, 더 작은 차를 타고, 구식 휴대폰을 사용하며, 5~6년에 한 번씩만 임금을 인상하는 상황에서도 어떻게 더 많은 도파민을 생성할 수 있을까?

당신, 꿈꾸고 있는 건가? 아니면 뭐지?

이제 건포도 한 알의 실험에 대해 얘기할 때가 되었다.

의식의 재설계 : 더 적은 것으로 더 풍요롭게

내 젊은 시절 떠났던 캐나다 여행에 관해 아직 말하지 않은 것이 하나 있다. 앞부분에서는 주로 우리 초보 모험가 무리가 국도변의 작은 도시에 도착했을 때, 배를 쫄쫄 굶은 상태에서 호텔이 제공한 무제한 조식에 얼마나 탐욕적으로 달려들었는지를 묘사했다. 하지만 이 모험의 시작 부분에 지금이라도 언급할 가치가 있는 중요한 일이 하나 더 있었다.

카누를 타고 황량한 호수로 나아가기 위해 보급품을 채우려 했던 우리는, 호숫가에서 마지막으로 음식을 장만할 수 있을 만한 식료품 가게의 문을 열고 들어섰다. 그런데 솔직히 말하자면, 그 가게에서 판매하는 상품들을 둘러보고 우리는 실망했다. 입맛 까다로운 프랑스인에게 맞지 않고 별로 맛있어 보이지도 않는 식품들이었다. 시럽에 담긴 삶은 달걀, 냄새가 코를 찌르는 양파맛 감자칩, 울긋불긋한 분홍의 형광색 소시지들이 있었는데, 화학 착색제와 아질산염투성이처럼 보였다. 아마도 이 외딴 지역에서 보존을 위해 필요한 처리일지도 모른다. 우리는 시럽 달걀은 포기하고 양파맛 칩을 샀다. 하지만 적어도 우리 기준으로는 먹을 수 없는 식품이란 걸 깨달았다. 칩은 바로 물고기 밥이 되었다.

남은 것은 형광빛 소시지였다. 우리는 다른 모든 음식이 떨어진 뒤에야 그것을 살짝 맛보기 시작했다. 반나절이 지난 뒤, 우리는 야생 딸기밭 한가운데 자리를 잡고 그것을 본격적으로 먹기 시작했다. 별다른 감흥은 없었다.

그러고 나서 우리는 걸었다. 이틀 동안 배를 채울 게 아무것도 없었다. 우리는 카누를 중간 기착지에 두고 왔으며, 우리의 여정은 어느 산기슭에 이르렀다. 그 산의 능선을 넘어야 문명 세계로 돌아갈 수 있었다.

이틀 동안 굶기. 역사상 가장 혹독한 굶주림의 시기를 겪어야 했던 수많은 인간에 비하면 이건 별일도 아니다. 하지만 우리처럼 갓 졸업한 혈기 왕성한 학생들에게는 고역이 아닐 수 없다. 산 정상에 도착했을 때 풍경은 특별히 아름답지 않았다. 희끄무레한 하늘에 산 정상에 있는 건 이끼로 뒤덮인 돌무더기뿐이었다. 나는 한편에 자리를 잡고 앉았다. 가방 속에는 알루미늄 호일에 싼 분홍의 형광색 소시지 한 조각이 있었다. 길이가 1센티미터쯤, 지름은 7~8센티미터 정도였다. 곧 잘게 떼어 입에 넣기 시작했다.

그 뒤로 누군가 내 인생에서 가장 기억에 남은 미각적 추억이 무엇이냐고 물을 때마다 나는 한순간의 망설임도 없이 말한다. 믿기 힘들게도 바로 그 끔찍한 분홍빛의 첨가물투성이 소시지다. 이끼 낀 바위 더미 위에 앉아 있을 때, 그 음식의 한 조각 한 조각이 마치 천상의 향연처럼 입안에서 작렬했다. 분자 하나하나가 점막 속으로 스며들고, 식도를 거쳐 내장과 근육 전체로 순식간에 퍼져나가는 느낌이었다. 나라는 존재는 결핍으로 허덕였고, 그 결핍은 음식이 주는 쾌락을 드높이는 그야말로 증폭기가 되었다. 미량의 단백질과 지방조차 백배로 증폭되었고, 그 메아리는 천국의 나팔 소리처럼 울려 퍼졌다.

나는 아직도 가끔 그때 일을 떠올리며 깊은 위안을 느낀다. 배고픔은 또한 그 산의 돌에 덮여 있던 주황색과 녹색 이끼들의 기억을 내 머릿속에 새겨놓았다. 그 순간은 지금도 생생히 되살아나곤 하는데, 돌이켜보면 그 기억은 아름답다고 느끼는 내 젊은 시절을 수놓은 일들 가운데 하나다.

그 후 세월이 흐르면서 나는 점차 뇌의 기능에 관심을 갖게 되었다. 처음에는 연구 분야에서 나중에는 과학 커뮤니케이션과 미디어 분야에서였다. 그러는 20년 동안 나는 새로운 현상의 출현을 목격했다. 명상 그리고 '마음챙김'이라는 명칭 아래 묶이는 기법들에 대한 관심이 고조된 것이다.

2년 전 어느 날, 잡지 기사 작성을 위해 저자 중 한 명인 정신과 의사 크리스토프 앙드레에게 이 마음챙김 기법들이 우리 음식과의 관계를 어떻게 변화시킬 수 있는지 설명해 달라고 요청했다. 그는 나에게 일종의 치료 기법에 대해 알려주었는데, 그 기법은 곧바로 내가 캐나다의 산에서 형광 소시지를 먹었던 경험을 떠올리게 했다. 이 치료 기법을 앞으로 '건포도 명상'[220]이라고 부르기로 하자.

세상의 모든 행복이 포도 한 알에 담겼다

슈퍼마켓 진열대에서 캐슈넛, 땅콩, 말린 과일 같은 것과 함께 나란히 놓인 건포도 한 봉지를 사 들고 오자. 봉지에 손을 넣고 한 움큼 집어 곧바로 입에 넣지 말고, 대신 엄지와 검지로 조심스레 한 알을 집어 그것을 가까이에서 자세히 들여다보자.

쭈글쭈글한 윤곽과 주름, 움푹 들어간 부분, 갈색에 가미된 금빛 색조가 눈에 들어온다. 작지만 많은 디테일이 숨어 있다. 열린 마음으로 얼마간은 경이의 시선을 보내며 관찰할 가치가 있다. 이제 그 알맹이를 코끝에 가져가 보자. 특유의 달콤하고 약간은 새콤한 향이 느껴지는가? 이제 시간을 들여 향기가 몸속으로 스며들게 하자. 입안에서 살짝 침이 고이는 것도 느낄 수 있다. 친구들과 웃으며 안주로 씹을 때는 전혀 느끼지 못했던 많은 디테일을 단 몇 초면 알아차릴 것이다.

보통의 술자리에서는 안주 그릇에 손을 넣고 건포도를 집어 들어 삼키는 순간까지 몇 초도 채 걸리지 않을 것이다. 그동안 당신의 뇌는 다른 생각을 하거나 아무 생각도 하지 않은 채, 아마도 동료가 당신을 향해 잔을 들어 올리는 모습이나 TV 프로그램 진행자가 게스트에게 농담하는 장면을 바라보는 데 정신이 팔려있었을지도 모른다. 그 찰나의 순간에, 수십 개의 건포도와 캐슈넛 알갱이들이 당신의 식도와 위장으로 순식간에 이동하기 시작한다.

이 차이가 왜 중요한지 곧 알게 될 것이다. 건포도 알을 주의 깊게 관찰하고 냄새를 맡았으니, 이제는 입에 넣어보자. 하지만 아직 씹지는 말자. 삼키지 않은 채로 혀에 닿는 느낌과 입속에 이는 미세한 맛의 자극을 느껴보는 거다. 혀끝으로 입술과 이 사이에 건포도를 살짝 밀어 넣어 보자. 달콤한 맛이 퍼져 나가는 게 느껴진다. 시큼한 까끌거림도 느낄 수 있다. 이제 그것을 입안 깊숙이 위아래 어금니 사이로 밀어 넣어 탄력과 질감을 느껴보자. 건포도 알 특유의 식감이 느껴진다. 완전히 씹어 삼키고 싶은 욕구가 일 것이다. 물론 아닐 수도 있다. 이렇게 느린 시간 속에 머물다 보면, 그 느낌이 참 좋으니까.

이제 그 즙을 맛보고 맛을 하나하나 음미할 차례다. 물러진 껍질이 열리며 응축된 과육이 드러난다. 건포도 한 알 속에는 정말 놀라운 것들이 담겨 있다. 충분히 씹은 후 삼키고, 입안은 물론 몸 전체 감각을 가득 채우는 긴 여운을 느껴보자. 처음부터 끝까지 이 과정을 제대로 수행했다면, 아마도 5분, 10분, 심지어 15분이 흘렀을지도 모른다.

이 '건포도 명상'은 체중 조절에 어려움을 겪거나 식욕 조절이 힘겨운 사람들을 위한 치료 그룹에서 활용한다. 그룹 워크숍에 참가한 환자 그룹을 대상으로 한 연구에 따르면 그들은 실제로 많은 양을 먹지 않아도 즐거움이 증가하는 것으로 나타났다.[221]

이 기법의 목적은 우리의 일상적 행위 속에 의식의 역할을 좀 더 더하는 것이다. 우리는 보통 아무 생각 없이 자동적으로 식사를 하는데, 한 입을 다 먹기도 전에 다음 입에 음식을 가져가면서 많은 양을 섭취한다. 우리는 잘 알아채지 못하지만, 바로 우리의 선조체가 도파민 뉴 런들의 탐욕에 복종하며 우리에게 '항상 더 많이' 먹으라고 부추기기 때문이다. 이때 뇌의 나머지 부분은 이 시식에 참여해서 평가하고 의미를 부여할까? 전혀 그렇지 않다. 아예 상관하지 않는다. 우리의 의식은 전혀 개입되지 않는다.

게다가 만약 우리의 의식이 다른 일에 집중되어 있다면(예컨대 TV 시리즈를 보느라 정신이 팔리거나 뉴스 속보에 사로잡혀 있다면), 음식을 무의식적으로 밀어 넣게 된다. 그리고 먹는 속도는 더 빨라진다. 입과 소화관에 들어온 영양분이 자극하는 미각, 후각, 촉각을 대뇌피질이 인식하지 못하기 때문이다. 따라서 TV를 보면서 식사하는 습관은 체중과 신체 균형 측면에서 특히 해롭다. 관련 연구에 따르면 이때 우리는 36%에서 71%까지 더 많은 칼로리를 섭취하게 된다. 식사 과정이 거의 자동으로 이루어지며, 의식이 결여된 채 선조체의 완전한 통제하에 들어가기 때문이다.[222, 223, 224]

의식이여, 깨어나라!

하지만 우리가 의식을 버리는 대신 다시 불러들이면(나아가 갈고 닦고 강화하면) 그 반대의 일이 일어난다. 의식이 지닌 위대한 장점 중 하나는 확장성에 있다. 평소에는 주의를 기울이지 않던 주변의 소리에 눈을 감고 귀를 기울이면 이를 깨닫게 될 것이다. 문이 삐걱거리는 소리, 길거리에서 요란하게 달리는 오토바이 소리, 덧문에 부딪히는 바람 소리, 종이 바스락거리는 소리, 이웃의 기침 소리 같은 것들 말이다. 이 모든 소리는 우리가 어떤 작업(머릿속 계산, 전화 통화, 지불해야 할 청구서 걱정)에 몰두하고 있을 때는 뇌에 전혀 입력되지 않는다. 하지만 일단 의식을 열어 소리에 집중하면, 이 작은 소리들이 우리의 의식을 빼곡히 채운다.

맛에 대한 지각도 마찬가지다. 영양으로 따지자면 건포도 한 알은 미미한 존재다. 하지만 건포도의 맛, 포함된 당분과 향에 대해 지각하는 정도는 고정된 것이 아니라 의식에 의해 결정된다. 충분히 주의를 집중한다면, 건포도 한 알이 주는 감각적 가치는 스마트폰을 '스크롤' 하느라 정신이 팔려 안주 과자 한 봉지를 그냥 후루룩 먹어버리는 것과 맞먹을 수 있다. 의식은 우리의 지각을 위한 증폭기이며, 이 증폭기는 실제로 더 적은 것으로 더 많은 것을 우리에게 줄 수 있다. 건포도 한 알의 경험이 바로 이를 보여준다. 우리는 마음의 힘으로 물리적 세계의 한 측면을 증폭할 수 있다.

마음의 힘으로 신체의 자극을 증폭한다는 말에 대해 분명히 하자면, 이는 뉴런의 능력이지 경험적으로 측정할 수 없는 비물질적 실체가 아니다. 나는 의식을 뇌세포가 만들어낸다는 입장에 있다. 그래서 여기서 언급된 지각 강도의 증가는 실제로 명백히 확인된 뇌 영역들의 활동 증가를 뜻한다. 이 영역들은 주로 의식의 중심축인 전전두피질을 중심으로 구성된다.

여기서 중요한 건 결론이다. 결론은 이렇다. 우리가 감각적 증폭기를 발전시킴으로써 양적으로는 더 적게 주면서도 선조체가 더 많은 즐거움을 얻고 있다고 믿게 할 수 있다는 것이다. 조금 덜 먹되, 먹은 것을 더 강렬하고 충만하게 느끼도록 신경 쓰는 것은 우리의 선조체를 속이는 방법이다. 사실 그 녀석은 속아도 싸다. 게다가 이렇게 감각을 음미하는 데 들이는 시간은 포만감도 들게 해줄 것이다. 실제로 포만감은 그 감각 신호가 내장에서 생성되어 뇌에 도달하기까지 최소 20분이 걸린다. 중요한 것은 뇌가 이 신호를 받아들이면서 말 그대로 '듣는' 것이다. 포만감은 그다지 강력한 신호가 아니다. 우리가 주의를 기울이지 않으면 쉽게 그 신호를 무시하고 필요 이상으로 계속 먹게 될 수 있다.

우리는 사회적 영역에서도 더 적은 자극으로 더 많은 즐거움을 이끌어 낼 수 있다. 페이스북에서 친구 수를 늘리기 위해 끊임없이 노력하는 대신 관계의 질에 투자할 수 있다. 오늘날 우리는 행복해지려면 적어도 옆집 차만큼 고급스럽고 성능 좋은 차를 가져야 한다고 믿게끔 압력을 받는다. 푸조 자동차 브랜드의 가장 최근 광고 중 하나는 여성들에게 이렇게 말했다. 당신 친구 중 한 명이 아마 이미 맞춤형 선루프와 모든 디지털 제어 장치를 갖춘 신형 모델을 장만했을 것이라고. 따라서 광고주에 따르면 시청자에게는 단 하나의 선택만 남는다. 가장 친한 친구에게 차를 빌려달라고 하거나, 아니면 푸조 대리점으로 가서 친구 것보다 더 그럴듯해 보이는 맞춤형 모델을 구입하는 것이다.

여기서 실제 선택은 다음처럼 될 수 있다. 하나는, 광고가 주입하는 가치관을 받아들이는 것이다. 이 경우 즐거움(행복은 말할 것도 없이)은 반드시 자동차 대리점을 거쳐야 한다고 여긴다. 또 하나는, '마음챙김' 버전을 상상하는 것이다. 즉 낡고 유행에 뒤떨어진 자신의 차를 몰면서 즐거움을 찾고, 나아가 사회적 비교라는 개념이 끼어들지 않는 친구들과의 관계에서도 즐거움을 찾는 것이다.

주변 환경에 대한 의식을 성숙하게 발전시키는 것은 추상적이거나 실현 불가능한 목표가 아니다. 그렇게 하기 위한 검증된 기법들이 있는데 대체로 마음챙김 명상 기법에 속한다. 마음챙김 명상은 신체와 정신을 단련하는 수행법으로, 세속적 버전에서는 종교적 함의가 전혀 없으며(전통적 버전에서는 불교와 연관됨), 우선 주의력을 통제하는 능력을 기른 후에 주변과 내면에서 일어나는 모든 현상에 대한 인식 능력을 정교하게 다듬는 것을 목표로 한다.

마음챙김 명상에 대한 상세한 설명은 생략하되, 이것이 전 세계적으로 광범위한 현상으로서 다수의 저서와 과학 출판물의 주제가 되고 있다는 사실은 분명히 밝혀둔다. 최근 뇌 영상 기술을 활용한 수많은 신경과학 실험은, 꾸준한 마음챙김 명상의 수행이 면역 체계를 강화하고, 심혈관 질환과 우울증을 비롯한 다양한 질병의 위험을 감소시키며, 주의력과 집중력을 향상시키고, 더 높은 수준의 만족과 충만한 행복으로 이어진다는 것을 보여준다.

두뇌 재교육으로 절제 배우기

마음챙김 명상의 주요한 이점 중 하나는 기계적인 행동에서 우리를 어느 정도 벗어나게 해준다는 것이다. 이러한 사실은 음식, 섹스, 인터넷과 맺는 강박적 관계와 같은 중독 행동을 다루는 데 매우 중요하다.

실제로 어떤 사람들은 긴장, 슬픔, 절망 상태를 겪을 때 무의식적으로 음식에 의지한다. 비만인 사람에게는 칩이나 초콜릿 한 조각을 씹는 행위가 오랜 세월 동안 순간의 위안이 되어주었을 것이다. 그 결과 이 행동은 자동화된 습관이 되어 자신의 결정에 대한 통제력을 되찾지 못한 채 '의식 밖'에서 수행된다. 하지만 몇 주간의 마음챙김 훈련 프로그램을 거치고 나면, 뇌는 부정적인 감정이 솟아오를 때(우울한 순간, 시험이나 프로젝트 발표 전의 스트레스 상황 등에서) 그 감정 상태를 감지하고, 이름을 붙이며, 완전히 명료하게 바라볼 수 있는 능력을 되찾게 된다.

이렇게 자신의 상태를 한발 물러서서 바라보고 그것을 온전히 의식하는 것만으로도 얼마간의 객관적 시각과 성찰의 기회가 생긴다. "내가 느끼는 감정은 무엇일까? 이 감정은 어디에서 오는 걸까? 이 감정을 없애기 위해 음식을 먹는 것이 좋은 생각일까? 나는 어떤 선택을 할 것인가?"

실제로 비만에 마음챙김 명상 치료를 적용하면 상당히 좋은 결과가 나타난다. 그 효과를 평가하기 위해 연구자들은 해당 주제에 대한 많은 연구를 통계적으로 종합하는 메타분석 작업을 수행한다. 2016년에 각각 12개와 15개의 연구를 대상으로 했던 두 건의 메타분석(비만 또는 과체중 참가자 626명과 560명 포함)은 놀라운 결과를 보여주었다. 첫째,

마음챙김 명상 프로그램은 평균 6주간의 실천 후 4.2kg의 체중 감소로 이어졌으며, 6개월 후에는 9.9kg에 달했다.[225, 226] 비교하자면 식단 조절과 운동을 병행했을 때 체중은 1.6kg이라는 미미한 감량 효과만을 보였다. 둘째, 폭식증 환자들의 경우 폭식 행위 빈도가 월평균 18회에서 5회로 감소했다.[227] 이러한 완화 경향은 2018년 초 발표된 또 다른 메타분석을 통해 다시 확인되었는데, 이 연구는 1,160명의 비만 대상자에서 평균 3.5kg의 체중 감소를 확인했다.[228]

실험실에서 수행된 연구들은 패스트푸드 체인점에서 판매하는 것과 같은 지방과 당분을 많이 함유한 식단이 포만감을 느끼지 못하게 하여, 자신의 생리적 필요량을 초과할 만큼의 강박적 식사 행동을 계속 유발한다는 사실을 보여주었다. 연구진은 뇌 영상 기술을 통해 이 문제의 원인을 발견했다. 보상 시스템과 도파민 분비를 과도하게 자극하는 음식을 계속 섭취하다 보면, 그 시스템이 무뎌지면서 점차 신경세포 간 정보 전달에 필수적인 분자, 즉 잘 알려진 도파민 수용체를 상실하게 된다는 것이다.[229, 230]

비만인 사람들 가운데 폭식증(강박적이고 과도한 식사)을 보이는 사람들의 선조체는 민감성이 떨어진다. 그 결과 유일한 해결책은 점점 더 많은 양을 섭취하여 이 시스템을 더 많이 자극하는 것이 된다. 섭취하는 음식의 반복성과 친숙함은 이러한 민감성 상실의 주요 원인이 된다. 왜냐하면 선조체는 뻔하게 예측 가능한 보상 앞에서는 점점 더 적은 양의 도파민을 분비하기 때문이다.

비만과 중독의 유사성은 우리의 감정 상태를 더 잘 인식하는 기술이 중독과 싸우는 유망한 접근법이 될 수 있음을 시사한다. 약물중독 환자의 경우 결핍감은 주체하기 어려운 스트레스를 유발하기 때문에 중독성 물질을 섭취함으로써 이를 완화하려고 한다. 요동치는 기분이 때때로 불안정한 감정 상태로 이어져 일종의 고통으로 경험된다. 그래서 중독자는 약물을 복용하여 이를 해소하려고 시도한다. 마음챙김 훈련이 이러한 스트레스 상태의 발생 빈도와 강도에 미치는 영향을 측정하기 위해 여러 연구가 이루어지기도 했다.

2017년 4월, 뉴저지 주립대학교[231]의 연구자들 역시 이 주제에 관한 42개의 연구 결과를 모아 이들을 종합했다. 연구진은 마음챙김 명상이 약물 이용을 현저히 감소시키고, 이용 중단 후 재발 위험을 낮추며, 약물이 없을 때 경험하는 스트레스 강도를 크게 줄인다는 결론을 내렸다. 결과적으로 마음챙김은 약물중독, 나아가 전반적인 중독과 싸우는 데 중요한 도구임이 입증되었다.

시간의 깊이 되찾기

비만인과 중독자 모두가 직면하는 문제 중 하나는 순간적으로 솟아오르는 강렬한 욕구에 저항할 수 없다는 것이다. 결핍이 느껴지는 순간 "참고 견뎌라. 나중에 이익을 얻을 것이다"라고 속삭이는 내면의 작은 목소리는 시간 할인의 힘에 부딪힌다. 음식이나 약물 복용을 자제함으로써 얻는 장기적인 이점은 거의 실체가 없는 것처럼 느껴진다. 또한 햄버거, 술, 담배, 포르노 영상 혹은 강력한 마약 등 눈앞에 보이는 유혹이 지닌 힘 앞에서는 거의 아무런 무게를 지니지 못한다. 중독자의 뇌는 지금 여기에서 일어나는 일에 최대의 가치를 부여하고, 내일이나 1년 후에 일어날 일에는 그리 큰 관심을 두지 않는다.

시간 할인과 강박적이거나 중독적인 행동 사이의 연관성은 몇몇 실험들로 분명하게 드러난다. 예를 들어, 비만인 사람에게 음식과 관련된 시간 할인 테스트를 실시하면 즉각적인 보상에 집중하고 충동성에 대한 저항력이 무너지는 것으로 나타났다. 그 순간 이들에게 중요한 것은 손 닿는 곳에 있는 음식, 바로 지금 눈앞에 있는 음식뿐이다. 미래의 이익을 음식 형태로 보여준다 해도 현재의 순간이 여전히 그의 선택을 사로잡는다.[232]

그러나 흥미롭게도 마음챙김 명상 프로그램에 참여하면 시간 할인이 크게 줄어들고 미래에 대한 인식이 회복되는 것으로 보인다. 강박적인 식습관으로 고통받는 사람이 영양과 관련된 마음챙김 명상 프로그램에 참여하면 의식이 지속되는 시간을 점차 늘려가며 단기적 이익보다 장기적 관점을 우선시하기 시작한다.

이 관찰은 매우 중요하다. 우리가 미래를 내다보는 것을 방해하는 주요 장애와 관련이 있기 때문이다. 기후 문제 앞에서 우리는 초콜릿 바를 앞에 둔 음식 중독자와 같다. 미래를 생각할 수 없고 오로지 현재에 사로잡혀 있다. 우리는 장기적 관점을 잃고 즉각적인 쾌락을 선호한다. 의식 수준을 높이는 정신적 기법들이 시간 할인 편향에 효과적으로 맞설 수 있다는 사실을 발견하면서, 과학자들은 우리에게 이 함정에서 벗어날 수 있는 한 가지 길을 제시한다. 바로 우리의 전반적 의식 수준을 높이는 것이다. 대뇌피질의 힘으로 "모든 것을 지금 당장"이라는 유혹에 면역력을 갖게 해야 한다는 것이다. 미래에 대한 장기적 사고의 힘을 되찾는 것, 이러한 실천은 우리에게 운명을 주도적으로 헤쳐 나갈 수 있는 더 큰 자유를 준다.

하지만 이때 우리는 강력한 반대 힘에 맞닥뜨리게 된다. 우리가 만든 세상은 오히려 정반대의 결과를 낳는 경향이 있기 때문이다. 예를 들어, 패스트푸드 같은 음식에 지속적으로 노출되면 시간 할인 성향이 증가하여 미래를 내다보는 시야가 줄어든다.[233] 이러한 음식을 많이 섭취할수록 우리는 충동에 저항하고 장기적으로 자유 의지를 행사할 수 있는 능력이 떨어진다. 따라서 우리를 제대로 먹이지 못하고 뇌 기능에 해로운 결과를 초래하는 이 시스템을 계속 먹여 살리면서 동시에 마음챙김을 실천하는 것은 그리 큰 의미가 없다.

물질적 성장인가, 정신적 성장인가?

다른 분야로 시야를 돌려보자. 우리를 이끄는 자동화는 사회적 지위에 대한 욕망과 연결되기도 한다. 책임 있는 위치에 오르면 흔히 더 높은 자리만을 추구한다. 도파민 뉴런의 작용에 좌우되는 이 반사적 행동은 대부분 자동적이고 무의식적이다.

앞서 살펴본 바와 같이, 선조체의 신경세포들이 특정 사회적 지위에 익숙해지면 감각이 무뎌져 아무런 느낌도 받지 못하게 된다. 그러니 이를 자극하기 위해서는 한 단계 더 높은 수준으로 올라가는 것이 필수다. 달리 말하면, 이러한 상승 과정은 지속적인 만족감을 가져다주지 못한다. 그러니 행복을 가져다주지도 않는다. 반면에 잠시 멈춰서서 쉬어 가며, 지붕 아래에서 살 수 있다는 것, 매일 먹을 것이 있다는 것, 의료 서비스를 이용할 수 있다는 것이 얼마나 큰 행운인지 깨닫는 것은 끊임없는 상승과 "항상 더 많이"라는 순환을 깨뜨리면서 행복의 문을 다시 열어줄 수 있다. 그러고 나서 그냥 단순하게 내가 좋아하는 활동을 할 시간을 스스로에게 주는 것이다. 놀랍게도 행복에 관한 대부분의 연구에 따르면 행복감은 바로 스스로 좋아서 하는 활동과 관계 있다.[234]

결국, 우리가 선조체 결정론에서 벗어나기 위해서는 의식이 핵심임을 알 수 있다. 우리가 하는 대부분의 행동은 매우 낮은 수준의 의식으로 이루어진다. 집안일을 하거나 출근길에 오르거나 자전거를 타거나 조깅을 할 때, 이를 닦거나 식탁에 앉아 있을 때 우리는 대부분 기계적으로 행동한다. 심지어 지적 활동에 몰두할 때조차 우리가 완전히 의식적으로 행동한다고 주장하는 것은 잘못된 것이다.

인간의 역설은 우리가 매우 강력한 계산 능력을 지닌 대뇌피질을 갖추고 있음에도 이를 주로 실용 목적과 성능 향상, 기술 발전에 활용한다는 점에 있다. 수천 년 동안 우리의 추상화 능력, 개념화 능력, 계획 수립 능력은 주로 우리의 편리함을 높이고 식량 자원 접근성을 개선하며 건강을 증진하는 도구와 기계를 설계하는 데 사용되어 왔다. 그 결과 우리는 더 나은 삶을 살고, 더 오래 살며, 질병에 덜 걸리고, 더 이상 굶어 죽지 않는다. 1920년에 전 세계 인구의 82%가 하루 수

입이 1.9달러 미만으로 극심한 빈곤 속에서 살았는데(달러 가치는 당시 생활 수준에 맞춰 환산된 값이다)[235], 오늘날에는 인류의 단지 9.6%만이 그 기준 이하에서 살아간다. 브라보, 대뇌피질! 놀라운 실용적 성취다!

그러나 물질적 삶을 개선하기 위해 기술적 해법을 찾아내는 이 놀라운 능력 뒤에는, 우리를 움직이는 근본적인 힘들이 여전히 베일에 싸여 있다. 우리는 목표를 세우는 데에는 서툴지만 목표를 달성하는 기술에서는 탁월하다. 우리의 행동을 이끄는 유일한 기준은 기술적 실현 가능성이다. 인간 복제 직전의 마지막 단계에 이르렀으며, 실제로 2018년에 작은 원숭이를 복제하는 방법을 찾았을 때[236, 237] 우리는 '천재적인 기술력으로 할 수 있다면 하지 않을 이유가 없다'고 생각하며 자동적으로 복제를 실행한다. 우리는 왜 그것을 하려 하는지, 그것이 어떤 의미인지 묻지 않는다. 인공 자궁[238]을 개발해서 곧 동물의 자궁 바깥에서 완전한 임신을 가능하게 만들 때도, 그 기술적 성취만으로 실행을 정당화하기에 충분하다.

결국 우리는 지능은 높지만 의식 수준은 낮은 존재처럼 행동한다. 지능과 의식에는 본질적인 차이가 있다. 하지만 우리는 이 차이를 구분할 생각을 거의 하지 않는다. 지능은 해결책을 모색하고, 계산을 수행하며, 목표와 계획을 실행에 옮긴다. 이 모든 과정을 의식의 개입 없이도 수행할 수 있다. 가장 대표적인 예가 로봇이나 인공지능이다. 오늘날 지능형 알고리즘은 며칠 후의 날씨를 예측하고, 우주 탐사선을 발사하며, 세계 체스 챔피언을 이기고, 최고의 바둑 선수들까지도 이길 만큼 고도로 복잡한 작업을 수행할 수 있다. 하지만 그 소프트웨어는 의식이 없다. 개인적인 욕망도 없고 감정도 없으며, 즐기지도 고통받지도 않는다. 오직 한 가지에만 능하다. 신적인 수준으로 체스와 바둑을 두는 것.

인공지능의 신경망 구조는 의식을 생성하기 위한 필수 조건을 충족하지 못한다. 예를 들어 감각·운동·기억·감정의 정보를 그 소프트웨어 구조 속에서 함께 처리하거나 자신의 정신 상태를 인식하는 능력[239] 같은 것들 말이다. 인간은 의식을 지니고 있지만 이는 종종 소홀히 여겨진다. 그래서 우리는 지능보다 의식을 훨씬 덜 발달시킨다. 지능은 학교에서 높은 성적을 얻기 위해, 변호사나 엔지니어 또는 경제의 어느 분야든 프로젝트 매니저가 되기 위해 사회의 모든 계층에서 장려된다. 하지만 언제쯤 네트워크 엔지니어, 화장품 라인 개발자, 자동차 기업 경영자에게 이렇게 묻게 될까.

"당신은 지금 하고 있는 일의 의미를 알고 있습니까?"

지능에 걸맞은 의식 끌어올리기

우리의 의식 수준을 우리의 지능 수준으로 끌어올리는 것은 의심할 여지 없이 인류의 미래를 위해 가장 중요한 과제가 될 것이다. 다가오는 세상에서는 점점 더 많은 사람들이 일하는 시간을 줄이고 여가 활동에 더 많은 시간을 할애하게 될 것이다. 사람들은 그 시간을 어떻게 활용할까? 점점 더 정교하고 현실감 넘치는 단말기에서 동영상을 시청하고, 초현실적인 온라인 게임을 즐기며, 끝없이 소셜 미디어를 서핑하는 데 사용할 것인가? 아니면 감각적 자극의 양을 줄이면서 더 명료한 의식 속에서 살아가기 위해 정신 능력을 개발하려 할 것인가?

이 싸움은 언뜻 보기에 매우 불공평해 보인다. 가상세계는 인공지능의 급속한 발전에 힘입어 잠재력이 무한해 보이기 때문이다. 우리는 곧 현실과 구분하기 매우 어려운 가상세계에서 살게 될 것이다.

지금까지 인간은 일반적으로 자신의 욕망과 현실을 구분하도록 길러져 왔다. 7세부터 우리 뇌의 일부가 이 작업을 맡아 실행한다. 전전두피질이 점차 성숙해지면서 동화는 현실이 아니라는 것, 산타클로스는 존재하지 않는다는 것, 생계를 위해서는 일을 해야 한다는 것, 그리고 빨간 망토를 두르고 맨해튼 상공을 날아다니며 세상을 지배할 수 없다는 것을 배워간다.

성적 측면에서 욕망과 현실 사이의 간극은 이른바 환상으로 나타난다. 환상은 실현 불가능하다는 것을 알면서도 극도로 갈망하는 상황을 연출하는 정신적 창조물이다. 예를 들어, 스칼렛 요한슨이나 조지 클루니같이 아름답거나 매력적인 배우와 사랑의 밤을 보내는 꿈을 꿀 수 있다. 대부분의 사람에게 이런 시나리오는 실현 불가능하므로 공상에 불과하다. 우리의 상상력이 허구의 상황을 만들어 그 환상을 선사할 뿐이다. 이 환상은 곧 끝이 찾아온다(이 정도 환상은 그리 나쁘지 않다고 생각할 수 있다).

몇 달 전부터 인터넷에서 딥페이크 현상[240]이 확산하고 있다. 바로 이런 환상을 정확히 실현하는 합성 영상이다. 영리한 소프트웨어 개발자들이 포르노 배우들이 촬영한 영상을 편집해 유명 여배우들의 얼굴로 대체하는 방법을 찾아냈다. 그 차이를 식별하는 것은 불가능하다. 소프트웨어는 여배우의 공식 행사, 영화, 광고 영상에서 수백만 장의 이미지를 추출하고 그중에서 골라 포르노 배우의 얼굴 위에 덧씌운다. 놀라울 정도로 생생하게. 여러분은 가장 뜨거운 장면에서 가장 좋아하는 여배우를 볼 수 있다.

디지털 기술은 지금까지는 당신의 환상을 2차원에서 현실로 만들었지만, 이제 3차원이 시장에 등장하고 있다. 스마트폰이나 인터넷 단말기에 연결하기만 하면 가상현실 헤드셋을 통해 장면에 완전히 몰입할 수 있다. 수십 년 안에 수백만 명의 사람들이 그들의 가장 황당한 꿈을 구현하는 온갖 가공물을 제공하는 가상세계를 탐험하며 삶의 상당 부분을 보내는 것이 전혀 비현실적으로 보이지 않는다. 이는 성적인 측면뿐만 아니라 삶의 모든 차원에서도 마찬가지다. 언젠가는 조지 클루니가 되어보거나, 로저 페더러나 요한 제바스티안 바흐의 삶을 체험하거나, 태평양 파도 사이를 유영하는 돌고래가 되어보는 것도 가능해질 것이다.

하지만 자신을 속여서는 안 된다. 이 놀라운 인공물들은 단지 우리 중뇌에 자리 잡은 도파민 뉴런들의 요구에 부응할 뿐이다. 방금 설명한 선택지는 단지 우리의 1차 강화물들을 기괴하게 부풀리는 것에 지나지 않는다. 이 길을 따른다면 우리는 점점 더 오래된 패턴에 깊이 빠져들게 될 뿐이다. 즉, 선조체가 명령하고 대뇌피질이 실행하는 패턴 말이다. 이 인간 프로그램을 산업적으로 구현하는 것은 점점 더 많은 자연자원을 태워 없애고, 지구의 주민들을 황폐해진 자연과 단절된 가상 공간에 고립시키는 것밖에 되지 않는다.

두 번째 길은 의식 사회로 진화하는 것이다. 노동시간이 단축되고 기계가 노동을 대신하게 되면 수백만 명의 뇌가 확장된 의식의 시간을 가질 가능성이 열릴 것이다. 놀고, 먹고, 지위와 섹스를 온라인에서 소비하는 대신, 우리 모두는 정신적 능력의 범위를 넓히고, 따라서 질적 경험을 발전시키는 데 주력하게 될 것이다. 그 결과 물질적 재화의 소비가 제한되더라도, 그것이 곧바로 상실이나 좌절감으로 이어지지 않을 것이다. 어쩌면 정반대일 수도 있다.

뇌가 지식을 양분 삼아 자랄 때

의식 수준을 발전시키는 것만으로 상황을 통제할 수 있을까? 언제나 그렇듯 정신적 성장 경제를 고려할 때 이것이 우리의 뇌 경제, 즉 뇌의 보상 시스템 관점에서 가능한지 자문해야 한다. 지금의 인류를 높은 수준의 의식을 달성한 뇌들의 집합체로, 절제와 인내, 그리고 일종의 혜안을 지닌 존재로 보는 것은 아마도 시기상조일 것이다. 그날이 오기까지 우리는 다른 전략들을 개발해야 한다.

몇 년 전, 신경과학자들은 지식 그 자체가 선조체에게 일종의 영양분이 될 수 있다는 사실을 발견했다. 그들은 일부 실험에서 지원자들에게 음식이나 돈 대신에 '인지적 보상'을 했다. 보상은 단순히 "성공했습니다"라는 말과 함께 켜지는 작은 초록불이었다. 참가자가 대답할 때마다 틀리면 빨간불이, 맞으면 초록불이 켜졌다.[241, 242] 지원자들의 뇌를 MRI로 촬영한 후, 연구자들은 이러한 인지적 보상이 정확히 선조체의 도파민 뉴런을 활성화하는 것을 관찰했다. 이는 정신적 민첩성과 문제 해결 능력에 대한 일종의 보상이 존재함을 드러낸 것이다. 이 보상은 음식, 섹스, 사회적 지위 또는 게으름과 같은 주요한 1차 강화물들과 부분적으로 동일한 뇌 영역을 자극했다.

어떤 면에서는 지식, 정신 운동, 퍼즐, 그리고 일반적으로 호기심을 자극함으로써 선조체의 욕구를 충족시킬 수 있을지도 모른다. 2014년 캘리포니아 대학교의 과학자들은, 수업을 시작할 때 학생들에게 던지는 간단한 수수께끼처럼, 호기심과 놀라움을 불러일으키는 단순한 질문들이 학생들의 측좌핵에 있는 도파민 뉴런을 활성화하여 즐거움과 정보에 대한 기대감을 불러일으킨다는 사실을 발견했다.[243] 이처럼 선조체 뉴런의 '예열'은 기억 영역의 활성화로 이어져, 이후 몇 분 동안 교수가 전달하는 정보를 더 잘 기억하게 한다(이 실험에서는 단순히 낯선 사람의 얼굴을 기억하는 것이었다). 교실에서는 교사가 수업을 시작할 때 간단한 퀴즈를 통해 학생들의 호기심을 자극함으로써 그들의 선조체를 준비시켜 이후 전달될 정보, 예를 들어 수학 개념이나 지리 수업의 도시 목록 등을 더 잘 기억하도록 유도할 수 있다.

우리의 선조체는 지식을 갈망하며, 이는 아마도 미래 경제의 유망한 자원이자 현재 디지털을 포함한 차세대 산업 기기들이 유일한 목표로 삼고 있는 물질적 성장에 대한 흥미로운 대안이 될 것이다.

그렇다면 미래 경제, 즉 대부분 디지털 경제가 될 미래 경제는 결국 충동의 증폭으로 영원히 기울 것인가, 아니면 지식의 발전으로 방향을 틀 것인가?

호모 누메리쿠스*

첨단 디지털 기술은 막대한 경제적 수익을 창출하며, 현재 통신과 소셜 네트워크, 게임 같은 매우 중독성이 강한 제품들을 통해 고객 유치 마케팅 전략으로 활용되고 있다. 그러나 커뮤니케이션 산업에서 디지털 기술은 지식의 전달과 교환의 중요한 매개체가 된다. 물론 고용 측면에서는 논란의 여지가 있다. 예컨대 대학 교수가 자신의 강의를 온라인 공개강좌 형태로 전환하면, 교통이 불편한 지역들의 소규모 학급에서 수천 명의 교사가 일자리를 잃을 수도 있다. 그러나 그 대신 지식을 인류 공통의 언어로 만들고, 점점 늘어가는 시민의 여가 시간에 새로운 의미를 부여하게 될 것이다.

이때 우리 앞에 놓인 갈림길은 아마도 다음과 같을 것이다. 노동이 없는 세계에서 우리는 값싼 음식, 온라인 섹스, 끊임없는 정보, 가상의 자존감으로 선조체를 포식하게 만드느라 바쁠 것인가, 아니면 점점 더 많은 시간을 우리 자신과 타인에 대한 자각을 발전시키고, 점점 더 방대한 지식의 교환을 통해 우리 삶을 풍요롭게 하는 데 할애할 것인가?

사실, 이 두 가지 선택지 중 어느 하나만으로는 문제가 해결되지 않

---

* Homo Numericus, 현대사회에서 인간이 디지털, 숫자, 데이터 중심으로 정의되는 존재가 되어가고 있음을 나타내는 말-옮긴이

을 가능성이 높다. 우리는 1차 강화물들의 작용을 이해하고 인정해야 하며, 이를 억누르려는 시도는 아마도 헛될 뿐만 아니라 오히려 위험을 초래할 것이다. 그러나 가장 큰 위험은, 우리의 본성이 이러한 1차 강화물들을 좇는 경향이 있다는 점을 알면서도, 그 힘을 제한하기는커녕 오히려 강화하는 경제 체제를 정치 이념과 결합하는 데 있다. 1차 강화물들을 좇도록 부추기는 경제 체제를 계속해서 장려하는 것은 최악의 선택이 될 것이다. 불행하게도 우리는 거의 한 세기 동안 이렇게 해왔다. 그 결과 우리의 행성을 잃어가고 있다.

지식과 해방

지식이 우리 사회의 핵심 가치로 자리 잡을 가능성은 얼마나 될까? 현실적으로 생각해야 한다. 지식은 음식, 섹스, 사회적 명성처럼 매혹적이거나 중독성 있는 자극제는 아니다.

이러한 힘들과 동등하게 맞설 수 있는 강화물로 만들기 위해서는 동맹이 필요하다. 우리가 보았듯이 그 동맹은 바로 사회적 규범이다. 사회 전체가 지식과 그 선구자들을 존중하고 우리 뇌에 매력적이고 가치 있는 것으로 만들 필요가 있다. 정치 지도자들, 미디어, 출판인들, 경제 주체들 모두가 기여할 수 있다. TV 최고 시청률을 더는 축구 경기가 차지하지 않고, 비디오 게임 산업이 우리의 1차 강화물을 자극하는 제품보다 교육적 콘텐츠를 더 많이 제공하게 되는 날이 온다면, 우리는 정신적 성장으로의 전환 가능성을 가리키는 중대한 지표를 목격하게 될 것이다.

오늘날 어떤 게임 개발자나 방송국 책임자도 이런 위험을 감수하지 않을 것이다. 수백만 명의 시청자가 화면 앞에서 바로 그 1차 강화물들에 의해 자극받기를 기다리고 있다는 사실을 알기 때문이다. 그렇다고 모범 사례가 정치 세계에서 나올 것 같지도 않다. 정치인들은 디지털 산업의 뒤를 쫓으며 이 분야의 거물들인, 점점 더 우리 삶을 지배하고 있는 GAFA(구글, 애플, 페이스북, 아마존)가 제시한 길 외에는 다른 발전 방식을 거의 상상하지 못한다.

우리 지도자들은 인내, 의식, 절제라는 가치를 구현하는 데 어려움을 겪고 있다. 정부 기관들은 더 친환경적이고 더 경제적인 해법을 선택하는 대신 비즈니스 클래스 항공편으로 대규모 대표단을 지구 반대편으로 실어 나르는 데 공적 자금을 낭비한다. 또한 주요 기관의 책임자들이 수년 치 최저임금에 해당하는 금액을 택시비로 쓰며 언론의 헤드라인을 장식하는 식의 일들이 다반사로 일어나고 있다.

매일 같이 우리는 시속 250km에서 300km로 속도를 높여 30분을 단축하는 신형 고속철도의 놀라운 진보에 열광한다. 그러나 동시에 대중교통이 불충분한 대도시들은 수많은 직장인을 자가용에 몰아넣고 유해 배출가스로 대기를 오염시키도록 내버려둔다. 매주 영향력 있는 남성이 강간이나 성추행 혐의로 피해자에게 고소를 당했다는 소식이 들려온다.

우리는 아직 갈 길이 멀다. 우리는 더 적은 1차 강화물과 더 많은 의식 속에서 살아갈 준비가 되어 있지 않다. 그런 날은 언제쯤 올까?

생태 문제에 더 민감하다고 알려진 미래 세대는 동시에 가장 참을성
이 없고 신기술에 가장 의존적인 세대이기도 하다. 악몽은 계속되는
듯하다. 2015년 파리 협정에 서명한 196개국 중 고작 30개국의 국가
원수만이 2018년 12월 2일부터 14일까지 폴란드 카토비체에서 열
린 제24차 기후변화협약 당사국총회COP24에 참석했다. 그중 G20 국
가 지도자는 단 한 명도 없었다.

문제는 계속 반복되며 이어질 것인가?

신경과학의 경고에
사회과학의 시각으로 답하기

이 책을 번역하는 내내 머릿속에서는 한국 사회의 풍경이 책 속 문장들과 끊임없이 겹쳤다. 아찔한 속도, 비교, 과잉, 디지털 중독, 소비 경쟁, 지위에 대한 과도한 집착…. 한국은 짧은 시간에 경이로운 성장을 이루어낸 나라다. 50년 남짓 만에 원조받는 나라에서 원조하는 나라로 발전한, 세계 유일의 국가로 칭송받을 정도다. 세계에서 가장 빠른 경제와 기술 발전, 서울의 글로벌 도시로의 변모, 높은 교육열과 정보기술 혁신을 이루었고 그와 동시에 이 책에서 다루는 주제, 즉 인간 뇌의 보상회로가 가장 분명하게 작동하는 현장이기도 하다.

한국은 전형적인 '보상회로의 실험실'

이 책은 인간 뇌의 중심부, 특히 선조체가 어떻게 우리의 욕망을 조종하고 문명의 방향을 결정해왔는지 다룬다. 먹고, 번식하고, 경쟁하고, 정보를 빨아들이고, 높은 지위로 올라서려는 욕망과 이 욕망을 우리 안의 깊은 곳에서부터 부추기는 뇌의 강력한 보상회로는 오랜 진화의 산물이며 인간의 생존에 유리하도록 설계되었다. 그리고 현대 문명은 이 구조를 발판 삼아 고도의 경제성장과 산업 발전을 촉진해왔다.

특히 삶을 압박하고 무수한 생명을 앗아가는 과중한 노동, 청년들이 겪는 격렬한 경쟁, 고도의 디지털화가 가져온 정보 과잉, 더 많은 소비가 행복과 직결되는 사회 분위기, 그리고 '성공'과 '지위'를 서로 끊임없이 비교하게 만드는 한국의 환경은 이 책에서 설명하는 보상 시스템의 작동 방식을 가장 생생하게 확인할 수 있는 무대다.

한국의 빠른 압축성장은 경쟁과 효율의 극대화를 요구했다. 스마트폰 사용률, 인터넷 속도, 온라인 쇼핑, 사교육, 미디어 소비량 등 모든 지표가 극단적으로 높다. 이 모든 현상 뒤에는 저자가 강조하는 선조체, 즉 즉각적 보상에 민감한 회로가 자리 잡고 있다. 한국인의 삶은 '더 많이', '빨리빨리'를 요구받는다. 그 과정에서 우리는 점점 더 강한 자극을 갈망하게 되고, 이는 보상회로의 더 깊은 중독으로 이어진다.

따라서 이 책은 우리 사회의 불안, 우울, 과몰입, 번아웃, 비교 강박 등을 사회 문제나 개인의 문제로 보는 것에서 더 나아가 뇌과학적 구조로 확장함으로써 문명을 지배하는 신경 시스템의 결과로 바라볼 수 있게 한다. 그리하여 인간이 왜 그렇게 행동하는지, 왜 멈추기 힘든지, 왜 당장 앞에 있는 보상에 끌릴 수밖에 없는지를 뇌과학으로 설

명한다. 우리 사회는 지금 정치와 경제, 심리, 기후의 복합 위기에 맞
닥뜨리고 있다. 이럴수록 "우리는 왜 이런 선택을 하는가?"에 대한 근
본적인 물음이 필요하다.

'보이지 않는 손'과 '효용극대화'가 몰고 온 파괴적 결과

우리는 "원하는 것은 무엇이든 얻을 수 있는" 사회에서 살게 되었
다, 돈만 있으면. 자본의 막대한 생산성과 자유로운 개인들의 거침없
는 효용 추구가 만나 이룬 결과다. 다시 말하면 18세기에 개화한 계
몽주의와 '보이지 않는 손'에 바탕을 두고 발전해 온 자본주의가 이
룩한 놀라운 성취다. 오래전 프랜시스 후쿠야마의 저서 《역사의 종말
The End of History and the Last Man》(1997, 한마음사)이 이야기했듯 우리 사회
는 사회주의, 공동체주의와 같은 어떤 대안도 지금의 시장경제와 자
유민주주의 체제보다 나을 수 없음이 판명된 듯 보이고, 그런 의미에
서 역사는 끝났을지도 모른다.

하지만 인류는 뜻밖의 복병과 만났다. 대량생산과 풍요로운 물질
적 부의 향유는 막대한 탄소 배출로 이어졌고 이것이 기후변화와 지
구 온난화라는 문명적 위기를 낳은 것이다. 보이지 않는 손을 바탕으
로 한 효용극대화 그리고 그와 쌍을 이루는 이윤극대화 논리는 결국
우리 뇌의 선조체를 최대한 만족시키기에 최적의 이론이었음이 드러
난다. 그리고 이것이 이제 인간과 지구에 파괴적 효과를 부르고 있다.
물론 인류는 이전에도 불평등과 양극화, 환경과 생태계 파괴를 비롯

한 여러 문제로 심각한 경고의 목소리를 들어왔다. 그리고 이런 문제들은 상대적으로 장기간에 누적되어 악화되거나 인간의 노력을 통해 극복할 수 있으리라는 기대가 함께 따라왔다. 하지만 기후위기는 그 성격이나 표출 양상이 완전히 다르다. 우리는 예측 불가능한 미지의 세계로 진입하고 있으며 이 위기로 말미암아 인류 역사는 말 그대로 끝을 맞이할지도 모른다. 시급하고도 실질적인 전 지구적 대응을 하지 않으면.

그런데 인간은 왜 위기를 불러온 삶과 경제의 방식을 바꾸지도 않고 확실하고 효과 있는 대처도 하지 않는 걸까? 이 질문에 대한 유력한 대답 가운데 하나를 이 책이 주고 있다. 선조체와 도파민을 중심으로 한 보상 시스템이 우리를 '더 많이, 더 빨리, 더 자극적으로' 원하게 만든다는 것이다. 점점 더 심해지는 중독 증세다. 저자는 이 원초적 본능이 너무도 힘이 세서 인간은 이 힘에 조정당할 뿐 아니라 이 힘에서 벗어나기 어렵다는 암울한 전망을 보여준다.

물론 저자는 선조체가 꼭 원초적 본능을 충족하는 방향으로만 기능하지 않고 마더 테레사의 예처럼 이타적이고 윤리적으로 행동하도록 동기를 부여하기도 한다는 점을 언급한다. 또한 대뇌의 적극적인 역할을 통해 의식의 힘을 고양하여 선조체의 '농간'을 뿌리칠 수 있다고 한다. 절제와 성숙, 즉 정신적 성장을 통해 선조체의 방향을 돌릴 수 있다는 말이다. 의식의 주도 아래 "감각적 증폭기를 발전시킴으로써 양적으로는 더 적게 주면서도 선조체가 더 많은 즐거움을 얻는다고 믿게 할 수 있다"는 것이다. 그리고 "바로 지금의 안락함에 대한 병적인 집착"에서 벗어나 더 먼 미래를, 우리 후손의 삶을 생각할 수 있게 한다는 것이다.

개인들의 실천에만 맡겨둘 때 실패는 필연

하지만 저자는 개인적인 노력만으로는 목표하는 바를 달성할 수 없다고 말한다. 이윤을 최우선시하는 기업이 우리 뇌의 이런 특성을 이용하고 부추기고, 경제성장을 절대 목표로 삼는 이데올로기가 우리 사회를 온통 사로잡고 있기 때문이다. 선조체에게 쉼 없이 더 많은 먹이를 던져주는 원초적 욕망 사회에서 우리의 대뇌피질은 한없이 작고 무력해진다. 이 소비하는 뇌는 경쟁 속에서 이윤만을 맹목적으로 추구하는 자본주의 기업들의 굳건한 동맹일 뿐이다.

그래서 이 책은 선조체가 부추기는 인간의 5가지 원초적 본능(신경학 용어로 일차강화물 충족 욕구)을 충족하는 것이 인생 일대의 목표가 된 개인들을 향한 고발에 가깝게 느껴진다. 원서의 제목을 원초적 욕망의 단시한적 충족에만 매달리게 하는 인간 뇌의 결함이나 오류라는 뜻을 포함하는 "인간 버그Le Bug Humain"라고 지은 것도 그런 느낌을 강화한다. 현대 사회의 개인들은 어쩌면 헤르베르트 마르쿠제가 비판한 "일차원적 인간"이 되고자 스스로 원하고 있는지도 모른다.

저자는 이러한 상황을 "자유와 인권 정신의 일탈"이라는 시각에서 바라본다. 자유와 인권이라는 가치는 결국 각 개인이 자신의 일차강화물을 충족할 자유와 권리이고 계몽주의 시대에는 그러한 가치를 옹호하는 것이 매우 합당한 목표였다고 말한다. 대다수의 인간에게 그러한 가치가 허용되지 않았기 때문이다. 하지만 이제 상황이 달라 졌다며 이렇게 말한다.

"우리는 맷돌과 소달구지 시대에 선포된 이상들이 여전히 유효하다고 여길 수는 없다. 지구상의 가정들이 연간 100억 톤의 쓰레기를 배출하 는 문제를 어떻게 관리해야 하는지 자유와 인권이라는 이상이 가르쳐 줄 수 있다고 생각해서는 안 된다. 연간 1,360억 개의 포르노 동영상 시청, 또는 20분마다 한 종의 생물이 사라지는 현상을 다루는 데 여전 히 유효하다고 생각할 수는 없다. 다가오는 거대한 위기에 맞서 개인 의 자유만을 내세우는 것은 무책임에 가깝다."

그렇다면 어떻게 해야 할까? 우리에겐 이런 딜레마 상황을 탈피할 방법이란 아예 없는 걸까? 그렇진 않다. 일말의 희망은 있다. 저자는 사회적 규범과 공적 담론, 제도화로도 눈길을 준다.

"선조체가 다른 것들을 사랑하도록 배울 수 있으며, 우리의 목표가 사 회적 규범이라는 중요한 요인에 의해 새롭게 규정될 수 있음을 보여준 다. 부모의 말, 그리고 학교, 미디어, 정치의 담론은 이타주의, 절제, 환 경 존중과 같은 행동을 사회적으로 가치 있게 여김으로써 우리의 선조 체가 사물을 새로운 시각으로 바라보게 할 수 있다."

저자는 공익에 기여하거나 지구와 환경을 위해 행동하거나 온실가스 배출을 크게 감소시킨 사람들의 사회적 지위를 높여주는 공적 담론을 활성화하거나 전기자동차 사용을 장려하는 녹색번호판과 같은 제도화를 통해 사회적 규범을 확산하는 방법을 예로 들고 있다. 하지만 이 책을 쓴 주요 목적은 어떻게 인간이, 인간의 뇌가 지구를 파괴하도록 내모는지 신경과학의 접근을 통해 밝히는 데에 있다. 변화를 이루고자 하는 사람들이 '자기 자신을 아는 것'이 가장 시급한 일이라고 생각했기 때문이다. 따라서 신경과학적 범위를 넘어서는 고찰이나 실천 방안을 모색하는 것은 또 다른 과제가 될 것이다. 사실 이러한 과제도 자기 자신을 제대로 알아야 해결을 향해 한 발 내디딜 수 있을 테니 말이다.

따라서 이 책이 생물학적 결정론이나 신경생리학적 결정론을 주장하는 것은 전혀 아니다. 다만 신경학적 보상 시스템의 영향력이 너무도 크다는 점을 부각하고, 그 시스템을 이윤 창출을 위해 한껏 이용하는 산업과 기업의 행태에 대해 경고하려는 것이다. 이러한 목적으로 저자는 신작 《휴먼 사이코*Human psycho*》(2022)에서 위기에서 벗어날 사회적 과제에 대해 좀 더 발언 비중을 높이고 있다. 즉, 생태계를 법적 주체로 만들고, 지구상의 화석연료를 더 이상 추출하지 못하도록 하고, 환경과 미래를 고려하지 않는 기업 활동을 규제하고, 기술적 해결에 대한 맹신을 버리고, 성장과 축적, 불평등을 통해 개인주의와 부의 창출을 증대해온 지배적 모델을 버리고 협력과 이타주의에 기반한 새로운 모델로 전환해야 한다고 주장한 것이다. 이렇게 하는 것이 결코 쉬운 일은 아니지만, 협력과 이타주의 역시 우리 두뇌가 가진 또 다른 위대한 능력임을 저자는 일깨우고 있다.

　우리 행동의 근원을 이해하지 못한다면, 변화도 불가능할 것이다. 그런 점에서 이 책은 우리의 현재와 닥쳐올 위기에 관한 질문에 답하는 데 큰 도움을 얻을 수 있는 드물게도 과학적이고 통찰적인 안내서다. 이러한 점을 높이 평가하여 프랑스 신경학회Société française de neurologie가 2020년 뇌과학도서 대상을 수여한 바 있다. 이 책이 한국 독자들에게도 책읽기의 즐거움과 함께 자신을 이해하고 미래를 헤쳐 나갈 통찰을 줄 수 있다면 번역자로서 큰 보람을 느낄 수 있겠다.

1. A. Djoghlaf, "Message on the occasion of the International Day for Biological Diversity", United Nations Environment Programme, 22 mai 2007.
2. "World Population 2017", United Nations, Department of Economic and Social Affairs, Population Division. https://esa.un.org/unpd/wpp/Publications/Files/WPP2017_Wallchart.pdf
3. "Earth Overshoot day 2017 fell on August 2", Earth Overshoot Day. https://www.overshootday.org
4. S. Murai, "Global environment and population carrying capacity", Population, Land Management and Environmental Change, UNU Global Environmental Forum IV, J. I. Uitto et Akiko Ono, Tokyo, United Nations University, pp. 77-83, 1996.
5. N. Cappuccino et P. W. Price, Population Dynamics : New Approaches and Synthesis, Academic Press, San Diego, 1995.
6. T. Jacobsen et R. M. Adams, "Salt and Silt in ancient Mesopotamian agriculture", Science, vol. 128, pp. 1251-1258, 1958.
7. J. Diamond, Collapse : How Societies Choose to Fail or Survive, Penguin Books, 2005 et 2011.
8. D. O'Neill, A. L. Fanning, W. F. Lamb, J. K. Steinberger, "A good life for all within planetary boundaries", Nature Sustainability, vol. 1, pp. 88-95, 2018.
9. J. Lorck, « Hausse des émissions de CO2 en 2017 », Global-Climat, 14 novembre 2017.
10. L. Chauveau, « La lutte contre le réchauffement climatique prend du retard ! », Sciences et Avenir, 3 juin 2018.
https://www.sciencesetavenir.fr/nature-environnement/climat/les-emissions-mondiales-de-gaz-a-effet-deserre-repartent-a-la-hausse_124453
11. J. Hansen, M. Sato, P. Hearty, R. Ruedy, M. Kelley, V. Masson-Delmotte, G. Russell, G. Tselioudis, J. Cao, E. Rignot, I. Velicogna, B. Tormey, B. Donovan, E. Kandiano, K. von Schuckmann, P. Kharecha, A. N. Legrande, M. Bauer,

and K.-W. Lo, "Ice melt, sea level rise and superstorms : evidence from paleoclimate data, climate modelling, and modern observations that 2℃ warming could be dangerous", Atmospheric Chemistry and Physics, vol. 16, pp. 3761-3812, 2016.

12. « Des records de température enregistrés sur toute la planète », Sciences et Avenir, 29 juillet 2018.

13. B. Kahn, "Sea Level could rise at least 6 meters", Scientific American, 9 juillet 2015.

14. A. Missirian et W. Schlenker, "Asylum applications respond to temperature fluctuations", Science, vol. 358, pp. 1610-1614, 2017.

15. M. Mizutori & Debarati Guha-Sapir, Economic losses, poverty & disasters 1998-2017, Centre for Research on the Epidemiology of Disasters, United Nations Office for Disaster Risk Reduction, 2018.

16. A. Loonen et S. A. Ivanova, "Circuits regulating pleasure and happiness : the evolution of reward-seeking and misery-fleeing behavioural mechanisms in vertebrates", Frontiers in Neuroscience, vol. 9, pp. 1-12, 2015.

17. R. I. Wood, G. R. Li, "Cooperation in rats playing the iterated Prisoner's Dilemma game", Animal Behavior, vol. 114, pp. 27-35, 2016.

18. N. Sato, L. Tan, K. Tate, M. Okada, "Rats demonstrate helping behavior toward a soaked conspecific", Animal Cognition, vol. 18, pp. 1039-1047, 2015.

19. M. Schweinfurth, M. Taborsky, "Reciprocal Trading of Different Commodities in Norway Rats", Current Biology, vol. 28, pp. 1-6, 2018.

20. R. Dunbar, "Neocortex size as a constraint on group size in primates", Journal of Human Evolution, vol. 20, pp. 469-493, 1992.

21. R. Dunbar, "The social brain hypothesis", Evolutionary Anthropology, vol. 6, pp. 178-190, 1998.

22. R. Dunbar, "The social brain hypothesis and its implications for social evolution", Annals of Human Biology, vol. 36, pp. 562-572, 2009.

23. R. Buettner, "Getting a job via career-oriented social networking markets. The weakness of too many ties", Electronic Markets, vol. 27, pp. 371-385, 2017.

24. D. Stout, « Le cerveau à l'âge de pierre », Cerveau & Psycho, vol. 77, pp. 14-21, 2016.

25. R. S. Seymour, V. Bosiocic, E. P. Snelling, "Fossil skulls reveal that blood flow rate to the brain increased faster than brain volume during human evolution", Royal Society of Open Science, vol. 3, p. 160305, 2016.

26. M. S. Szczypka, M. A. Rainey, D. S. Kim, W. A. Alaynick, B. T. Marck, A. M. Matsumoto, R. D. Palmiter, "Feeding behavior in dopamine-deficient mice", Proceedings of the National Academy of Sciences of the USA, vol. 96, pp. 12138-12143, 1999.

27. R. D. Palmiter, "Dopamine signaling in the dorsal striatum is essential for motivated behaviors : lessons from dopamine-deficient mice", Ann. N. Y. Acad. Sci., vol. 1129, pp. 35-46, 2008.

28. D. Laplane, « La perte d'auto-activation psychique », in La Conscience et ses troubles, B. Lechevalier, F. Eustache et F. Viader, De Boeck Universités, 1998.

29. P. Verstichel et P. Larrouy, « La maladie de l'indifférence », Cerveau & Psycho, vol. 3, pp. 2003.

30. M. Habib, La Constellation des dys, De Boeck, 2014.

31. Livestock and Poultry : World Markets and Trade, United States Department of Agriculture, Foreign Agricultural Service, 12 octobre 2017.

32. "Bald chicken needs no plucking", BBC News, 2002.
http://news.bbc.co.uk/2/hi/science/nature/2000003.stm

33. R. Kambadur, M. Sharma, T. P. L. Smith, J. J. Bass, "Mutations in myostatin (GDF8) in double-muscled Belgian blue and Piedmontese cattle", Genome Research, vol. 7, pp. 910-916, 1997.

34. D. Cyranoski, "Super-muscly pigs created by small genetic tweak", Nature, vol. 523, pp. 13-14, 2015.

35. Global Food : Waste not, Want not, rapport de l'Institution of Mechanical Engineers, janvier 2013.

36. G. Koneswaran, D. Nierenberg, "Global farm animal production and global warming : impacting and mitigating climate change", Environmental Health Perspectives, vol. 116, pp. 578-582, 2008.

37. I. Sample, "Meat production 'beefs up emissions'", The Guardian, 19 juillet 2007.

38. « Obésité et surpoids », Organisation mondiale de la santé, 2018.
http://www.who.int/mediacentre/factsheets/fs311

39. A. Hruby, F. B. Hu, "The Epidemiology of Obesity : A Big Picture", PharmacoEconomics, vol. 33, pp. 673-689, 2015.

40. E. Di Angelantonio, S. N. Bhupathiraju, D. Wormser, P. Gao, S. Kaptoge, A. Berrington de Gonzalez, B. J. Cairns, R. Huxley, C. L. Jackson, G. Joshy, S. Lewington, J. E. Manson, N. Murphy, A. V. Patel, J. M. Samet, M. Woodward, W. Zheng, M. Zhou, N. Bansal, A. Barricarte, B. Carter, J. R. Cretan, R. Collins, G. D. Smith, X. Fang, O. H. Franco, J. Green, J. Halsey, J. S. Hildebrand, K. J. Jung, R. J. Korda, D. F. McLerran, S. C. Moore, L. M. O'Keeffe, E. Paige, A. Ramond, G. K. Reeves, B. Rolland, C. Sacerdote, N. Sattar, E. Sofianopoulou, J. Stevens, M. Thun, H. Ueshima, L. Yang, Y. D. Yun, P. Willeit, E. Banks, V. Beral, Z. Chen, S. M. Gapstur, M. J. Gunter, P. Hartge, S. H. Jee, T.-H. Lam, R. Peto, J. D. Potter, W. C. Willett, S. G. Thompson, J. Danesh, F. B. Hu, "Body-mass index and all-cause mortality : individual-participant-data meta-analysis of 239 prospective studies in four continents", The Lancet, vol. 388, pp. 776-786, 2016.

41. K. M. Flegal, M. D. Carroll, C. L. Ogden, L. R. Curtin, "Prevalence and Trends in Obesity Among US Adults, 1999-2008", JAMA, vol. 303, pp. 235-241, 2010.

42. J. Cawley, C. Meyerhoefer, "The medical care costs of obesity : an instrumental variables approach", Journal of Health Economics, vol. 31, pp. 219-230, 2012.

43. E. A. Finkelstein, J. G. Trogdon, J. W. Cohen, W. Dietz, "Annual medical spending attributable to obesity : payer-and service-specific estimates", Health Affairs, vol. 28, pp. 822-831, 2009.

44. F. Grodstein, R. Levine, L. Troy, T. Spencer, C. A. Colditz, M. J. Stampfer, "Three-year follow-up of participants in a commercial weight loss program. Can you keep it off ?" Archives of Internal Medicine, vol. 156, pp. 1302-1306, 1996.

45. A. Hruby, F. B. Hu, "The Epidemiology of Obesity : A Big Picture", PharmacoEconomics, vol. 33, pp. 673-689, 2015.

46. E. V. Kuklina, X. Tong, M. G. George, P. Bansil, "Epidemiology and prevention

of stroke : a worldwide perspective", Expert Review of Neurotherapeutics, vol. 12, pp. 199-208, 2012.
47. J. Olds et P. Milner, "Positive reinforcement produced by electrical stimulation of septal area and other regions of rat brain", Journal of Comparative and Physiological Psychology, vol. 47, pp. 419-27, 1954.
48. R. G. Heath, "Pleasure response of human subjects to direct stimulation of the brain : physiologic and psychodynamic considerations", in R.G. Heath (ed.), The role of pleasure in human behaviour, pp. 219-243, New York : Hoeber, 1964.
49. 1. J. Redouté, S. Stoléru, M. C. Grégoire, N. Costes, L. Cinotti, F. Lavenne, D. Le Bars, M. G. Forest, J. F. Pujol, "Brain processing of visual sexual stimuli in human males", Human Brain Mapping, vol. 11, pp. 162-177, 2000.
50. Rodriguez-Manzo, F. Pellicer, "Electrical stimulation of dorsal and ventral striatum differentially alters the copulatory behavior of male rats", Behavioral Neuroscience, vol. 124, pp. 686-694, 2010.
51. G. Damsma, J. G. Pfaus, D. Wenkstern, A. G. Philips, H. C. Fibiger, "Sexual behavior increases dopamine transmission in the nucleus accumbens and striatum of male rats : comparison with novelty and locomotion", Behavioral Neuroscience, vol. 106, pp. 181-191, 1992.
52. J. G. Pfaus, G. Damsma, D. Wenkstern, H. C. Fibiger, "Sexual activity increases dopamine transmission in the nucleus accumbens and striatum of female rats", Brain Research, vol. 693, pp. 21-30, 1995.
53. K. C. Bradley, M. B. Boulware, H. Jiang, R. W. Doerge, R. L. Meisel, P.G. Memelstein, "Changes in gene expression within the nucleus accumbens and striatum following sexual experience", Genes, Brain and Behaviour, vol. 4, pp. 31-44, 2005.
54. K. E. Demos, T. F. Heatherton et W. M. Kelley, "Individual Differences in Nucleus Accumbens Activity to Food and Sexual Images Predict Weight Gain and Sexual Behavior", Journal of Neuroscience, vol. 32, pp. 5549-5552, 2012.
55. O. Ogas, S. Gaddam, A Billion Wicked Thoughts : What the Internet Tells Us About Sex and Relationships, Plume, NY, 2012.
56. "Things are Looking up in America's porn industry", NBC News, 20 janvier 2015.
57. "Smartphone porn use set to rise dramatically by 2020", The Telegraph, 13 février 2018.
58. G. Sabato, « Prêt(e)s pour le sexe virtuel ? », Cerveau & Psycho, n° 97, 2018.
59. Armed Forces Health Surveillance Center (AFHSC), "Erectile dysfunction among male active component service members, US Armed Forces, 2004-2013", MSMR, vol. 21, pp. 13-16, 2014.
60. M. Brand, J. Snagowski, C. Laier, S. Maderwald, "Ventral striatum activity when watching preferred pornographic pictures is correlated with symptoms of Internet pornography addiction", Neuroimage, vol. 129, pp. 224-232, 2016.
61. A. S. G. Andrae, T. Edler, "On global electricity usage of communication technology : trends to 2030", Challenges, vol. 6, pp. 117- 157, 2015.
62. D. Buss, D. Schmitt, "Sexual strategies theory : An evolutionary perspective on human mating", Psychological Review, vol. 100, pp. 204-232, 1993.
63. A. Bartels, S. Zeki, "The neural correlates of maternal and romantic love", Neuroimage, vol. 21, pp. 1155-1166, 2004.

64. B. J. Mattson, S. E. Williams, J. S. Rosenblatt, J. I. Morrell, "Preferences for cocaine- or pup-associated chambers differentiates otherwise behaviorally identical postpartum rats", Psychopharmacology, vol. 167, pp. 1-8, 2003.

65. J. G. Myrick, "Emotion regulation, procrastination, and watching cat videos online : Who watches Internet cats, why, and to what effect ?", Computers in Human Behavior, vol. 52, pp. 168-176, 2015.

66. 1. C. R. von Rueden, A. V. Jaeggi, "Men's status and reproductive success in 33 nonindustrial societies : Effects of subsistence, marriage system, and reproductive strategy", Proceedings of the National Academy of Sciences of the USA, vol. 113, pp. 10824-10829, 2016.

67. E. E. Wroblewski, C. M. Murray, B. F. Keele, J. C. Schumacher-Stankey, B. H. Hahn, A. E. Pusey, "Male dominance rank and reproductive success in chimpanzees Pan troglodytes schweinfurthii", Animal Behaviour, vol. 77, pp. 873-885, 2009.

68. G. Colishaw, R. Dunbar, "Dominance rank and mating success in male primates", Animal Behaviour, vol. 41, pp. 1045-1056, 1991.

69. V. Horner, D. Proctor, K. E. Bonnie, A. Whiten, F. B. M. de Waal, "Prestige affects cultural learning in chimpanzees", PLOS ONE, vol. 19, e10625, 2010.

70. N. Snyder-Mackler, J. Sanz, J. N. Kohn, J. F. Brinkworth, S. Morrow, A. O. Shaver, J.-C. Grenier, R. Pique-Regi, Z. P. Johnson, M. E. Wilson, L. B. Barreiro, J. Tung, "Social status alters immune regulation and response to infection in macaques", Science, vol. 354, pp. 1041-1045, 2016.

71. C. Boesch et H. Boesch, "Hunting behavior of wild chimpanzees in the Tai National Park", American Journal of Physical Anthropology, vol. 78, pp. 547-573, 1989.

72. M. J. Sheehan et M. W. Nachman, "Morphological and population genomic evidence that human faces have evolved to signal individual identity", Nature Communications, vol. 5, doi :10.1038/ncomms5800, 2014.

73. I. Gauthier, M. J. Tarr, A. W. Anderson, P. Skudlarski, J. C. Gore, "Activation of the middle fusiform 'face area' increases with expertise in recognizing novel objects", Nature Neuroscience, vol. 2, pp. 568-573, 1999.

74. K. Grill-Spector, N. Knouf, N. Kanwisher, "The fusiform face area subserves face perception, not generic within-category identification", Nature Neuroscience, vol. 7, pp. 555-562, 2004.

75. R. D. Palmiter, "Dopamine signaling in the dorsal striatum is essential for motivated behaviors : lessons from dopamine-deficient mice", Annals of the New York Academy of Science, vol. 1129, pp. 35-46, 2008.

76. R. O. Deaner, A. V. Khera, M. L. Platt, "Monkeys pay per view : Adaptive valuation of social images by rhesus macaques", Current Biology, vol. 15, pp. 543-548, 29 mars 2005.

77. R. Ligneul, I. Obeso, C. C. Ruff, J.-C. Dreher, "Dynamical representation of dominance relationships in the human rostromedial prefrontal cortex", Current Biology, vol. 26, pp. 1-9, 2016.

78. J. Kätsyri, R. Hari, N. Ravaja, L. Nummenmaa, "The opponent matters : elevated FMRI reward responses to winning against a human versus a computer opponent during interactive video game playing", Cerebral Cortex, vol. 23, pp. 2829-2839, 2013.

79. P. Picq, Premier Homme, Flammarion, 2016.

80. C. R. von Rueden, A. V. Jaeggi, "Men's status and reproductive success in 33 nonindustrial societies : Effects of subsistence, marriage system, and reproductive strategy", Proceedings of the National Academy of Sciences of the USA, vol. 113, pp. 10824-10829, 2016.

81. E. Oberzaucher et K. Grammer, "The Case of Moulay Ismael – Fact or Fancy ?", PLOS ONE, vol. 9, e85292, 2014.

82. T. Zerjal, Y. Xue, G. Bertorelle, R. Spencer Wells, W. Bao, S. Zhu, R. Qamar, Q. Ayub, A. Mohyuddin, S. Fu, P. Li, N. Yuldasheva, R. Ruzibakiev, J. Xu, Q. Shu, R. Du, H. Yang, M. E. Hurles, E. Robinson, T. Gerelsaikhan, B. Dashnyam, S. Q. Mehdi, C. Tyler-Smith, "The Genetic Legacy of the Mongols", American Journal of Human Genetics, vol. 72, pp. 717-721, 2003.

83. P. Balaresque, N. Poulet, S. Cussat-Blanc, P. Gerard, L. Quintana-Murci, E. Heyer, M. A. Jobling, "Y-chromosome descent clusters and male differential reproductive success : young lineage expansions dominate Asian pastoral nomadic populations", European Journal of Human Genetics, vol. 23, pp. 1413-1422, 2015.

84. R. D. Fernald et K. P. Maruska, "Social information changes the brain", Proceedings of the National Academy of Sciences of the USA, vol. 109, pp. 17194-17199.

85. M. A. Kleshchev, L. V. Osadchuk, "Social domination and reproductive success in male laboratory mice (Mus musculus)", Zh. Evol. Biokhim. Fiziol., vol. 50, pp. 201-6, 2014.

86. R. Hopcroft, "Sex, status, and reproductive success in the contemporary United States", Evolution and Human Behavior, vol. 27, pp. 104-120, 2006.

87. D. Nettle, T. V. Pollet, "Natural selection on male wealth in humans", The American Naturalist, vol. 172, pp. 658-666, 2008.

88. D. Buss, D. Schmitt, "Sexual strategies theory : An evolutionary perspective on human mating", Psychological Review, vol. 100, pp. 204-232, 1993.

89. M. Marriage, "Men only : Inside the charity fundraiser where hostesses are put on show", Financial Times, 23 janvier 2018. https://www.ft.com/content/075d679e-0033-11e8-9650-9c0ad2d7c5b5

90. F. Cheung, R. E. Lucas, "Income inequality is associated with stronger social comparison effects : The effect of relative income on life satisfaction", Journal of Personality and Social Psychology, vol. 110, pp. 332-341, 2016.

91. N. Kondo, G. Sembaiwe, I. Karachi, R. M. van Dam, S. V. Subramanian, Z. Yamagata, "Income inequality, mortality, and self-rated health : meta-analysis of multilevel studies", British Medical Journal, vol. 339 :b4471, 2009. doi : 10.1136/bmj.b4471.

92. K. Fliessbach, B. Weber, P. Trautner, A. Falk, "Social comparison affects reward-related brain activity in the human central striatum", Science, vol. 318, pp. 1305-1308, 2007.

93. N. Bault, M. Joffily, A. Rustichini, G. Coricelli, "Medial prefrontal cortex and striatum mediate the influence of social comparison on the decision process", Proceedings of the National Academy of Sciences of the USA, vol. 108, pp. 16044-16049, 2011.

94. R. Baez-Mendoza, A nC. R. van Coeverden, W. Schultz, "Neuronal reward

inequity signal in primate striatum", Journal of Neurophysiology, vol. 115, pp. 68-79, 2016.

95. D. Martinez, D.Orlowska, R. Narendran, M. Slifstein, F. Liu, D. Kumar, A. Broft, R. Van Heertum, H. D. Kleber, "D2/3 receptor availability in the striatum and social status in human volunteers", Biological Psychiatry, vol. 67, pp. 275-278, 2010.

96. D. Morgan, K. A. Grant, H. D. Gage, R. H. Mach, J. R. Kaplan, O. Prioleau, "Social dominance in monkeys : dopamine D2 receptors and cocaine self-administration", Nature Neuroscience, vol. 5, pp. 169-174, 2002.

97. S. Erk, M. Spitzer, A. P. Wunderlich, L. Galley, H. Walter, "Cultural objects modulate reward circuitry", Neuroreport, vol. 13, pp. 2499-2503, 2002.

98. R. Danovaro, L. Bongiorni, C. Corinaldesi, D. Giovanelli, E. Damiani, P. Astolfi, L. Greci, A. Pusceddu, "Sunscreens Cause Coral Bleaching by Promoting Viral Infections", Environmental Health Perspectives, vol. 116, pp. 441-447, 2008.

99. D. Sanchez-Quiles, A. Tovar-Sanchez, "Sunscreens as a source of hydrogen peroxide production in coastal waters", Environmental Science and Technology, vol. 48, pp. 9037-9042, 2014.

100. J. Rifkin, La Fin du travail, La Découverte, 2006.

101. Europe 1, matinale du 10 janvier 2018. http://www.europe1.fr/emissions/ europe-1-matin5/europe-matin-100118-3542177

102. B. Dermandt, "China car sales analysis 2016", Carsalesbase.com, janvier 2017. http://carsalesbase.com/china-car-sales-analysis-2016/

103. T. Branigan, "China and cars : A love story", The Guardian, 14 décembre 2012.

104. C. A. Chan, A. F. Gygax, E. Wong, Christopher A. Leckie, A. Nirmalathas, D. C. Kilper, "Methodologies for assessing the use-phase power consumption and greenhouse gas emissions of telecommunications network services", Environmental Science & Technology, vol. 47, p. 485, 2013.

105. CustomMade, "The carbon footprint of the Internet", 2015. https://www. custommade.com/blog/carbon-footprint-of-internet/

106. M. Y. Acikalin, K. K. Watson, G. J. Fitzsimmons, M. L. Platt, "Rhesus macaques form preferences for brand logos through sex and social status based advertising", PLOS ONE, 20 février 2018. https://doi.org/10.1371/ journal.pone.0193055

107. T. M. Desrochers, K. Amermori, A. M. Graybiel, "Habit learning by naive macaques is marked by response sharpening of striatal neurons representing the cost and outcome of acquired action sequences", Neuron, vol. 87, pp. 853-868, 2015.

108. P. L. Croxson, M. E. Walton, J. X. O'Reilly, T. E. J. Behrens, M. F. S. Rushworth, "Effort-based cost-benefit valuation and the human brain", Journal of Neuroscience, vol. 29, pp. 4531-4541, 2009.

109. D. Rotman, "How Technology is destroying jobs", MIT Technology Review, juillet/août 2013.

110. J. Manyika, S. Lund, M. Chui, J. Bughin, J. Woetzel, P. Batra, R. Ko, S. Sanghvi, Jobs lost, jobs gained, workforce transitions in a time of automation, rapport du McKinsey Global Institute, décembre 2017.

111. C. Carez, « À Paris, un robot vous accueille à la mairie du XVe arrondissement, Le Parisien, 8 septembre 2017. http://www.leparisien.fr/paris-75015/a-paris-un-robot-vous-accueille-a-la-mairie-du-xvearrondissement-08-09-2017-7246278.php

112. Y. Eudes, « Des juges "virtuels" pour désengorger les tribunaux », Le Monde, 1er janvier 2018.

113. International Federation of Robotics, "31 million robots helping in households worldwide by 2019", IFR press releases, 2016. https://ifr.org/ifr-press-releases/news/31-million-robots-helping-in-households-worldwide-by-2019

114. K. Grace, J. Salvatier, A. Dafoe, B. Zhang, O. Evans, "When will AI exceed human performance ? Evidence from AI experts", Future of Humanity Institute, Oxford, 13 juin 2017.

115. N. Turcev, « Un livre entièrement traduit par une intelligence artificielle », Livres Hebdo, 3 octobre 2018.

116. S. Julian, « Un robot barman derrière le zinc », L'Expansion, 6 janvier 2018. https://lexpansion.lexpress.fr/high-tech/un-robot-barman-derriere-le-zinc_1973296.html

117. S. K. Keadle, H. Arem, S. C. Moore, J. N. Sampans, C. E. Matthews, "Impact of changes in television viewing time and physical activity on longevity : a prospective cohort study", International Journal for Behavioral Nutrition and Physical Activity, vol. 12, p. 156, 2015.

118. Médiamétrie, « L'année TV 2017. TV, Internet, vidéo : la nouvelle alchimie », 24 janvier 2018.

119. S. Bohler, 150 petites expériences de psychologie des médias, Dunod, 2007.

120. V. Zeigler-Hill, M. T. Wallace, "Self-esteem instability and psychological adjustment", Self and Identity, vol. 11, pp. 317-342, 2012.

121. A. W. Paradise, M. H. Kernis, "Self-esteem and psychological well-being : Implications of fragile self-esteem", Journal of Social and Clinical Psychology, vol. 21, pp. 345-361, 2002.
T. D. Wilson, D. A. Reinhard, E. C. Westgate, D. T. Gilbert, N. Ellerbeck, C. Hahn, C. L. Brown, A. Shaked, "Just think : The challenges of the disengaged mind", Science, vol. 345, pp. 75-77, 2014.

122. E. Vogel, J. P. Rose, L. Roberts, K. Eccles, "Social comparison, social media, and self-esteem", Psychology of Popular Media Culture, vol. 3, pp. 206-222, 2014.

123. I. Pantic, "Online social networking and mental health", Cyberpsychology, Behavior, and Social Networking, vol. 10, pp. 1-6, 2014.

124. W. Chen, K. Lee, "Sharing, liking, commenting, and distressed? The pathway between Facebook interaction and psychological distress", Cyberpsychology, Behavior, and Social Networking, vol. 16, pp. 728-734, 2013.

125. R. Dunbar, "Neocortex size as a constraint on group size in primates", Journal of Human Evolution, vol. 20, pp. 469-493, 1992.

126. R. Dunbar, "The social brain hypothesis", Evolutionary Anthropology, vol. 6, pp. 178-190, 1998.

127. M. Ernst, R. D. Romeo, S. L. Andersen, "Neurobiology of the development of motivated behaviors in adolescence : a window into a neural systems model",

Pharmacology, Biochemistry and Behavior, vol. 93, pp. 199-211, 2009.

128. C. Strenger, La peur de l'insignifiance nous rend fous, Belfond, 2015.

129. J. Brailovskala, J. Margraf, "Facebook Addiction Disorder (FAD) among German students. A longitudinal approach", PLOS ONE, 14 décembre 2017.

130. N. Kardaras, « Génération Z, en danger face aux réseaux sociaux », Cerveau & Psycho, n °87, pp. 82-87, avril 2017.

131. J. C. Nayebi, « Conséquences psychiques des nouvelles technologies », Cerveau & Psycho, n °61, 2014.

132. P. Lemoine, « Réapprendre à dormir », Cerveau & Psycho, n °80, pp. 50-57, 2016.

133. K. K. Murdock, "Texting while stressed : Implications for students' burnout, sleep, and well-being", Psychology of Popular Media Culture, vol. 2, pp. 207-221, 2013.

134. S. Frank, L. Dahler, L. E. Sanitary, K. Knight, "Hyper-texting and hyper-networking : a new health risk category for teens ?", American Public Health Association's 138th Annual Meeting and Exposition, Denver, 6-10 novembre 2010.

135. J. M. Twenge, "Time period and birth cohort differences in depressive symptoms in the US, 1982-2013", Social Indicators Research, vol. 121, pp. 437-454, 2015.

136. J. Vincent, "Former Facebook exec says social media is ripping apart society", The Verge, 11 décembre 2017. https://www.theverge.com/2017/12/11/16761016/former-facebook-exec-ripping-apart-society

137. M. Allen, "Sean Parker unloads on Facebook : 'God only knows what it's doing to our children's brains'", Axios, 9 novembre 2017. https://www.axios.com/sean-parker-unloads-on-facebook-god-only-knows-whatits-doing-to-our-childrens-brains-1513306792-f855e7b4-4e99-4d60-8d51-2775559c2671.html

138. A.-L. Goldings, K. L. Mills, L. S. Clasen, J. N. Giedd, R. M. Viner, S.-J. Blakemore, "The influence of puberty on subcortical brain development", Neuroimage, vol. 88, pp. 242-251, 2014.

139. A. Galvan, "Adolescent development of the reward system", Frontiers in Human Neuroscience, vol. 4, art. 6, pp. 1-10, 2010.

140. M. Ernst, R. D. Romeo, S. L. Andersen, "Neurobiology of the development of motivated behaviors in adolescence : a window into a neural systems model", Pharmacol. Biochem. Behav., vol. 93, pp. 199-211, 2009.

141. B. A. Anderson, H. Kuwabara, D. F. Wong, E. G. Gean, A. Rahmim, J. R. Brasic, N. George, B. Frolov, S. M. Courtney, S. Yantis, "The role of dopamine in value-based attentional orienting", Current Biology, vol. 26, pp. 550-555, 2016.

142. E. S. Bromberg-Martin, O. Hikosaka, "Midbrain dopamine neurons signal preference for advance information about upcoming rewards", Neuron, vol. 63, pp. 119-126, 2009.

143. D. Courbet, M. P. Fourquet-Courbet, R. Kazan, J. Intartaglia, "The long-term effects of e-advertising : The influence of Internet pop-ups viewed at a low level of attention in implicit memory", Journal of Computer-Mediated Communication, vol. 19, pp. 274-293, 2014.

144. J. B. Spira, J. B. Feintuch, "The cost of not paying attention : How

interruptions impact knowledge worker productivity", Basex, 2005.

145. B. P. Bailey, J. A. Kinston, "On the need for attention-aware systems : Measuring effects of interruption on task performance, error rate, and affective state", Computers in Human Behavior, vol. 22, pp. 685-708, 2006.

146. C. Sauvajol-Rialland, « Surcharge informationnelle en entreprise. L'infobésité, réalité ou illusion ? », Cahiers de la documentation, vol. 1, pp. 5-12, 2014.

147. J. Swayne, "Two Google searches produce same CO2 as boiling a kettle", The Telegraph, 11 janvier 2009. https://www.telegraph.co.uk/technology/google/4217055/Two-Google-searches-produce-same-CO2-asboiling-a-kettle.html

148. « Addiction aux jeux de hasard et d'argent, Qui est concerné en France ? Quel est le profil du joueur type ? », INPES, 21 janvier 2013. http://inpes.santepubliquefrance.fr/10000/themes/addiction-jeux/profil-joueur.asp

149. G. Sescousse, X. Caldu, B. Segura, J. C. Dreher, "Common and specific neural structures processing primary and secondary rewards : a quantitative voxel-based meta-analysis", Neuroscience and Biobehavioral Reviews, vol. 37, pp. 681-696, 2013.

150. J. C. Dreher, R. Ligneul, G. Sescousse, « Dans l'enfer du jeu », Cerveau & Psycho, n °60, pp. 21-27, 2013.

151. W. Schultz, "Getting Formal with Dopamine and Reward", Neuron, vol. 36, pp. 241-263, 10 octobre 2002.

152. J. Zorland, "Social costs of problem gambling", Georgia State University, 2009.

153. S. Massin, Étude socio-économique des jeux de hasard et d'argent en France, Rapport d'étape n °2, Observatoire des jeux, 2013.

154. Newzoo, Marché des jeux vidéo : Chiffre d'affaires mondial 2015, 2016 et 2019. Extraits du rapport trimestriel du 23 avril 2016. https://www.afjv.com/news/6197_chiffre-d-affaires-mondial-des-jeux-video-2015-2016-2019.htm

155. M. Tenes, « Enquête : les Pokémon s'invitent au volant », Minuteauto, juillet 2016.

156. M. Rose, "Chasing the whale : Examining the ethics of free-toplay games", Gamasutra, 9 juillet 2013. https://www.gamasutra.com/view/feature/195806/chasing_the_whale_examining_the_.php

157. S. Bertholon, « Il existe une véritable addiction au smartphone », Cerveau & Psycho, n °99, mai 2018.

158. M. J. Koepp, R. N. Gunn, A. D. Lawrence, V. J. Cunningham, A. Dagher, T. Jones, "Evidence for striatal dopamine release during a video-game", Nature, vol. 393, pp. 266-268, 1998.

159. L. T. K. Vo, D. B. Walther, A. F. Kramer, K. I. Erickson, W. R. Boot, M. W. Voss, "Predicting individuals' learning success from patterns of pre-learning MRI activity", PLOS ONE, vol. 6, e16093, 2011.

160. S. Kühn, A. Romanowski, C. Schilling, R. Lorenz, C. Mörsen, N. Seiferth, T. Banaschewski, A. Barbot, G. J. Barker, C. Büchel, P. J. Conrod, J. W. Dalley, H. Flor, H. Garavan,B. Ittermann, K. Mann, J.-L. Martinot, T. plaus, M. Rietschel, M. N. Smolka, A. Ströhle, B. Walaszek, G. Schumann, A. Heinz, J. Gallinat, "The neural basis of video gaming", Translational Psychiatry, vol. 1, page e53, 2011.

161. "ICD-11 for mortality and morbidity statistics", Organisation mondiale de la santé, 2018, fiche diagnostique consultable sur : https://bit.ly/2HYlQhz

162. « Les jeunes et les addictions », sondage IPSOS pour la Fondation de l'innovation poitique, la Fondation Gabriel Péri et Action Addictions, mai 2018.

163. D. Vidana-Perez, A. Braverman-Bronstein, A. Basto-Abreu, I. Barrientos-Guttierez, R. Hilscher, T. Barrientos-Guttierez, "Sexual content in video games : an analysis of the entertainment software rating board classification from 1994 to 2013", Sexual Health, 11 janvier 2018, do.10. 1071/SH17017.

164. J. Bakan, Nos enfants ne sont pas à vendre, Les Arènes, 2012.

165. M. Desmurget, « Médias modernes et passivité attentionnelle », Cerveau & Psycho, n °47, 2011.

166. Europe 1, Matinale du 15 novembre 2017. http://www.europe1.fr/emissions/europe-1-matin5/europe-matin-14112017-3492017

167. A. P. Ahlstrom et al., "Abrupt shift in the observe runoff from the southwestern Greenland ice sheet", Science Advances, vol. 3, pp. 2017, e1701169.

168. A.-S. Lechevallier, « Cryptomonnaies : en Islande, dans une "ferme" de bitcoins », Paris Match, 31 décembre 2017.

169. "Bitcoin mining now consuming more electricity than 159 countries including ireland & most countries in Africa", Powercompare.https://powercompare.co.uk/bitcoin/

170. A. Kern, "Bitcoin mining consumes more electricity a year than Ireland", The Guardian, 27 novembre 2017.

171. W. Schultz, "Getting formal with dopamine and reward", Neuron, vol. 36, pp. 241-263, 10 octobre 2002.

172. K. M. J. Diederen, H. Ziauddeen, M. D. Vestergaard, T. Spencer, P. C. Fletcher, "Dopamine modulates adaptive prediction error coding in the human midbrain and striatum", The Journal of Neuroscience, vol. 37, pp. 1708-1720, 2017.

173. T. A. Hare, J. O'Doherty, C. F. Camerer, W. Schultz, A. Rangel, "Dissociating the role of the orbitofrontal cortex and the striatum in the computation of goal values and prediction errors", The Journal of Neuroscience, vol. 28, pp. 5623-5630, 2008.

174. W. Schultz, "Updating dopamine reward signals", Current Opinion in Neurobiology, vol. 23, pp. 229-238, 2013.

175. W. Schultz, Dayan P, Montague RR., "A neural substrate of prediction and reward", Science, vol. 275, pp. 1593-1599, 1997.

176. W. Schultz, "Dopamine reward prediction error coding", Dialogues in Clinical Neuroscience, vol. 18, pp. 23-32, 2016.

177. R. Dawkins, Le Gène égoïste, Odile Jacob, 2003.

178. H. Morton, B. B. Gorzalka, "Role of partner novelty in sexual functioning : A review", Journal of Marital Therapy, vol. 41, pp. 593-609, 2015.

179. D. F. Fiorino, A. Coury, A. G. Phillips, "Dynamic changes in nucleus accumbens dopamine efflux during the Coolidge effect in male rats", Journal of Neuroscience, vol. 17, pp. 4849-4855, 1997.

180. P. Banca, L. S. Morris, S. Mitchell, N. A. Harrison, M. N. Potenza, V. Voon, "Novelty, conditioning and attentional bias to sexual rewards", Journal of Psychiatric Research, vol. 72, pp. 91-101, 2016.

181. « La Russie lance son projet gazier Yamal en Sibérie », La Tribune de Genève, 8 décembre 2017. https://www.tdg.ch/monde/russie-lance-projet-gazier-yamal-siberie/story/10692368

182. C. Funk, B. Kennedy, "Public views on climate change and climate scientists", Pew Research Center, Internet & Technology, 4 octobre 2016.

183. C. Chevallier, N. Baumard, « Make our planet great again : oui, mais comment ? », Cerveau & Psycho, n °91, 2017.

184. Organisation mondiale de la santé, « Tabagisme », Fact Sheet, mai 2017. http://www.who.int/fr/news-room/fact-sheets/detail/tobacco

185. W. Mischel, "Father-absence and delay of gratification : crosscultural comparisons", Journal of Abnormal and Social Psychology, vol. 63, pp. 116-24, 1958a.

186. W. Mischel, "Preference for delayed reinforcement : an experimental study of a cultural observation", Journal of Abnormal Psychology, vol. 56, pp. 57-61, 1958b.

187. J. Stevens et D. Stephens, "The adaptive nature of impulsivity", in Impulsivity : The Behavioral and Neurological Science of Discounting, sous la direction de Gregory J. Madden and Warren K. Bickel (Washington DC : American Psychological Association, 2010), pp. 361-388, 2010.

188. R. F. Baumeister, J. Tierney, Le Pouvoir de la volonté. La nouvelle science du self-control, Markus Haller éditions, 2014.
R. F. Baumeister, K. D. Vohs, D. M. Tice, "The strength model of selfcontrol", Current Directions in Psychological Science, vol. 16, pp. 351-355, 2007.
R. F. Baumeister, « La volonté à l'épreuve », Cerveau & Psycho, n° 73, pp. 42-48, 2016.

189. R. D. Fields, "A new mechanism of nervous system plasticity : activity-dependent myelination", Nature Reviews Neuroscience, vol. 16, pp. 756-767, 2015.

190. H. Wake, F. C. Ortiz, D. H. Woo, P. R. Lee, M. C. Angulo, R. D. Fields, "Nonsynaptic junctions on myelinating glia promote preferential myelination of electrically active axons", Nature Communications, 4 ;6 :7844, 2015.

191. H. Wake, PR Lee, RD Fields, "Control of local protein synthesis and initial events in myelination by action potentials", Science, vol. 333, pp. 1647-1651, 2011.

192. J. S. Peper, R. C. W. Mandl, B. R. Braams, E. de Water, A. C. Hijboer, P. Cédric, M. P. Koolschijn, E. A. Crone, "Delay Discounting and Frontostriatal Fiber Tracts : A combined DTI and MTR study on impulsive choices in healthy young adults", Cerebral Cortex, vol. 23, pp. 1695-1702, 2013.

193. J.B. Schweitzer, B. Sulzer-Azaroff, "Self-control : teaching tolerance for delay in impulsive children", Journal of Experimental Behaviour, vol. 50, pp. 173-86, 1988.

194. T. Klingberg, "Training and plasticity of working memory", Trends in Cognitive Sciences, vol. 14, pp. 317-324, 2010.

195. L. Stanney, "Because we can : a study of millennial impatience and the rise of next day delivery", A dissertation submitted in partial fulfilment of the requirements for the degree BA(Hons) New Media, School of Media and Communication, University of Leeds, 2017.

196. "Britons 'lose patience after waiting five minutes to be served at a bar'", The Telegraph, janvier 2015.

197. B. M. Appelhans, M. E. Waring, E. B. Lynch, "Delay discounting and intake of ready-to-eat and away-from-home foods in overweight and obese women", Appetite, vol. 59, pp. 576-584, 2012.

198. S. H. Robertson, E. B. Rasmussen, "Effects of a cafeteria diet on delay discounting in adolescent and adult rats : alterations on dopaminergic sensitivity", Journal of Psychopharmacology, vol. 31, pp. 1419-1429, 2017.

199. P. M. Johnson, P. J. Kenny, "Dopamine D2 receptors in addictionlike reward dysfunction and compulsive eating in obese rats", Nature Neuroscience, vol. 13, pp. 635-641, 2010.

200. Attention spans, Consumer insights, Microsoft Canada, 2015. https://www.scribd.com/document/265348695/Microsoft-Attention-Spans-Research-Report

201. R. F. Baumeister, « La volonté à l'épreuve », Cerveau & Psycho, n° 73, pp. 42-48, 2016.

202. M. Desmurget, L'Anti-régime, Belin, 2015.

203. A. Soutschek, C. J. Burke, A. R. Beharelle, R. Schreiber, S. C. Weber, I. I. Karipidis, J. ten Velden, B. Weber, H . Haker, T. Kalenscher, P. N. Tobler, "The dopaminergic reward system underpins gender differences in social preferences", Nature Human Behavior, vol. 1, pp. 819-8279, 2017.

204. F. Lenoir, E. Saint-Martin, Mère Teresa. Biographie, France Loisirs, juin 1994.

205. P. I. Pavlov, "Conditioned reflexes : An investigation of the physiological activity of the cerebral cortex", Annals of Neuroscience, vol. 17(3), pp. 136-141, 2010 (1927).

206. P. Chance, "Thorndike's puzzle boxes and the origins of the experimental analysis of behavior", Journal of the Experimental Analysis of Behavior, vol. 72, pp. 433-440, 1999.

207. T. Dixon, "China green license plate scheme goes national", Evobsession, 30 novembre 2017. https://evobsession.com/chinas-greenlicence-plates-scheme-goes-national/

208. W. Quattrochiocchi, « Fake News, l'histoire secrète de leur succès », Dossiers pour la science, février-mars 2018, pp. 84-91.

209. D. C. Wilson, L. Rodic, P. Modak, R. Soos, A. Carpintero, C. Velis, M. Iyer, O. Simonett, "Global waste management outlook, summary for decision makers", United Nations Environment Program, septembre 2015.

210. "Smartphone porn use set to rise dramatically by 2020", The Telegraph, 2 juillet 2015. https://www.telegraph.co.uk/men/the-filter/11712836/Smartphone-porn-use-set-to-rise-dramatically-by-2020.html

211. A. Djoghlaf, "Message on the occasion of the International Day for Biological Diversity", United Nations Environment Programme, 22 mai 2017.

212. S. Solomon, J. Greenberg, T. Pyszczynski, "A Terror Management Theory of Social Behavior : The Psychological Functions of Self-Esteem and Cultural Worldviews", Advances in Experimental Social Psychology, vol. 24, pp. 93-159, 1991.

213. « Le monde se referme : la carte des murs aux frontières », France Culture Géopolitique, 30 mai 2016. https://www.franceculture.fr/geopolitique/le-

monde-se-referme-la-carte-des-murs-aux-frontieres

214. T. D. Wilson, D. A. Reinhard, E. C. Westgate, D. T. Gilbert, N. Ellerbeck, C. Hahn, C. L. Brown, A. Shaked, "Just think : The challenges of the disengaged mind", Science, vol. 345, pp. 75-77, 2014.

215. T. Pyszczynski, J. Greenberg, S. Solomon, J. Arndt, J. Schimel, "Why do people need self-esteem ? A theoretical and empirical review", Psychological Bulletin, vol. 130, pp. 435-68, 2004.

216. A. Noser, V. Zeigler-Hill, "Self-Esteem Instability and the Desire for Fame", Self and identity, vol. 13, pp. 701-713, 2014.

217. L. Poitras, Citizenfour, documentaire 114 min, 2014.

218. L. Vinogradoff, « "Despacito", anatomie d'un succès », Le Monde, 26 juillet 2017.

219. D. Courbet, M. P. Fourquet-Courbet, R. Kazan, J. Intartaglia, "The long-term effects of e-advertising : The influence of Internet pop-ups viewed at a low level of attention in implicit memory", Journal of Computer-Mediated Communication, vol. 19, pp. 274-293, 2014.

220. C. André, « Il faut retrouver le sens de la satiété », Cerveau & Psycho, n °79, juillet 2016.

221. P. Y. Hong, D. A. Lishner, K. H. Han, "Mindfulness and eating : An experiment examining the effect of mindful raisin eating on the enjoyment of sampled food", Mindfulness, vol. 5, pp. 80-87, 2014.

222. E. M. Blass, D. R. Anderson, H. L. Kirkorian, T. A. Pempek, I. Price, M. F. Koleini, "On the road to obesity : Television viewing increases intake of high-density foods", Physiology & Behavior, vol. 88, pp. 597-604, 2006.

223. A. Mekhmoukh, D. Chapelot, F. Bellisle, "Influence of environmental factors on meal intake in overweight and normal-weight male adolescents. A laboratory study", Appetite, vol. 59, pp. 90-95, 2012.

224. J. Ogden, N. Coop, C. Cousins, R. Crump, L. Field, S. Hughes, N. Woodger, "Distraction, the desire to eat and food intake. Towards an expanded model of mindless eating", Appetite, vol. 62, pp. 119-126, 2013.

225. A. Ruffault, S. Czernichow, M. Hagger, M. Ferrand, N. Erichot, C. Carette, E. Boujut, C. Flahault, "The effects of mindfulness training on weight-loss and health-related behaviours in adults with overweight and obesity : A systematic review and meta-analysis", Obesity Research and Clinical Practice, vol. 11, pp. 90-111, 2016.

226. J. M. Rogers, M. Ferrari, K. Mosely, C. P. Lang, L. Brennan, "Mindfulness-based interventions for adults who are overweight or obese : a meta-analysis of physical and psychological health outcomes", Obesity Reviews, vol. 18, pp. 51-67, 2016.

227. J. Kristeller, R. Q. Wolever, V. Sheets, "Mindfulness-based eating awareness training (MB-EAT) for binge eating : A randomized clinical trial", Mindfulness, vol. 5, pp. 282-297, 2014.

228. K. Carrière, B. Khoury, M. M. Günak,B. Knäuper, "Mindfulnessbased interventions for weight loss : a systematic review and meta-analysis", Obesity Reviews, 19, p. 164-177, 2018.

229. E. Stice et al., "Relation between obesity and blunted striatal response to food is moderated by TaqIA A1 allele", Science, vol. 322, pp. 449-452, 2008.

230. P. M. Johnson, P. J. Kenny, "Dopamine D2 receptors in addictionlike reward dysfunction and compulsive eating in obese rats", Nature Neuroscience, vol. 13, pp. 635-641, 2010.
231. W. Li, M. O. Howard, E. R. Garland, P. PcGovern, M. Lazar, "Mindfulness treatment for substance misuse : A systematic review and meta-analysis", Journal of Substance Abuse Treatment, vol. 75, pp. 62-96, 2017.
232. K. L. Hendrickson, E. B. Rasmussen, "Effects of mindful eating training on delay and probability discounting for food and money in obese and healthy-weight individuals", Behaviour Research and Therapy, vol. 51, pp. 399-409, 2013.
233. S. H. Robertson, E. B. Rasmussen, "Effects of a cafeteria diet on delay discounting in adolescent and adult rats : Alterations on dopaminergic sensitivity", Journal of Psychopharmacology, vol. 31, pp. 1419-1429, 2017.
234. M. Csikszentmihalyi, Flow : The Psychology of Optimal Experience, Harper Perennial Modern Classics, 2008.
235. M. Roser, "The short history of global living conditions and why it matters that we know it", https://ourworldindata.org/a-history-of-globalliving-conditions-in-5-charts, 2017.
236. Z. Liu, Y. Cai, Y. Wang, Y. Nie, C. Zhang, Y. Xu, X Zhang, Y. Lu, Z. Wang, M/ Poo, Q. Sun, "Cloning of Macaque Monkeys by Somatic Cell Nuclear Transfer", Cell, vol. 172, pp. 881-887, 2018.
237. D. Cyranoski, "First monkeys cloned with technique that made Dolly the sheep", Nature, vol. 553, pp. 387-388, 2018.
238. E. A. Partridge, M. G. Davey, M. A. Horlick, P. E. McGovern, A. Y. Mejaddam, J. D. Vrecenak, C. Mesas-Burgos, A. Olive, R. C. Caskey, T. R. Weiland, J. Han, A. J. Schupper, J. T. Connelly, K. C. Dysart, J. Rychik, H. L. Hedrick, W. H. Peranteau, A. W. Flake, "An extra-uterine system to physiologically support the extreme premature lamb", Nature Communications, vol. 8, pp. 15112, 2017.
239. S. Dehaene, H. Lau, S. Kouider, "What is consciousness, and could machines have it ?", Science, vol. 358, pp. 486-492, 2017.
240. C. Jost, « Les deepfakes, ces fake news video dopés à l'intelligence artificielle qui menacent votre e-reputation », Archimag, 20 février 2018. http://www.archimag.com/vie-numerique/2018/02/20/deepfakes-fakenewsvideo-intelligence-artificielle-menace-e-reputation
241. A. R. Aron, D. Shohamy, J. Clark, C. Myers, M. A. Gluck, R. A. Poldrack, "Human midbrain sensitivity to cognitive feedback and uncertainty during classification learning", Journal of Neurophysiology, vol. 92, pp. 1144-1152, 2004.
242. R. Daniel, S. Pollmann, "Comparing the neural basis of monetary reward and cognitive feedback during information-integration category learning", The Journal of Neuroscience, vol. 30, pp. 47-55, 2010.
243. M. J. Gruber, B. D. Gelman, C. Ranganath, "States of curiosity modulate hippocampus-dependent learning via the dopaminergic circuit", Neuron, vol. 84, pp. 486-496, 2014.

뇌과학이 밝히는 기후위기 가속의 메커니즘

뇌의 역습, 인간은 왜 지구 파괴를 멈추지 못하는가

1판 1쇄 발행 2025년 12월 29일

지은이 세바스티앙 볼레 옮긴이 전광철

펴낸이 전광철 펴낸곳 협동조합 착한책가게

주소 서울시 마포구 독막로 28길 10, 109동 상가 b101-957호

등록 제2015-000038호(2015년 1월 30일)

전화 02) 322-3238 팩스 02) 6499-8485

이메일 bonaliber@gmail.com

홈페이지 sogoodbook.com

ISBN 979-11-90400-65-7 (03300)